COMPUTATIONAL THINKING

창의적 프로그래밍을 위한

파이썬

한혁수 지음

생능출판

저자 소개

한혁수
상명대학교 컴퓨터과학과 교수

학력

1981.3~1985.2 : 서울대학교 계산통계학과 (학사)
1985.3~1987.8 : 서울대학교 계산통계학과 (석사)
1987.8~1992.2 : University of South Florida, Dept. of Computer Engineering (박사)

저서

2007, 《웹 기반의 사용자 인터페이스》, 한혁수, 홍릉과학출판사
《소프트웨어 공학의 소개》, 한혁수, 홍릉과학출판사
2002, 《최신 소프트웨어 공학기법》, 한혁수 외 9인 공저, V.I.LAND
1999, 《멀티미디어의 활용》, 한혁수, 이한출판사
1997, 《인터넷의 활용》, 한혁수, 백윤철, 이준수 공저, 홍릉과학출판사
1996, 《C++ 1단계》, 한혁수, 이한출판사
《C 1단계》, 한혁수, 윤성희 공저, 이한출판사
1992, 《사용자 인터페이스》, 한혁수, 우치수 공저, 영지문화사

창의적 프로그래밍을 위한 파이썬

초판발행 2016년 8월 31일
제1판5쇄 2021년 2월 9일

지은이 한혁수
펴낸이 김승기
펴낸곳 (주)생능출판사 / **주소** 경기도 파주시 광인사길 143
출판사 등록일 2005년 1월 21일 / **신고번호** 제406-2005-000002호
대표전화 (031)955-0761 / **팩스** (031)955-0768
홈페이지 www.booksr.co.kr

책임편집 김민보 / **편집** 신성민, 유제훈, 권소정 / **디자인** 유준범
마케팅 최복락, 김민수, 심수경, 차종필, 백수정, 최태웅, 명하나, 김범용, 김민정
인쇄 · 제본 영신사

ISBN 978-89-7050-865-8 93000
정가 23,000원

- 이 도서의 국립중앙도서관 출판예정도서목록(CIP)은 서지정보유통지원시스템 홈페이지(http://seoji.nl.go.kr)와 국가자료공동목록시스템(http://www.nl.go.kr/kolisnet)에서 이용하실 수 있습니다. (CIP제어번호: CIP2016003422)

머리말

요즘 소프트웨어가 화제다. 현시대를 소프트웨어 중심사회라고 정의한다. 모든 분야에서 혁신은 소프트웨어를 통해 이루어지고 있고, 우리 생활은 매일 새로운 소프트웨어의 영향을 받고 있다.

정부는 소프트웨어가 국가의 중요한 경쟁력임을 인식하고 소프트웨어 교육의 의무화를 진행하고 있는 추세이다. 모든 학생들이 프로그래밍에 대해 알아야 하는 시대가 된 것이다. 미래창조과학부가 소프트웨어 중심대학을 선정하여 지원해주고 있고, 그 중심에는 모든 학과에서 프로그래밍을 가르치는 내용이 들어있다.

이미 1960년대에 튜링상(ACM Turing Award)의 첫 번째 수상자인 앨런 제이 팰리스(Alan Jay Perlis)는 모든 학생이 프로그램을 배워야 한다고 주장했다.

> "컴퓨터 과학은 교양 과목의 일부여야 한다.
> (Computer science should be part of a liberal education.)"
> "모든 학생은 프로그램을 배워야 한다.
> (All students should learn to program.)"
>
> – 앨런 제이 팰리스(Alan Jay Perlis)

2006년부터 프로그래밍의 대중화를 이끈 미국 마이크로소프트 부사장인 자넷 윙(Jeannette W. Wing)은 학생들이 나중에 무엇을 하던, 컴퓨팅 사고(Computational Thinking)를 하는 것이 업무에 많은 도움이 된다고 주장했다.

> "무엇을 하든지 간에 컴퓨팅 사고(Computational Thinking)를 해야 한다. 컴퓨터와 소프트웨어 없이 살아갈 수 없는 세상에서 컴퓨팅 사고는 모든 학생이 배워야 하는 굉장히 중요한 개념이다."
>
> – 자넷 윙(Jeannette W. Wing)

이 주장은 전 세계적으로 큰 호응을 얻었고, 미국에서는 코딩(Coding) 배우기 운동이 일어났다. code.org를 중심으로 Code Club, Code Kingdoms, Codeacademy,

Hour of Code 등 많은 사이트들이 일반인을 위한 프로그래밍 교육을 진행하고 있다. 전부 프로그래밍, 즉 코딩을 가르쳐주는 사이트들이다. 바야흐로 프로그래밍 시대가 된 것이다. 프로그래밍은 일반화된 기술이 된 것이고, 영어가 그랬던 것처럼 배워두면 세상을 살아가는데 편리한 능력이 된 것이다.

프로그래밍을 처음 접하는 학생들은 소프트웨어가 우리의 문제를 해결하는 데 도움을 주는 도구라는 것을 인식하는 것이 중요하다.

프로그래밍의 목적은 주어진 문제를 해결하는 것이다. 프로그래밍을 익힌 학생들은 문제가 주어졌을 때, 프로그래밍을 작성하는 방식을 기반으로 문제 해결책을 찾는다.

프로그래밍은 생각을 통해 찾아낸 해결책을 구현하는 도구이다. 해결책을 프로그래밍 언어로 표현하면, 컴퓨터가 이를 구현한다. 학생들은 문제를 정확하게 이해하고 해결하는 훈련을 통해 자연스럽게 생각하는 능력을 갖추게 된다. 이러한 과정을 통해 창의성 또한 갖출 수 있다. IT 전공자뿐만 아니라 비전공자도 생각하는 능력, 문제 해결 능력을 배양하여 자신의 전공 분야에서의 문제 해결 능력을 갖출 수 있게 된다.

프로그래밍을 위해서는 프로그래밍 언어를 배워야 한다. 프로그래밍 언어가 발전하면서, 언어의 문법이 우리가 일상적으로 사용하는 자연어(영어)와 유사한 형식을 띄게 되었다. 이 책은 비전공자들을 위한 프로그래밍의 기초 지식 전달을 목적으로 하고 있기 때문에, 여러 언어 중에 직관적이고, 간결하며, 읽기 쉬운 특징을 가진 파이썬(Python)을 선택하게 되었다. 파이썬 역시 많은 기능들을 포함하고 있지만, 초보자도 쉽게 접근할 수 있다는 장점을 가지고 있다.

이 책은 프로그래밍의 기본 개념을 정립하고 이를 바탕으로 문제를 해결할 수 있는 능력을 키우는 것에 초점을 두었다. 이를 위해 파이썬의 가장 쉬운 일부 기능만을 다루고 있다.

이 책의 내용을 전부 숙지하고 나서 프로그래밍에 흥미를 느꼈다면, 이후에는 파이썬을 심도 있게 공부해 볼 수도 있고, C와 JAVA 같은 언어를 배울 수도 있다. 대부분의 프로그래밍 언어들은 문법적으로 약간씩의 차이는 있지만 구조와 개념이 동일하기 때문에 배우기가 훨씬 수월할 것이다.

끝으로 이 책이 나오기까지 수고하신 생능출판사 관계자 여러분과 출판 막바지까지 도와준 상명대학교 소프트웨어 공학 연구실 학생들에게 감사드린다.

2016년 8월 한혁수

강의 계획안

- 문제 해결을 위한 컴퓨팅 사고를 학습하고, 이론과 실습을 병행하며 파이썬에 대한 이해를 돕는다.
- 프로그래밍에 흥미를 유발할 수 있도록 어렵지 않게 구성하였으므로 주전공자가 아니더라도 학습이 가능하다.
- 13주차까지 파이썬을 학습을 한 후, 마지막 주에는 배운 내용들을 토대로 실제 문제 해결을 경험하고 발표할 것을 권장한다.

주차	Chapter	주제
1	1장	컴퓨팅 사고에 대해 이해하기
2	2장	파이썬 설치 방법 숙지하기
3	3장	파이썬 기본 작업에 대해 이해하기
4	4장	입력과 출력 수행하기
5	5장	조건문을 이용하여 문제 해결하기
6	6장	여러 개의 조건문을 사용하여 복잡한 문제 해결하기
7	7, 8장	여러 종류의 자료형에 대해 이해하고 숙지하기
8	중간고사	
9	9장	반복문을 이용하여 문제 해결하기
10	5, 9장	조건문과 반복문을 함께 사용하여 심화적 문제 해결하기
11	10장	함수의 개념에 대해 이해하기
12	11장	함수를 사용하여 효율적으로 문제 해결하기
13	12장	그래픽 도구를 활용해보기
14		배운 내용들을 토대로 실제 문제 해결에 응용해보고 발표하기
15	기말고사	

강의 로드맵

이 책은 프로그래밍 언어 중 하나인 파이썬을 쉽게 배울 수 있도록 학습 순서를 다음과 같이 제시한다.

파이썬 학습에 필수적인 '주요 개념 Chapter'는 로드맵에 하늘색으로 표시되어 있으니, 많은 시간을 할애하더라도 반드시 학습하길 권고한다.

Chapter 1에서 창의적인 문제 해결을 위한 컴퓨팅 사고를 이해하고, 이후의 내용은 Chapter 2의 파이썬 설치 방법과 파이썬의 전반적인 이해가 바탕이 되어야 한다. Chapter 3과 Chapter 4는 파이썬의 기본 연산자와 변수, 그리고 기본 자료형을 익히고 활용한다. Chapter 5와 Chapter 6은 조건문을 학습하며, Chapter 7과 Chapter 8은 기본 자료형 외에 다양한 자료형을 학습한다. Chapter 9는 같은 작업을 여러 번 수행할 때 사용할 수 있는 반복문을 학습한다. Chapter 10과 Chapter 11은 독립적인 함수를 정의하고 이를 응용하는 것을 학습한다. 마지막으로 Chapter 12는 파이썬에서 제공하는 그래픽 도구인 'turtle'을 활용한 부분이다. 심화 학습을 통해 객체와 클래스를 이해하고, 파이썬에서 제공하는 클래스를 응용하여 문제 해결을 할 수 있다. 이 Chapter는 학습 시간이 제한될 경우, 선택적으로 학습할 수 있다.

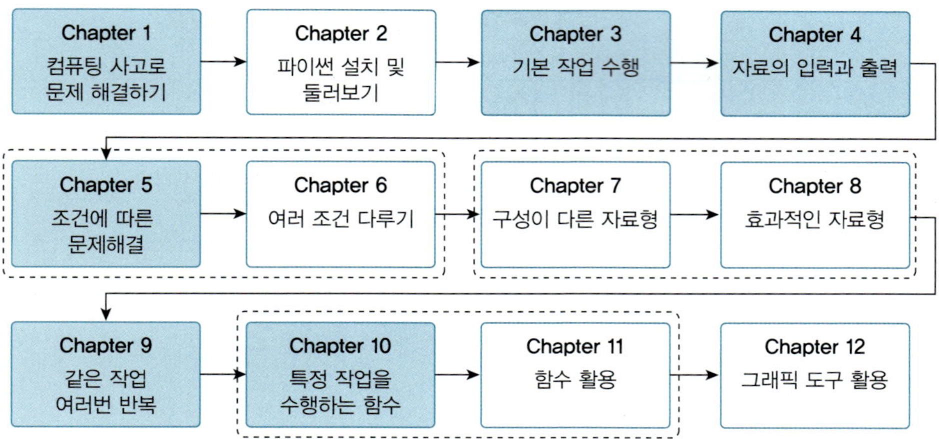

차례

CHAPTER 01 컴퓨팅 사고로 문제 해결하기

1.1 프로그래밍과 도구 12
1.1.1 도구로서의 컴퓨터 12
1.1.2 소프트웨어의 종류 16
1.2 컴퓨팅 사고 19
1.2.1 컴퓨팅 사고의 필요성 19
1.2.2 컴퓨터를 활용한 문제 해결의 장점 20
1.3 문제 해결하기 24
1.3.1 문제 해결 프로세스 24
1.3.2 컴퓨터의 문제 해결 방법: 알고리즘(Algorithm) 27
1.4 프로그래밍 34
1.4.1 프로그램 34
1.4.2 프로그래밍 언어 35
1.4.3 프로그래밍의 활용 37
■ 연습문제 40

CHAPTER 02 파이썬 설치 및 둘러보기

2.1 파이썬 소개 42
2.2 파이썬 설치하기(www.python.org) 43
2.3 파이썬 실행하기 46
■ 연습문제 51

CHAPTER 03 기본 작업 수행하기(연산자, 변수)

3.1 연산자 54
3.1.1 연산자를 활용한 문제 해결 54
3.1.2 // 연산자, % 연산자, ** 연산자 56
3.1.3 연산자 결합 법칙 59
3.2 변수 63
3.2.1 변수 할당: 할당문 연산자 63
3.2.2 변수명 규칙 66

3.2.3 여러 변수 할당 68
3.2.4 복합 대입 연산자 72
■ 연습문제 76

CHAPTER 04 자료의 입력과 출력(자료형, 입출력)

4.1 자료형 80
4.1.1 정수와 실수: int형과 float형 80
4.1.2 자료형 반환 함수 82
4.1.3 문자: string형 84
4.1.4 string 연산자 87
4.2 입력과 출력 96
4.2.1 입력 함수 98
4.2.2 출력 함수 101
4.2.3 강제 형 변환 103
4.3 파일 만들기 105
■ 연습문제 109

CHAPTER 05 조건에 따른 문제 해결하기(조건문)

5.1 boolean형과 비교/논리 연산자 114
5.1.1 boolean형 115
5.1.2 비교 연산자 117
5.1.3 논리 연산자(Logical Operator) 121
5.2 조건문(Condition Statement) 127
5.3 if-else 조건문 131
■ 연습문제 139

CHAPTER 06 여러 조건 다루기(심화 조건문)

6.1 중첩 조건문 148
6.2 if-elif-else 조건문 158
■ 연습문제 168

CHAPTER 07 구성이 다른 자료형(list형)

7.1 list형(list type) 182
7.2 list형의 index 185

7.3 list형의 연산 193
7.3.1 list형 간의 연산자 : '+'와 '*' 193
7.3.2 list형의 일부분 추출 : Slice 연산 194
7.3.3 list형 원소 변경 197
■ 연습문제 201

CHAPTER 08 효과적인 자료형(tuple형, set형, dictionary형)

8.1 tuple형 208
8.1.1 tuple형의 생성 208
8.1.2 tuple형의 index 구조 211
8.1.3 tuple의 연산 212
8.2 set형 216
8.2.1 set형의 생성 216
8.2.2 set형의 함수 및 연산자 사용 217
8.3 dictionary형 221
8.3.1 dictionary형 생성 221
■ 연습문제 227

CHAPTER 09 같은 작업 여러 번 반복하기(반복문)

9.1 while문 234
9.2 for문 242
9.2.1 range() 함수를 활용한 for문 243
9.2.2 list를 활용한 for문 248
9.2.3 문자열을 활용한 for문 252
9.3 조건문과 반복문의 혼용 257
■ 연습문제 263

CHAPTER 10 특정 작업을 수행하는 함수

10.1 함수 소개 276
10.2 함수의 정의와 호출 279
10.2.1 return문을 통해 값을 반환하는 함수(Value Returning Functions) 279
10.2.2 return문이 없는 함수(Nan-Value Returning Functions) 288
■ 연습문제 295

CHAPTER 11 함수 활용

11.1 함수 활용 302

CHAPTER 12 그래픽 도구 활용(turtle 클래스)

12.1 객체와 클래스 352

12.1.1 클래스 구조 354

12.1.2 객체의 메소드 활용 356

12.2 유용한 클래스 367

12.2.1 import문 367

12.2.2 random 클래스 368

12.3 turtle 클래스로 그림 그리기 372

12.3.1 turtle 클래스가 제공하는 메소드 373

12.3.2 조건문과 반복문 사용하여 동작 조절하기 391

12.3.3 다른 클래스와 함께 turtle 사용하기 394

■ 연습문제 400

부록

■ 파이썬에서 제공하는 내장함수와 클래스 405

■ 퀴즈 답안 413

● 찾아보기 429

01 CHAPTER

컴퓨팅 사고로 문제 해결하기

1.1 프로그래밍과 도구

1.2 컴퓨팅 사고

1.3 문제 해결하기

1.4 프로그래밍

"무엇을 하든지 간에 컴퓨팅 사고를 해야 한다. 컴퓨터와 소프트웨어 없이 살아갈 수 없는 세상에서 컴퓨팅 사고는 모든 학생이 배워야 하는 가장 중요한 개념이다."

– 자넷 윙(Jeannette W. Wing)

01 컴퓨팅 사고로 문제 해결하기

단원개요

1. 컴퓨터는 인류가 먼 옛날부터 발전시켜 온 도구 중 하나임을 안다.
2. 컴퓨팅 사고로 문제를 해결하는 세 가지 장점에 대해 학습한다.
3. 문제 해결 프로세스와 절차적 문제 해결 방법·알고리즘에 대해 알아본다.
4. 프로그램과 프로그래밍 언어에 대해 학습한다.

1.1 프로그래밍과 도구

1.1.1 도구로서의 컴퓨터

도구라는 것은 무엇을 뜻하는 것일까? 표준국어대사전에 보면 도구에 대해 다음과 같이 정의하고 있다.

> 도구(道具)[도:—]
> 「명사」
> ① 일을 할 때 쓰는 연장을 통틀어 이르는 말.
> ② 어떤 목적을 이루기 위한 수단이나 방법.

이 도구라는 단어는 종종 기술이라는 단어와 함께 사용되곤 한다. 기술과 도구는 서로 떼놓을 수 없는 밀접한 관계를 지니고 있다. 인류의 기원부터 지속적으로 발전시켜 온 도구의 발전이 곧 기술의 발전으로 볼 수 있기 때문이다. 반대로 말하자면 기술이 발달하면서 도구도 다양해지고 정교해진다고 말할 수 있겠다.

인류는 오랜 세월 동안 그 시대에 필요한 도구를 만들어왔다. 석기 시대에는 사냥을 위해 날카로운 무언가가 필요했기 때문에 돌도끼, 돌낫과 같은 도구를 만들어서 사용했다. 철기 시대가 되면서 돌과는 다르게 잘 부러지지 않으면서 좀 더 정교한 작업을 할 수 있는 철제 도끼를 만들어 사용했다. 이후 인류의 기술이 점점 발전하게 되면서 근대 산업화 시대에는 제품의 대량 생산을 위한 각종 기계가 개발되어 사용되었다.

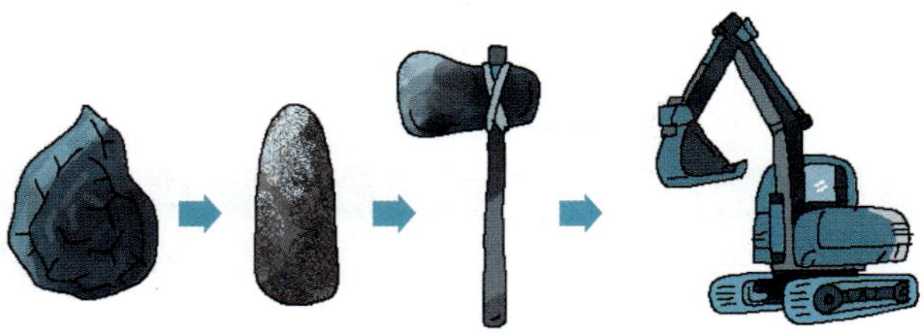

[그림 1-1] 시대별 도구의 발전

현대에도 인간은 많은 도구를 개발하여 생활의 편리함을 이루어 내고 있다. 인간의 대명사로 '지혜를 가진 자'를 뜻하는 호모 사피엔스[1]와 더불어 '연장을 갖춘 자'를 뜻하는 호모 파베르[2]를 사용하곤 한다. 인간이 도구를 사용하고 제작할 줄 안다는 점을 강조하는 것이다.

창의적 프로그래밍을 배우는 우리가 첫 시작부터 도구와 이를 사용하는 인간에 대해 이야기한 것은 바로 문제 해결을 위한 기본 도구로서의 컴퓨터를 설명하기 위해서이다.

오늘날 사용하는 컴퓨터 역시 인류의 편의를 위해 만들어진 하나의 도구이다.

정보화 시대로 들어오면서 생활과 업무에서 필요한 작업이 점차 더 복잡해지고 다양해졌다. 이러한 생활에서 오는 어려움을 극복하고자, 다양한 계산을 하기 위한 목적으로 컴퓨터를 개발하게 되었다. 따라서 최초의 컴퓨터는 계산기였다. 계산을 비롯한 다양한 작업을 대신해주는 도구였던 컴퓨터는 점차 발전해서 이제는 인간의 다양한 문제 해결

1) 호모 사피엔스(Homo Sapience): 현생인류(現生人類)를 포함하는 종(種)의 학명(學名). 칼 폰 린네(Carl Von Linn)에 의하여 명명되었으며, '슬기로운 사람'이라는 뜻이다. (출처: 과학동아 시사과학용어사전)

2) 호모 파베르(Homo Faber): 프랑스 철학자 베르그송이 인간은 다른 동물과 달리 물건이나 연장을 만들어 사용하는 데 인간의 특징이 있다고 보아 '인간은 사물을 만드는 존재'라는 의미로 호모 파베르라 불렀다. (출처: 성영홍, 《딥씽킹》)

을 지원해주는 다목적의 도구로 자리 잡았다.

예를 들어보자. [그림 1-2]의 항공 예약 비교 시스템은 비행기 표를 구해본 경험이 있는 독자라면 한 번쯤 접해본 익숙한 화면일 수도 있겠다. 컴퓨터라는 도구는 비행기 표를 구하기 위해, 항공사 사무실이나 공항에 가서 각 항공사의 일정과 가격을 비교해서, 다시 좌석을 확인하고 결제하고 예약해야 하는 과정을 간단하게 만들어 주는 편리한 도구인 것이다. 물론 이것은 컴퓨터가 할 수 있는 다양한 일들에 비해 극히 일부분의 예에 지나지 않는다.

[그림 1-2] 모든 예약 가능한 일정을 찾아주는 항공 예약 비교 시스템

이 컴퓨터라는 도구가 어떻게 만들어져 있는지 살펴보자.

앞서 인류가 오랜 기간 사용했던 돌도끼 이야기를 다시 해 보자. 돌도끼는 돌로 만들어진 도끼날, 나무로 만들어진 손잡이, 이 두 부속을 연결하기 위한 끈으로 구성되어 있다. 좀 더 발달한 도구인 전기톱은 어떠할까? 금속으로 된 톱날과 전기 모터, 손잡이, 전기를 저장하는 충전기 등으로 구성되어 있을 것이다.

우리가 사용하는 컴퓨터도 이와 마찬가지로 여러 부분으로 나눌 수 있을 것이다. 그런데, 그 구성을 여러 부분으로 분류하는 데에 있어 컴퓨터는 전기톱과는 다른 독특한 특징이 있다. 전기톱처럼 모든 부속품이 손으로 만져지는 것이 아니라, 일부의 기능이 컴퓨터 속에 눈에 보이지 않는 무형의 형태로 들어 있다. 이 부분을 소프트웨어

(Software)라고 부른다. 이 소프트웨어가 컴퓨터를 특별한 도구로 만들어준다.

컴퓨터는 외형적인 모습을 나타내는 하드웨어(Hardware)와 무형의 형태로 수행되는 소프트웨어(Software)로 구성된다.

[그림 1-3] 컴퓨터의 구성

하드웨어는 컴퓨터의 물리적인, 만질 수 있는 부분을 말한다. 모니터, 프린터, 마우스, CPU, 메모리 등과 같은 컴퓨터와 관련된 물리적 장치들을 말하는 것이다. 쉽게 말해 사람의 손에 만져지는 기계적인 부분이라고 하면 금방 이해가 될 것이다.

소프트웨어는 특정한 목적을 위해 만들어진 프로그램 등을 일컫는 말로, 기계적인 장치인 하드웨어에 대응하는 개념이라고 이해하면 된다. 컴퓨터로 게임을 할 때, 게임 프로그램은 소프트웨어이고, 모니터, 키보드, 마우스라는 하드웨어를 통해 이 프로그램을 사용하고 있는 것이다. 또 다른 소프트웨어의 예로는 마이크로소프트의 윈도우, 한글과 컴퓨터의 아래한글 등을 생각하면 쉽겠다.

컴퓨터가 특별한 이유는 범용 도구인 구조를 가지고, 각 소프트웨어를 통해 특정 작업을 수행하는 특정한 목적의 도구 역할을 하는 것이다. [그림 1-4]와 같이 워드 프로세서를 사용할 때는 문서 작성 도구로, 게임을 할 때는 게임기로, 인터넷 전화를 사용할 때는 전화기 역할을 하는 등, 소프트웨어만 있으면 무한히 많은 종류의 도구가 될 수 있다.

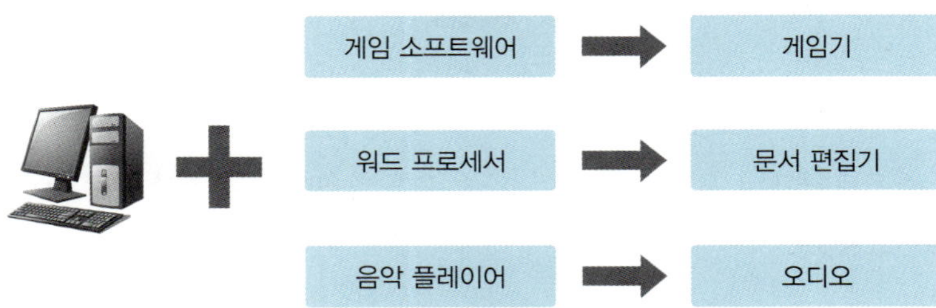

[그림 1-4] 다목적 도구인 컴퓨터

1.1.2 소프트웨어의 종류

하드웨어와 소프트웨어로 이루어진 하나의 컴퓨터에서 하드웨어는 쉽게 바꾸기 어려운 부분이다. 그러나 소프트웨어는 소프트(Soft), 유연하다는 의미 그대로 상대적으로 쉽게 변경될 수 있는 부분이다. 앞에서 설명했듯이, 하나의 컴퓨터에서 여러 소프트웨어를 사용할 수 있으므로 컴퓨터는 다목적 도구라고 할 수 있다.

또한, 소프트웨어는 다양한 형태의 하드웨어에 다양한 모습으로 존재한다. 과거에 컴퓨터라고 하면 쉽게 연상되는 기계는 데스크톱 컴퓨터였다. 그러나 현재에는 데스크톱 컴퓨터 외에도 노트북, 스마트폰 등 다양한 형태와 기능을 가진 하드웨어가 존재하고 거기에 맞춰 여러 종류의 소프트웨어가 개발되어 사용되고 있다.

우리는 살아가면서 수많은 소프트웨어를 아침에 눈 뜨면서 잠자리에 들 때까지 사용한다. 하루에 사용하는 소프트웨어를 생각해보자. [그림 1-5]처럼 스마트폰에 있는 알람 소프트웨어로 아침에 눈을 뜬다. 그리고 날씨를 확인한다. 아침에 등교할 때에는 버스 도착 알림으로 언제 어떤 버스를 타야 할지 결정한다. 점심 약속을 위해 친구와 메신저로 이야기한다. 집에 돌아와서는 컴퓨터를 켜고 학교에 제출할 보고서를 작성한다. 이처럼 하루 일과를 소프트웨어를 이용하여 생활한다고 해도 지나친 말이 아니다.

[그림 1-5] 우리 생활 속 소프트웨어

그렇다면 소프트웨어는 구체적으로 어떤 종류가 있을까? 우선 소프트웨어의 기능에 따라 나누어보자.

➲ 소프트웨어의 종류는 크게 시스템 소프트웨어와 응용 소프트웨어로 나눈다.

시스템 소프트웨어(System Software)는 컴퓨터의 시스템을 운영하기 위한 모든 소프트웨어를 통칭하는 개념이며 하드웨어를 관리하고 응용 소프트웨어(Application Software)를 지원하는 소프트웨어이다. 흔히 운영체제(OS: Operating System)라 한다. 예를 들어, 컴퓨터를 켜면 가장 먼저 만나게 되는 마이크로소프트의 윈도우(Windows)나 애플의 MacOS, 스마트폰의 운영체제인 구글의 안드로이드(Android)나 아이폰의 iOS 가 시스템 소프트웨어이다. 운영체제를 통해 우리는 SNS나 인터넷 브라우저 같은 응용 소프트웨어를 사용할 수 있다.

[그림 1-6] 시스템 소프트웨어의 예

응용 소프트웨어는 특정 작업을 위해 개발된 소프트웨어이다. 그 대표적인 예로, [그림 1-7]처럼 인터넷 익스플로러(Internet Explorer), 마이크로소프트 워드(MS Word), 스프레드시트(Spreadsheet) 등을 들 수 있다. 또한, 게임, 스마트폰 앱도 응용 소프트웨어의 한 종류이다.

[그림 1-7] 응용소프트웨어의 예

이러한 응용 소프트웨어는 시스템 소프트웨어의 지원을 받아 수행된다. 윈도우에서 워드가 실행되고, 안드로이드에서 Facebook 앱이 실행되는 것이 이러한 동작 방식의 예이다. [그림 1-8]을 보자. 컴퓨터 하드웨어 기반에서 시스템 소프트웨어가 동작하고, 그

시스템 소프트웨어 기반에서 각각의 응용 소프트웨어가 실행되는 것이다.

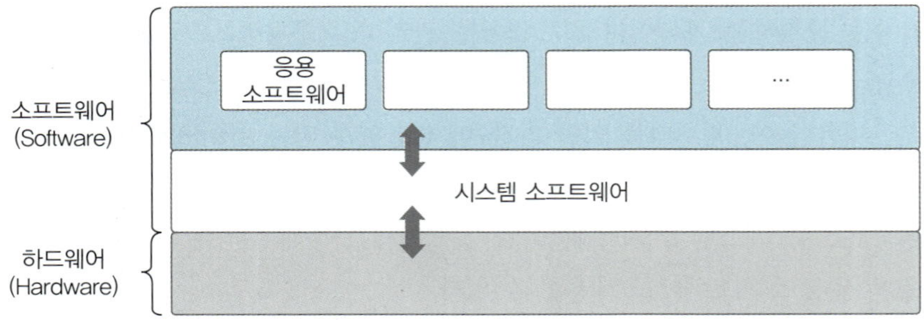

[그림 1-8] 소프트웨어의 구조

우리가 앞으로 익히게 될 파이썬은 주로 응용 소프트웨어를 개발할 때 쓰인다.

참고 임베디드 소프트웨어(Embeded Software)

요즘 주목받고 있는 소프트웨어로 임베디드 소프트웨어가 있다. 임베디드 소프트웨어란 특정 기계나 시스템에서 특정 목적만을 위해 수행되는 소프트웨어이다. 예를 들어, 버스나 지하철의 교통카드 인식 소프트웨어, 음식점의 주문 및 계산 소프트웨어, 자동차 브레이크 제어 소프트웨어, 냉장고와 TV에 사용되는 소프트웨어 등이 있다.

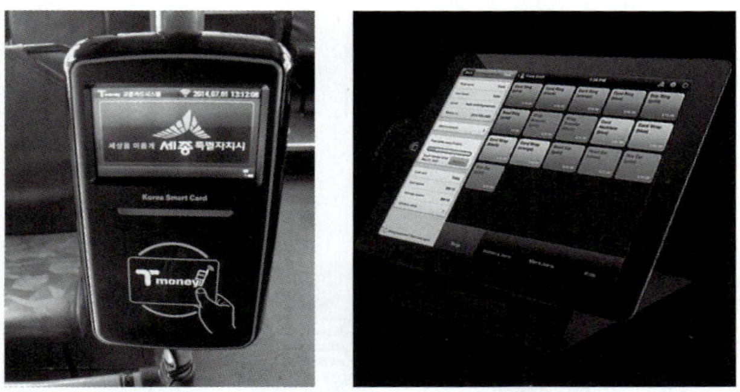

[그림 1-9] 임베디드 소프트웨어의 예

1.2 컴퓨팅 사고

1.2.1 컴퓨팅 사고의 필요성

컴퓨팅 사고(Computational Thinking)란 컴퓨터과학의 이론, 기술, 도구를 활용하여 현실의 복잡하고 어려운 문제를 해결하는 사고방식이다. 다시 말해 컴퓨터와 소프트웨어라는 도구를 활용해 문제를 해결하는 방식을 말한다. 이러한 사고방식이 왜 필요할까?

예를 들어보자. 우리는 사업을 시작하는 사람에게 경영적 사고가 필요하다고 한다. 쉽게 말해 경영자가 사업을 하는데 벌어지는 모든 일에 대해 어떤 것이 이익이며 손해가 나는지, 어떤 것이 효과적이며 효율적인지 따지는 사고방식이 필요하다는 이야기다.

법관에게는 법적인 사고가 필요할 것이다. 이것 역시 일상생활에서 벌어지는 모든 일을 보고 어떤 것들이 법적인 쟁점이 될 수 있는지 잘 파악하는 능력이다. 쉽게 말해 두 사람이 싸움을 할 때 얼굴 앞에 주먹을 휘두른 것만으로도 폭행죄가 되는지, 반드시 때려야만 폭행죄가 되는지 판단할 수 있는 사고방식이다.

경영자에게는 경영적 사고방식이, 법관에게는 법적 사고방식이 필요하듯이 컴퓨터를 다루어 문제 해결을 해야 하는 사람들에게는 반드시 컴퓨팅 사고방식이 필요하다고 할 수 있다. 그런데, 중요한 것은 우리가 컴퓨터 없이는 아무 일도 할 수 없는 정보화 사회에서 살고 있다는 점이다. 그러므로 컴퓨팅 사고는 우리가 정보화 사회의 기본적인 도구인 컴퓨터를 사용해서 문제를 해결하기 위해서는 꼭 필요한 사고방식이다.

2006년에 미국 마이크로소프트 부사장인 자넷 윙(Jeannette W. Wing)은 컴퓨팅 사고를 하는 것이 일반적인 문제 해결에 많은 도움이 된다고 주장했다. 그리고 이 주장은 전 세계적으로 큰 호응을 얻었다.

> "무엇을 하든지 간에 컴퓨팅 사고를 해야 한다. 컴퓨터와 소프트웨어 없이 살아갈 수 없는 세상에서 컴퓨팅 사고는 모든 학생이 배워야 하는 굉장히 중요한 개념이다."
>
> 자넷 윙(Jeannette W. Wing)

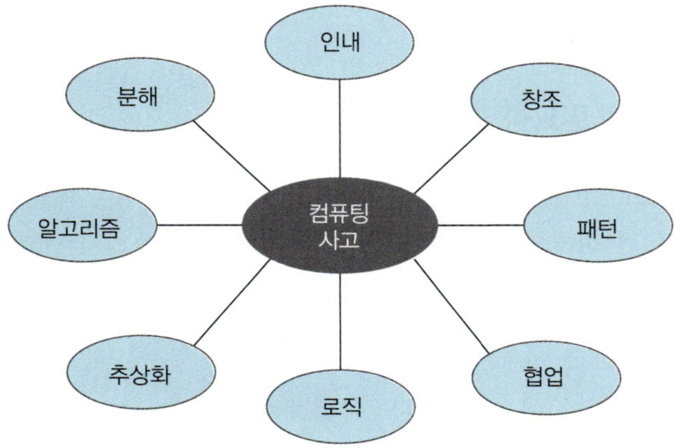

[그림 1-10] 컴퓨팅 사고[3)]

1.2.2 컴퓨터를 활용한 문제 해결의 장점

컴퓨팅 사고의 근간을 이루는 것은 컴퓨터라는 도구의 강점을 활용하여 문제를 해결하는 것이다. 컴퓨터를 활용한 문제 해결의 장점은 크게 세 가지를 들 수 있다.

첫째, 컴퓨터는 계산을 매우 빠르고 정확하게 한다.

컴퓨터는 기종에 따라 차이가 나겠지만, 1초에 수억 번의 연산이 가능하다고 생각할 수 있다. 1초라는 시간을 생각해보고, 수억 번의 연산을 생각해보면, 컴퓨터는 감이 오지 않을 정도로 빠르다고 보면 된다.

그러므로 문제 해결 방안을 생각할 때, 우리 머리로 생각하면 매우 복잡하고 어려운 계산에 대해서도 걱정할 필요가 없다. 예를 들어 1,575,025 같은 큰 수의 제곱근을 구한다고 생각해 보자.

문제 : 1575025의 제곱근을 구하시오. Y*Y = 1575025, Y는 양수

위의 문제를 풀 때, Y값에 1부터 시작하여 Y*Y값이 1575025가 나올 때까지 계속 1씩

3) CAS 베어풋(CAS Barefoot) 사이트의 컴퓨팅 사고(Computational Thinking) http://barefootcas.org.uk/barefoot-primary-computing-resources/concepts/computational-thinking/

증가하여 대입하면 답을 구할 수 있다. 하지만, 이러한 해결 방식은, 우리가 손으로 한다면, 오래 걸리는 작업이기 때문에, 고려하기가 힘들다. 하지만, 컴퓨터로 할 경우에는 1초도 안돼서 끝나는 작업이라고 생각하고 그 해결 방법을 채택할 수 있다. 즉, 컴퓨터로 문제를 해결할 때는 빠른 속도를 가정하고 해결 방안을 선택할 수 있다.

둘째, 컴퓨터는 엄청난 양의 데이터를 저장할 수 있다.

컴퓨터에서 최소한의 저장 단위는 바이트(Byte)이다. 컴퓨터의 저장 용량은 바이트의 배수로 측정된다. 하나의 숫자와 영어 문자는 각 1개의 바이트에 저장될 수 있다. 한글은 2바이트를 차지한다.

1킬로바이트(KB)는 약 1,000바이트
1메가바이트(MB)는 약 1,000,000바이트
1기가바이트(GB)는 약 1,000,000,000바이트
1테라바이트(TB)는 약 1,000,000,000,000바이트

책의 1페이지가 약 500개의 문자라고 하면, 400페이지 책 한 권은 200KB의 양이 된다. 1GB는 약 5,000권의 책을 저장할 수 있다. 그러므로 컴퓨터를 기반으로 문제 해결을 할 때는 방대한 양의 자료가 저장될 수 있다는 것을 염두에 두고 문제를 해결할 수 있다.

셋째, 컴퓨터 네트워크는 빠르게 정보를 주고받을 수 있다.

컴퓨터 네트워크의 통신 속도는 LTE 기준으로 1초에 대략 20MB를 전송할 수 있다. 보통 영화 한 편이 1.5GB라고 하면, 75초 정도면 전송받을 수 있다. 그러므로 SNS 같은 제품을 구상하는 것이 가능해진다. 즉, 컴퓨터를 기반으로 문제 해결을 할 때는 빠른 전송 속도를 가정하고 해결 방안을 구상하면 된다.

어느 고등학생이 버스 시간을 미리 알고 싶어서, 버스의 도착 시각을 알려주는 소프트웨어를 개발한 것도 컴퓨팅 사고와 프로그래밍의 산물이라고 말할 수 있다. 그 학생은 버스를 기다리는 시간을 예측할 수 없어서 생기는 문제점을 해결하기 위해 버스 도착시각 알림 소프트웨어를 개발하고 싶었다. 이러한 소프트웨어를 개발하기 위해서는

(1) 실시간으로 위치를 파악하고 도착시간을 계산하는 속도가 요구되고,
(2) 버스 노선 데이터를 저장하기 위한 많은 양의 저장 공간이 있어야 하고
(3) 버스 정보를 실시간으로 읽어 들이려면, 빠른 전송속도가 필수적이다.

컴퓨터를 기반으로 문제 해결을 했기에 가능한 해결 방법이었다.

예제 1-1 서울 버스 소프트웨어

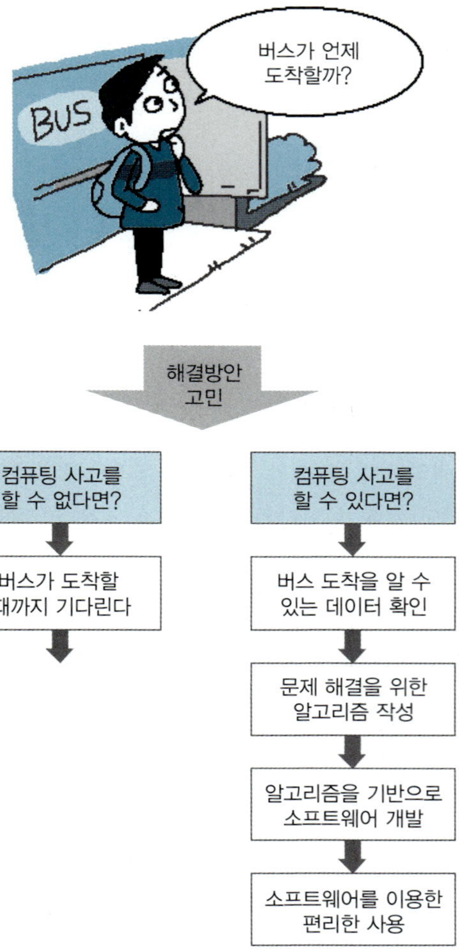

[그림 1-11] 컴퓨팅 사고를 이용한 서울 버스 소프트웨어 개발

참고 컴퓨팅 사고를 활용하여 문제 해결 구상하기

컴퓨터는 뛰어난 성능과 많은 데이터를 저장할 수 있는 능력이 있다. 이를 이용하여 컴퓨팅 사고를 통해 문제를 해결하는 예를 살펴보자.

요즘은 디지털카메라의 시대이다. 더는 필름 카메라를 사용하지 않고 대부분 사람은 디지털카메라나 스마트폰을 이용해 사진을 찍는다. 최신 디지털카메라 중에 4608×3456 해상도의 디지털카메라가 있다고 하자. (참고로 해상도는 사진의 가로와 세로에 몇 개의 픽셀로 이루어져 있는지 나타내는 개념이다.)

사진을 찍으면 컴퓨터나 메모리 카드에 파일로 저장이 된다. 가로 4,608개, 세로 3,456개인 표에 각각의 색상 정보를 표시하여 저장한다. 하나의 사진에 총 15,925,248개의 색상 정보가 있는 것이다.

내가 촬영한 사진을 초점이 맞지 않은 것처럼 흐리게 만드는 효과를 주려고 한다. 흐리게 처리하고 싶다면 가장 기초적인 방법은 15,925,248개 픽셀의 값을 일일이 원하는 값으로 바꿔 주는 것이다. 그러나 이 작업은 매우 오랜 시간이 걸린다. 개당 10초가 걸린다면, 전체 수정은 약 5년의 시간이 걸린다. 또한, 제대로 계산이 되었는지 확인도 필요하다.

컴퓨팅 사고를 통해 이 문제를 해결해 보자. 우선 사진을 흐리게 만들기 위해서 모든 픽셀에 공통되는 이미지 처리 공식을 찾아낸다. 이 공식을 15,925,248개 전체 픽셀에 한 번에 적용하는 소프트웨어를 만든다. 그리고 이 공식을 한꺼번에 적용한다. 최근 컴퓨터라면 단 1~2초 만에 이미지 흐림 처리를 완료할 수 있다.

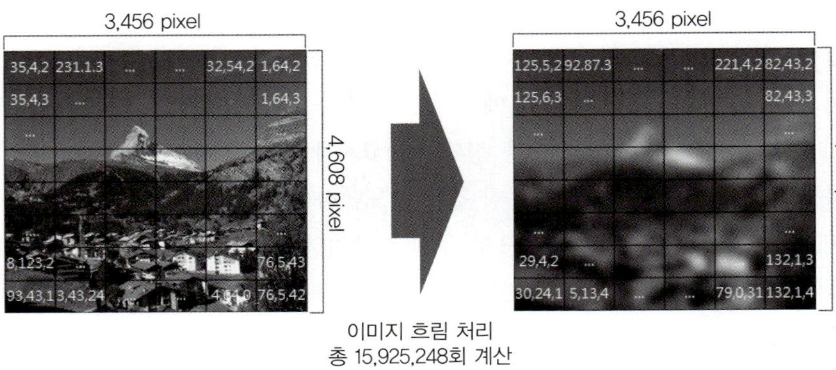

[그림 1-12] 컴퓨팅 사고를 이용한 문제 해결

즉, 5년이 필요한 이미지 처리를 단 1~2초로 줄일 수 있다. 이처럼 컴퓨팅 사고로 문제 해결을 하면 현재의 복잡하고 어려운 문제를 더욱 쉽게 해결할 수 있다.

1.3 문제 해결하기

1.3.1 문제 해결 프로세스

이번에는 컴퓨팅 사고에 이어서, 문제 해결 프로세스를 살펴보자. 우리가 어떤 문제를 체계적으로 해결할 때 따르게 되는 프로세스, 즉 절차가 있다. [그림 1-13]은 일반적인 문제 해결 프로세스를 나타내고 있다.

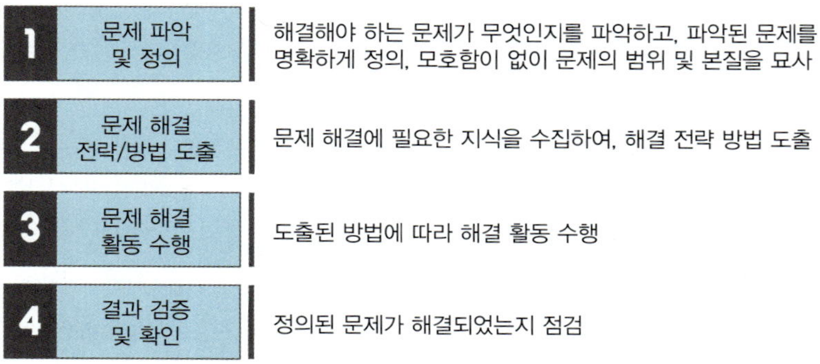

[그림 1-13] 문제 해결 프로세스

(1) **문제 파악 및 정의 단계:** 주어진 문제를 해결함에 앞서, 해결해야 하는 문제가 무엇인지 파악한 후, 파악된 문제를 명확하게 정의해야 한다. 이때 정의된 내용에 기반을 두어 문제를 해결하고, 해결한 후에는 맞는지 검증 작업이 이루어지기 때문에 모호함이 없이 문제의 범위 및 본질을 정확하게 묘사해야 한다. 이 단계에서 문제의 정의를 제대로 하지 못할 경우, 엉뚱한 결과에 도달하게 된다.

(2) **문제 해결 방법 도출 단계:** 다음으로 문제를 해결하는 방법을 도출해야 한다. 이를 위해서는 문제 해결에 필요한 지식을 수집하고 그를 바탕으로 해결 전략 및 방법을 도출한다.

(3) **문제 해결 활동 수행 단계:** 정해진 문제 해결 방법에 따라 활동을 수행한다.

(4) **결과 검증 및 확인 단계:** 결과에 대해 문제 정의와 비교하여 검증하고 확인한다.

컴퓨팅 사고에서는 [그림 1-14]와 같은 프로세스를 통해 문제를 해결한다. 먼저 문제를 파악하고 해결해야 할 문제를 정의한다. 그리고 문제를 해결하기 위한 방안을 강구하는데, 이때, 알고리즘 작성을 통해 문제 해결 전략 및 방법을 도출한다. 컴퓨터를 기반으로 해결하기 위해서 이렇게 작성한 알고리즘을 프로그래밍 언어로 변환하여 문제 해결 프로그램을 작성한다. 일단 프로그래밍 언어로 작성이 끝나면 컴퓨터로 수행하여 그 결과를 검토한다.

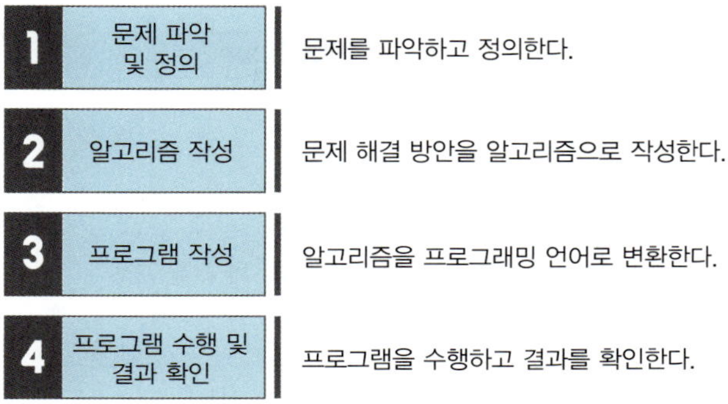

[그림 1-14] 알고리즘 기반의 문제 해결

예를 들어, 우리는 온도를 이야기할 때 섭씨 단위를 사용하지만, 미국은 화씨 단위를 사용한다. 미국 하와이의 기온이 화씨로 50도라고 하면 섭씨 온도로는 몇 도인지가 궁금할 때, 컴퓨팅 사고로 섭씨 온도를 구할 수 있다.

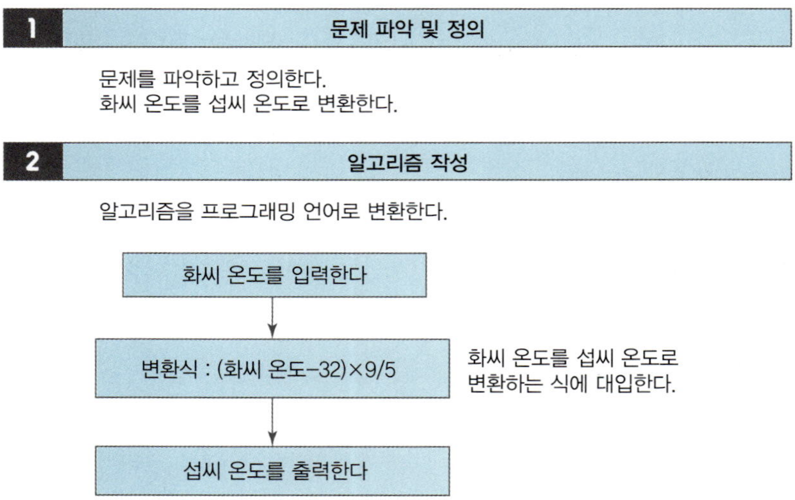

3 **프로그램 작성**

알고리즘을 프로그래밍 언어로 변환한다.

```
F = int(input('화씨 온도를 입력하시오 '))
C = (F - 32) + 9 / 5
print('섭씨 온도는 ', C, '입니다')
```

4 **프로그램 수행 및 결과 확인**

프로그램을 수행하고 결과를 확인한다.

```
화씨 온도를 입력하시오 50
섭씨 온도는  32.4 입니다
>>>
```

[그림 1-15] 알고리즘 기반의 문제 해결 예제

참고 사실적 지식(Declarative Knowledge)과 절차적 지식(Imperative Knowledge)

지식의 종류는 크게 사실적 지식과 절차적 지식으로 나눌 수 있다.

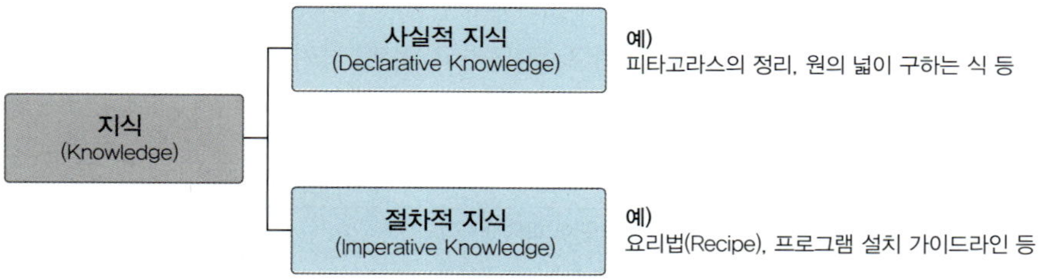

[그림 1-16] 지식의 종류

사실적 지식을 통한 문제 해결

사실적 지식이란 서술적 지식, 선언적 지식이라고도 한다. 이는 사실(Statement of fact, Something that is true)들에 대한 지식으로 많은 정보가 곧 지식이 된다. 그 예로는 피타고라스 정리, 원의 넓이를 구하는 공식 같은 수학 지식으로부터 각종 규정, 법규, 역사적 사실 등이 있다.

절차적 지식을 통한 문제 해결

절차적 지식이란, 문제를 해결하는 방법에 대한 지식으로 경험 또는 재능을 통해 문제 해결 방법을 아는 사람이 갖는 지식이다. 이미 여러 번 실험과 실패를 거듭하는 과정 끝에 작업에 성공한 선행자의 지식이라고도 할 수 있다.

1.3.2 컴퓨터의 문제 해결 방법: 알고리즘(Algorithm)

컴퓨팅 사고에서 사용하는 해결 방안을 특별히 알고리즘이라 한다. 다시 설명하면, 알고리즘은 컴퓨터과학 분야에서 문제 해결을 수행하기 위한 절차를 일컫는 말이다. 컴퓨팅 사고의 중심은 문제의 해결 방안을 알고리즘으로 나타내는 것이라고 할 수 있다. 알고리즘은 컴퓨터의 능력을 가정하고, 일련의 절차를 이용하여 문제를 해결하는 방법이기 때문이다.

> "알고리즘은 컴퓨터의 능력을 가정하고, 일련의 절차를 이용하여 문제를 해결하는 방법."

알고리즘에 대해 좀 더 자세히 알아보자. 알고리즘은 문제를 해결하기 위한 단계들을 순서대로 기술한 것이다. 그 표기법으로는 순서도가 많이 사용된다.

기호	기호의 설명	예
	값을 계산하거나 대입 등을 나타내는 처리 기호	A=B+C
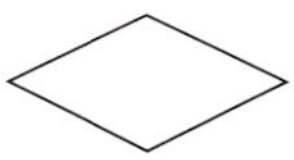	조건이 참이면 '예', 거짓이면 '아니오'로 가는 판단 기호	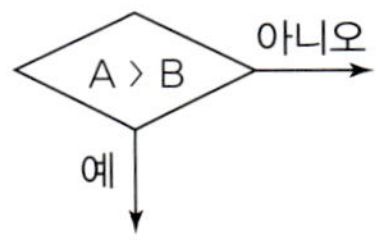
	기호를 연결하여 처리의 흐름을 나타내는 흐름 선	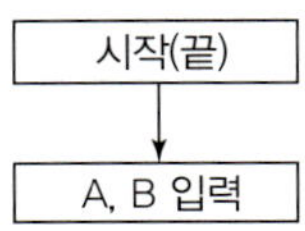

[그림 1-17] 순서도의 기본적인 기호

기본적인 알고리즘의 구조로는 [그림 1-18]과 같이 순차 구조(Sequence), 조건 구조(Condition), 반복 구조(Iteration)가 있다.

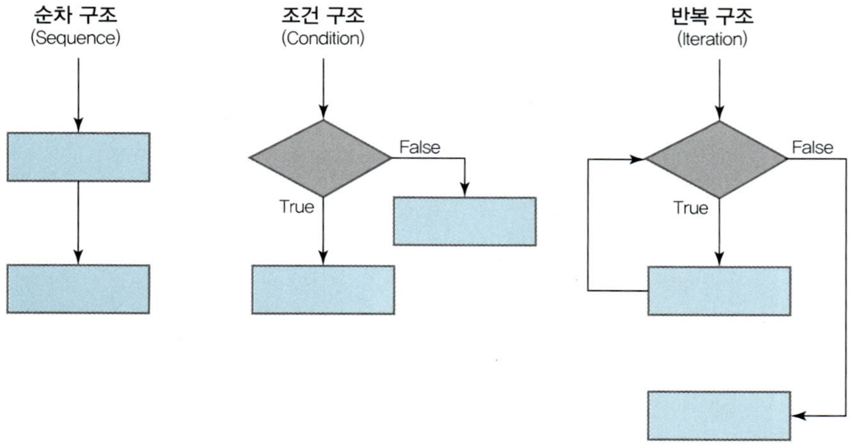

[그림 1-18] 알고리즘의 기본 구성 요소

▪ 순차 구조

모든 작업들은 위에서 아래로 순서에 따라 차례대로 수행된다. 즉, [그림 1-19]에서 보듯이, 1번 작업이 끝나고, 2번 작업, 그리고 3번 작업 순서로 끝날 때까지 진행된다.

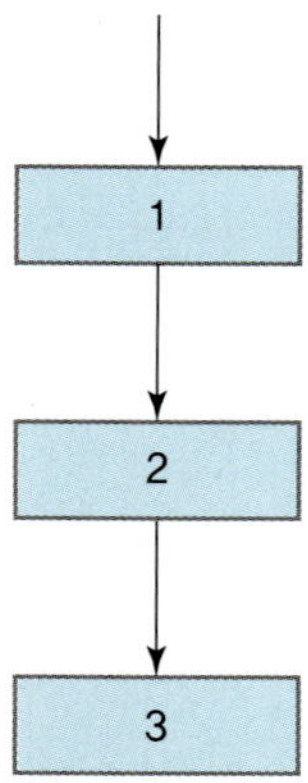

[그림 1-19] 순차 구조

■ 조건 구조

조건에 따라 수행되는 작업들이 다른 경우를 나타내기 위한 구조이다. 이 구조에서는 조건의 결과에 따라 그다음 작업의 수행 여부가 결정된다.

조건이 맞으면 '참(True)'으로 표시된 방향의 작업을 수행하고, 조건이 틀리면 '거짓(False)'으로 표시된 방향의 작업을 수행하게 된다. [그림 1-20]에서 보면, 참인 경우 또는 거짓의 경우에만 수행되는 작업을 갖는 조건 구조도 있고, 참과 거짓에 따라 다른 작업을 수행하는 구조도 있다.

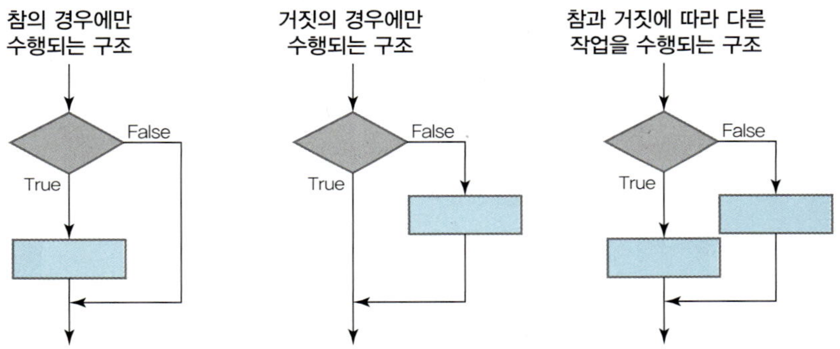

[그림 1-20] 조건 구조

조건이 참의 경우에만 수행되는 예로 핸드폰을 새로 개통하는 경우를 들 수 있다. 핸드폰을 새로 개통할 때, 가족 중 같은 통신사를 사용하는 사람이 있는지 확인한다. 만약, 가족 중 같은 통신사를 이용하는 사람이 있으면 요금 할인을 받고 핸드폰을 개통한다. 이를 알고리즘으로 나타내면 [그림 1-21]과 같이 나타낼 수 있다.

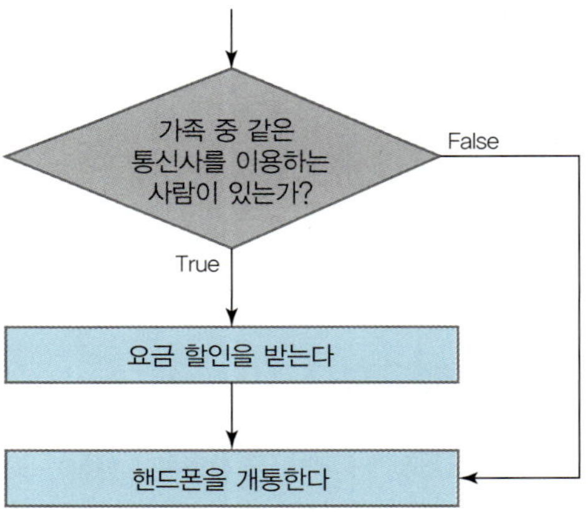

[그림 1-21] 참의 경우에만 수행되는 조건 구조의 예

조건이 거짓의 경우에만 수행되는 예로 예약 시스템을 사용하는 경우를 들 수 있다. 예약 시스템을 이용할 때, 시스템의 회원인지 아닌지를 확인한다. 만약, 회원이 아니라면 회원가입을 하고 예약을 한다. 이를 알고리즘으로 나타내면 [그림 1-22]와 같이 나타낼 수 있다.

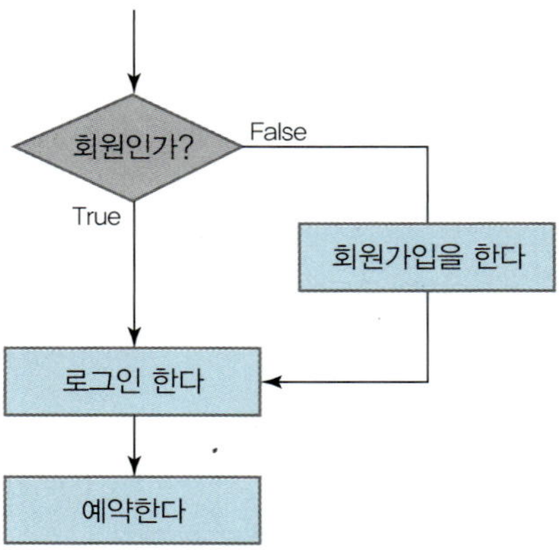

[그림 1-22] 거짓의 경우에만 수행되는 조건 구조의 예

조건이 참인 경우와 거짓인 경우 각각 다른 작업을 수행하는 예로 운동하는 과정을 들 수 있다. 운동은 유산소 운동으로 몸을 푼 후에 근육 운동을 한다고 하자. 이때, 만약 비가 온다면 러닝머신에서 유산소 운동을 하고 비가 오지 않는다면 운동장에서 유산소 운동을 한다. 비가 오거나 비가 오지 않는 각각의 경우에 맞춰 유산소 운동을 한 후 근력운동을 하는 것이다. 이를 알고리즘으로 나타내면 [그림 1-23]과 같이 나타낼 수 있다.

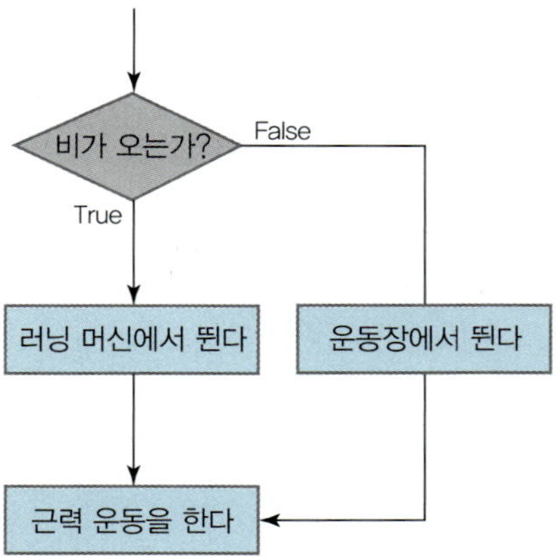

[그림 1-23] 조건의 참 거짓에 따라 다른 작업을 수행하는 조건 구조의 예

■ 반복 구조

일련의 작업들을 여러 번 반복해야 하는 경우를 위한 구조이다. 특정한 조건을 만족하는 동안 계속 반복한다. 조건을 만족하는지 먼저 살펴보는 경우와 일단 먼저 수행을 한 번 하고 나중에 조건을 살펴보는 경우가 있다.

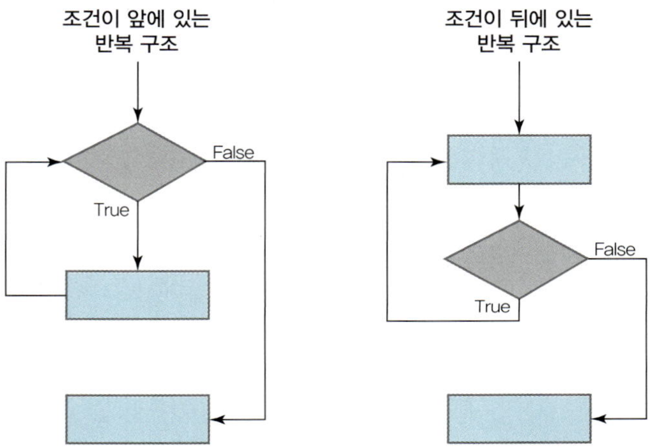

[그림 1-24] 반복 구조

조건이 앞에 있는 반복 구조의 경우, 조건에 따라 작업을 반복할지 아닐지 결정한다. 예를 들어, 반복적으로 게임을 하는 경우에 대해 생각해 보자.

조건이 앞에 있는 반복구조를 사용하는 경우는, 시험 기간에 게임을 할지 공부를 할지를 결정하는 경우를 예로 들 수 있다. 우선, 게임을 할 것인지 아닌지에 대해 선택한다. 만약, 게임을 하는 것을 선택한다면 게임을 진행하고 다시 게임을 반복할 것인지에 대해 확인한다. 게임을 하는 것을 선택하지 않을 때까지 계속해서 게임을 수행한다. 이를 알고리즘으로 나타내면 [그림 1-25]와 같이 나타낼 수 있다.

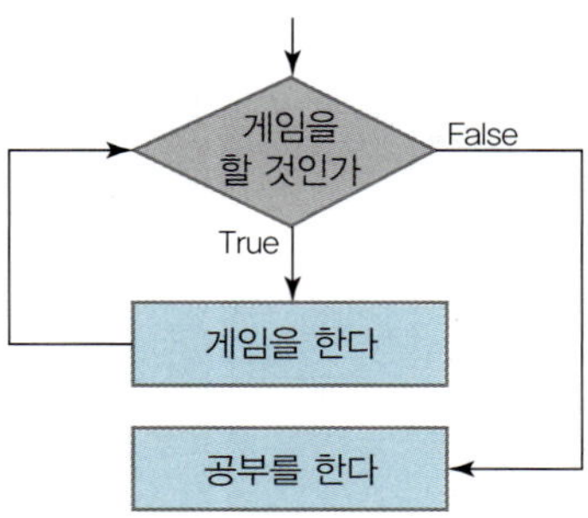

[그림 1-25] 조건이 앞에 있는 반복 구조의 예

일단 한번 수행을 하고 조건에 따라 수행한 작업의 반복 여부를 결정하는 구조의 예로는, 새로운 게임을 처음 하는 경우를 들 수 있다. 새로운 게임을 할 때, 일단 한번 게임을 수행한다. 그 뒤에 계속해서 게임을 계속할 것인지에 대해 확인하고 수행한다. 이를 알고리즘으로 나타내면 [그림 1-26]과 같이 나타낼 수 있다.

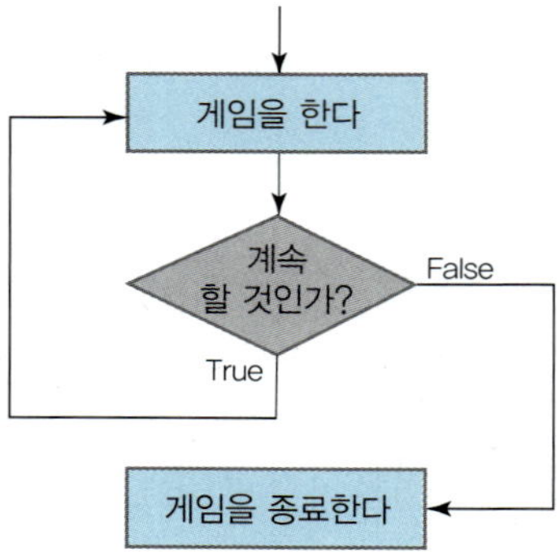

[그림 1-26] 조건이 뒤에 있는 반복 구조의 예

조건 구조와 반복 구조도 크게 하나의 작업으로 분류하면, 순차 구조의 원리에 따라 순서대로 수행된다고 볼 수 있다.

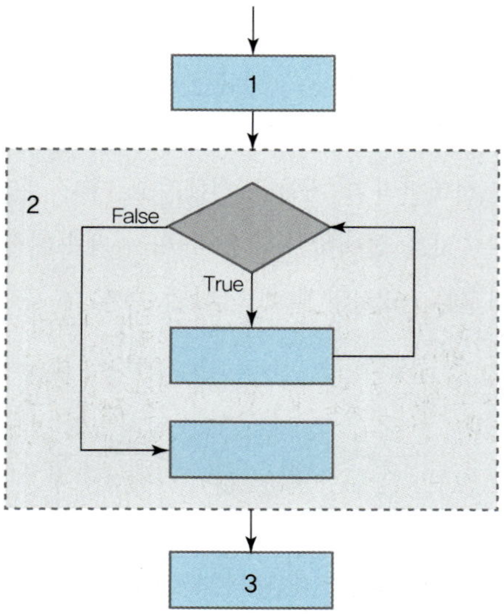

[그림 1-27] 조건 구조와 반복 구조를 포함하는 순차 구조

예제 1-2 순서도 연습 1

| 요구사항 |

두 정수를 입력했을 때, 두 정수 중 큰 수를 출력하는 순서도를 작성해보자.

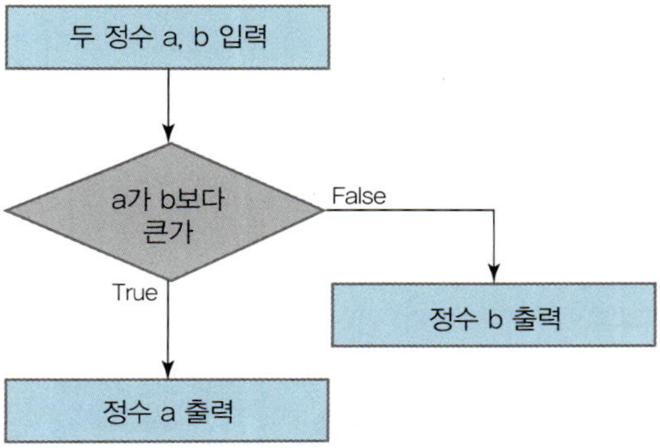

[그림 1-28] 순서도

예제 1-3 순서도 연습 2

| 요구사항 |

1부터 10까지의 숫자 중, 짝수의 합과 평균을 구하는 순서도를 작성해보자.

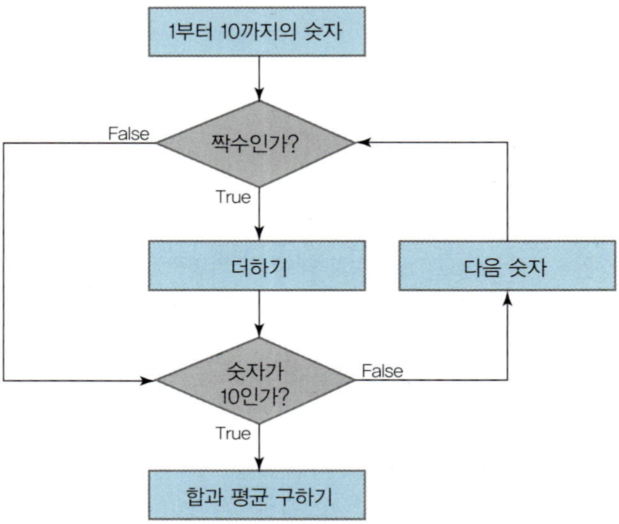

[그림 1-29] 순서도

퀴즈 1-1 다음 문장을 수행해보자.

> 1부터 10까지의 숫자 중 홀수의 합과 평균을 구하는 순서도를 작성하시오.

이렇게 알고리즘의 기본 요소를 사용하는 이유는 프로그램의 실행문들이 같은 요소들로 이루어져 있기 때문이다. 그러므로 일단 알고리즘만 만들어지면 문제 해결 방법은 결정된 것이고, 그 후에 프로그램은 프로그래밍 언어의 문법에 맞게 작성되는 것이라고 보면 된다.

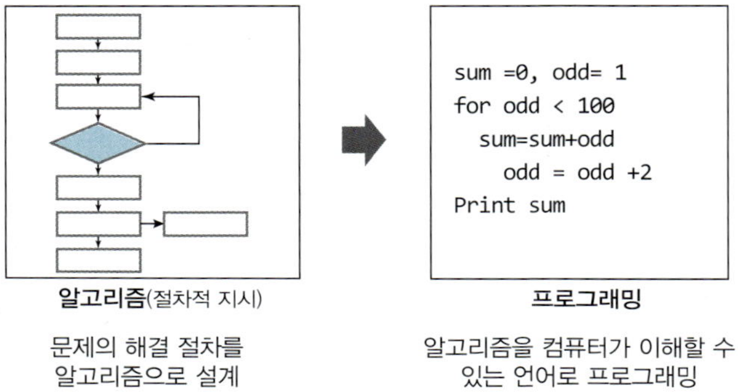

[그림 1-30] 알고리즘과 프로그래밍

1.4 프로그래밍

1.4.1 프로그램

절차적 지식인 알고리즘을 컴퓨터에게 이해시키기 위해 가공한 형태를 프로그램(Program)이라 한다. 구성한 알고리즘의 내용을 기반으로 프로그램을 만들기 위해서는 특정 프로그래밍 언어(Programming Language)를 선정하고 그 언어의 문법에 맞추어 작성해야 한다. 이 작업을 프로그래밍(Programming)이라고 한다. 우리가 앞으로 배울 파이썬(Python)도 프로그래밍 언어의 한 종류이다.

프로그램이 만들어지는 과정은 다음 [그림 1-31]과 같다. 먼저 문제를 정의한 후 문제를 해결하기 위한 절차적 지식인 알고리즘을 구상한다. 그리고 컴퓨터가 이해할 수 있는 프로그래밍 언어로 프로그램을 작성한다.

[그림 1-31] 프로그램이 만들어지는 과정

[그림 1-32]는 프로그램이 만들어지는 과정의 예이다. 앞서 살펴본 복잡한 계산을 위한 알고리즘과 파이썬 언어로 작성한 프로그램을 보여준다.

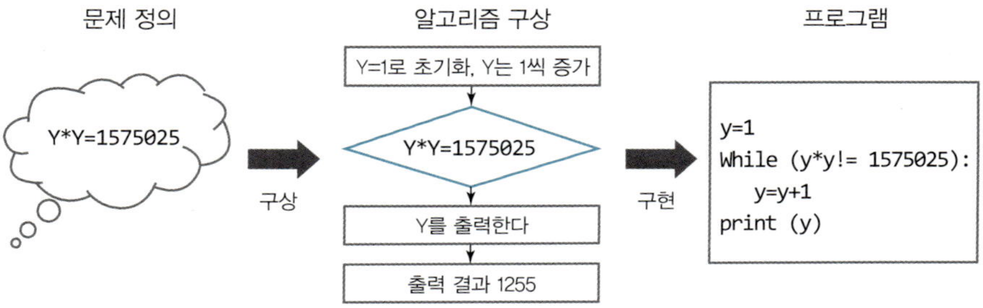

[그림 1-32] 프로그램이 만들어지는 과정의 예

프로그램을 만드는 과정을 다시 정리해보면, 가장 먼저 문제를 정의하고 그 문제에 맞는 알고리즘을 구상한다. 그 알고리즘을 프로그래밍 언어를 이용하여 프로그래밍하여, 결과물로 프로그램을 만든다. 이렇듯 문제를 재구성한 알고리즘을 특정한 프로그래밍 언어로 표현하는 것이 프로그래밍이다.

1.4.2 프로그래밍 언어

컴퓨터와 소통하기 위해서 사용하는 언어를 프로그래밍 언어(Programming Language)라고 한다. 컴퓨터가 이해하는 언어는 기계어(Machine Language)라고 부르며, 0과 1로만 구성되어 있다. 기계어는 사람이 사용하기에는 너무 어려우므로 사람이 편하게 표현할 수 있는 언어인 고급 언어(High-level Language)가 만들어졌다. 일반적으로 이야기하는 프로그래밍 언어는 고급 언어를 가리킨다.

```
01000111010110101001101001010101
00010101101010011011100101011010
01010100101101000101011010100110
10010101010001010110101001101001
01010100010101101110100110100101
01010001010110101001101001010111
11010001010110101001101001010101
0001010110101001101001010101
```

기계어

```
def uChoice() :
    print("다음 중 하나를 고르시오")

    print("0 : 가위")
    print("1 : 바위")
    print("2 : 보")
    uChoice = int(input())
    return uChoice
```

고급 언어

[그림 1-33] 기계어와 고급 언어의 차이

고급 언어는 일상에서 사용하는 영어와 유사한 모습을 갖춘 프로그래밍 언어이다. 개발자가 의도한 내용을 표현하기가 편하고 다른 사람들의 이해가 쉽다. 프로그래밍 언어 중 대학교에서 많이 채택하고 있는 언어로는 C, C++, JAVA 등이 있고 우리가 앞으로 배울 파이썬 역시 그중 하나이다.

파이썬과 같이 사람이 이해할 수 있는 고급 언어로 프로그래밍을 하고 나면, 이 프로그램을 [그림 1-34]처럼 기계어로 변환해야만 컴퓨터가 수행할 수 있다. 이러한 번역작업은 번역기(인터프린터)에 의해 수행된다. 고급 언어로 프로그램을 작성한 후에 번역기를 호출하여, 컴퓨터가 이해할 수 있는 기계어로 변화시킨 후 수행한 결과를 보게 되는 것이다.

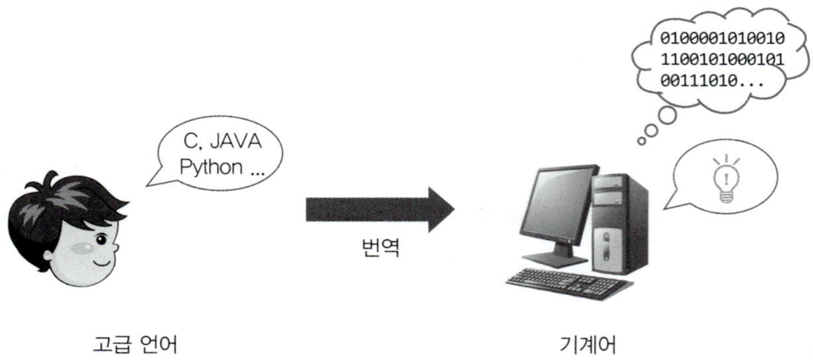

[그림 1-34] 번역기의 역할

참고 번역기의 종류

번역기의 종류로는 컴파일러(Compiler)와 인터프리터(Interpreter)가 있다. 컴파일러는 고급 언어가 주어지면 기계어 코드로 번역한 파일을 생성한다. 한 번 만들어진 파일은 계속해서 여러 번 사용 될 수 있다.

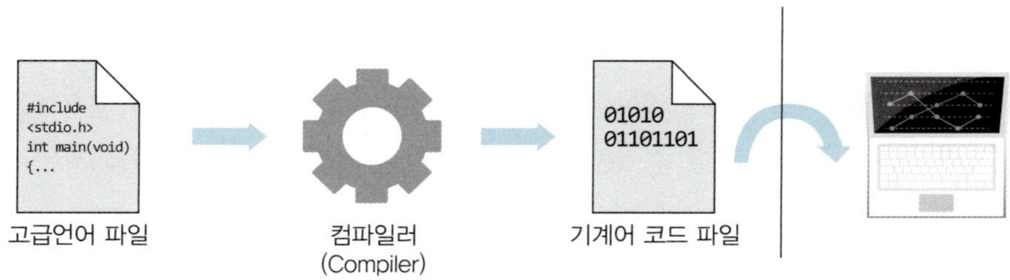

[그림 1-35] 컴파일러의 번역

인터프리터는 고급 언어가 주어지면 기계어 코드 파일 생성없이 명령문이 입력되면, 그 즉시 직접 번역함과 동시에 명령을 수행한다.

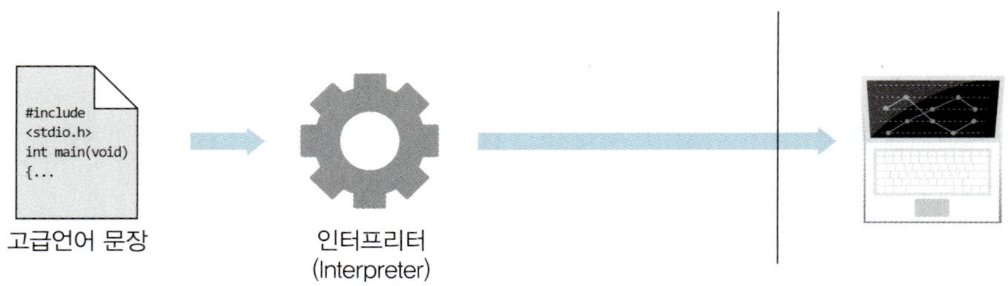

[그림 1-36] 인터프리터의 번역

우리가 공부할 파이썬은 인터프리터를 사용한다.

1.4.3 프로그래밍의 활용

앞에서도 설명했지만, 프로그램을 배우는 목적은 생활의 편리함을 제공하는 소프트웨어라는 도구를 개발하기 위함이다. 우리가 일상생활에서 사용하고 있는 소프트웨어들은 모두 컴퓨팅 사고를 기반으로 문제 해결 절차를 거쳐서 개발되었다. 컴퓨터 분야를 전공하는 학생이 아니더라도, 자신의 분야에서 필요한 소프트웨어를 프로그래밍을 통해 개발할 수 있다.

이제 우리는 소프트웨어 시대에 살고 있고, 소프트웨어 없이는 생활이 불가능할 정도로 많은 부분을 소프트웨어에 의존하고 있다. 비행기 예약시스템, 병원에서의 검사기 내의 임베디드 소프트웨어, 세금 계산 시스템 등 많은 소프트웨어를 도구로 활용하여 편리하게 작업을 수행한다. 앞으로도 소프트웨어는 더 넓은 분야의 많은 작업을 지원하기 위해 개발되어야 한다.

이렇게 한 번 만들어진 소프트웨어는 필요할 때마다 계속해서 사용될 수 있으며 응용분야 또한 무궁무진하다고 할 수 있다. IT가 전공이 아닌 학생들도 자신들의 분야에서 어떤 소프트웨어가 필요한가에 대해 생각해보는 것이 필요하다.

다음은 여러 분야에서 활용되고 있는 소프트웨어들의 예를 보여주고 있다.

- 오피스: 워드 프로세서, 스프레드시트, 프레젠테이션 소프트웨어, 메모장
- 생활: 알람, 날씨, 잡지, 신문, 계산기
- 교통: 내비게이터, 지도, 버스 시간, 택시 호출, 지하철 노선도
- 일정관리: 캘린더, 다이어리, 시간표
- 쇼핑: 상품 검색, 가격비교
- 여행: 호텔 검색, 맛집 검색, 비행기 표 예약
- 게임: 아케이드 게임, 스포츠 게임, RPG 게임, 랭킹 게임
- 교육: 인터넷 강의, e-book
- 금융: 증권, 가계부, 인터넷뱅킹
- 사진 및 비디오: 카메라, 사진 편집
- 의료: 초음파 영상진단장치, 디지털엑스선촬영장치, 의료영상처리장치 소프트웨어

요약

- 컴퓨터는 인류가 먼 옛날부터 발전시켜 온 도구 중 하나이며, 하드웨어(Hardware)와 소프트웨어(Software)로 구성된 구조로 우리 생활에 편리함을 제공한다.
- 컴퓨터를 사용하면 빠르고 정확하게 계산할 수 있으며, 많은 양의 데이터를 처리할 수 있고, 빠르게 데이터를 주고받을 수 있다는 장점이 있다.
- 문제 해결 프로세스는 문제 파악 및 정의, 문제 해결 방법 도출, 해결 활동 수행, 결과 검증 및 확인 단계 순으로 수행된다.
- 컴퓨터 프로그램(Program)은 문제 해결에 절차적 지식을 사용하는데, 그 해결 방법을 알고리즘(Algorithm)이라 한다.
- 절차적 지식인 알고리즘을 컴퓨터에게 이해시키기 위해 가공한 형태를 프로그램이라 한다.
- 컴퓨터와 소통하기 위해서 사용하는 언어를 프로그래밍 언어(Programming Language)라 하며, 컴퓨터가 이해하는 기계어(Machine Language)와 사람이 편하게 표현할 수 있는 언어인 고급 언어(High-level Language)로 구성되어 있다.

연습문제

1 컴퓨터는 하드웨어와 (　　　　　　)로 구성된다.

2 컴퓨터과학의 이론, 기술, 도구를 활용하여 현실의 복잡하고 어려운 문제를 해결하는 사고방식을 일컫는 말은 (　　　　　　) 사고이다.

3 알고리즘은 문제의 해결을 수행하기 위한 (　　　　　　) 지식이다.

4 컴퓨터가 이해하는 언어는 (　　　　　　)라고 하고, 파이썬과 같이 사람이 이해하기 쉬운 언어는 고급 언어라고 한다.

5 사람이 이해할 수 있는 고급 언어로 프로그래밍을 하면 컴퓨터가 이해할 수 있는 기계어로 변화시킬 컴파일러 또는 (　　　　　　)가 필요하다.

CHAPTER 02

파이썬 설치 및 둘러보기

2.1 파이썬 소개

2.2 파이썬 설치하기(www.phython.org)

2.3 파이썬 실행하기

■ 파이썬은 문제 해결을 위해 활용되는 프로그래밍 언어이다.

02 파이썬 설치 및 둘러보기

단원개요

1. 파이썬에 대해 알아본다.
2. 파이썬을 설치하는 방법을 배운다.
3. 파이썬을 사용해본다.

2.1 파이썬 소개

Python은 네덜란드 암스테르담 출신의 '귀도 반 로섬(Guido van Rossum)'이 개발한 프로그래밍 언어의 이름이고, 우리말로는 파이썬으로 쓰고 읽는다.

1장에서 미리 살펴본 것과 같이 컴퓨터가 이해할 수 있도록 프로그램을 만드는 프로그래밍 언어 중 하나인데, 간단하고 쉬운 문법으로 구성되어 있어 초보자가 배우기에 적합한 언어이다. 물론 파이썬을 이용해서 매우 크고 복잡한 프로그램도 만들 수 있다.

참고 파이썬의 명칭

파이썬이라는 명칭은 그리스 신화에 나오는 파르나소스(Parnassos) 산의 동굴에 숨어 살다가 아폴로에게 살해된 거대한 뱀을 의미한다. 파이썬 아이콘은 [그림 2-1]과 같이 뱀의 모양을 본떠 만들었다.

[그림 2-1] 파이썬의 아이콘

1장에서 설명했듯이 파이썬으로 작성된 프로그램을 실행하기 위해서는 [그림 2-2]처럼 인터프리터라는 번역기가 필요하다. 파이썬 인터프리터는 파이썬 소프트웨어 재단(Python Software Foundation)에서 무료로 쉽게 내려받아 설치할 수 있어 학습용으로 편리하다.

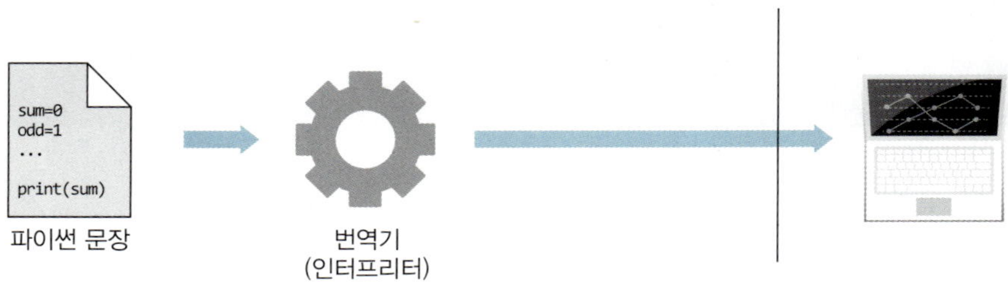

[그림 2-2] 파이썬 언어의 번역

파이썬으로 프로그램의 기본을 학습한 후 임베디드 소프트웨어를 개발하기 위한 C와 기업용 시스템이나 안드로이드 앱을 개발하기 위한 자바(JAVA) 같은 언어를 공부하면, 비슷한 점이 많아 쉽게 배울 수 있을 것이다.

참고 파이썬 버전

파이썬은 계속 발전하며 업그레이드하고 있다. 지속적인 개선을 통해 앞으로도 점점 발전해 나갈 것이다. 이 책의 내용은 3.5.0 버전으로 작성되었다. 하지만 그 이후 버전을 사용해도, 이 책에서 다루는 내용은 기본적인 사항들이기 때문에 아무런 문제가 없을 것이다. 파이썬 판올림에 대한 자세한 내용은 공식 홈페이지인 www.python.org에서 확인할 수 있다.

2.2 파이썬 설치하기(www.python.org)

파이썬 설치방법에 대해 알아보자. 설치 및 사용은 윈도우 환경에서 수행한다고 가정한다.

STEP 1

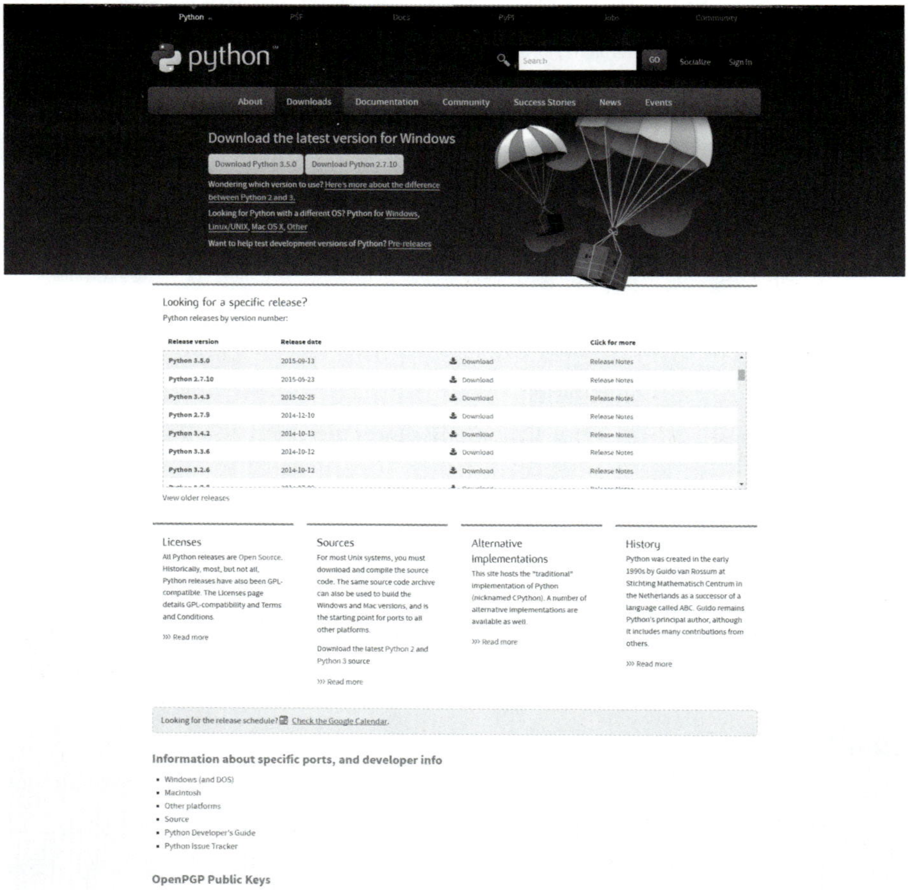

[그림 2-3] 파이썬 공식 홈페이지

1. 인터넷 주소창에 www.python.org를 입력하여 파이썬 공식 홈페이지에 접속한다.
2. Download Python 3.5.0을 선택한다. (2015년 11월 현재 3.5.0버전이 최신 버전이다. 시기에 따라 버전이 달라진다. 여러분이 사용할 시기에는 이미 3.5.0보다 최신 버전일 수도 있다.) 이후 웹 브라우저에서 설치파일의 다운로드가 시작된다. 다운로드를 완료하면 설치파일을 더블클릭하여 설치를 시작하자.

STEP 2

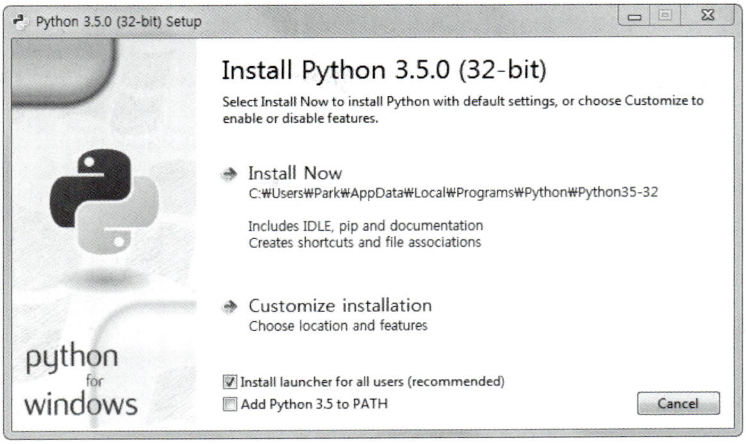

[그림 2-4] 사용자 및 설치 선택 화면

3. 설치를 시작하면 [그림 2-4]와 같은 사용자 및 설치 선택 화면이 표시된다. 이 화면에서 [Install for all users(**모든 사용자 대상**)]을 선택한다.

4. [Install Now] 버튼을 클릭한다.

STEP 3

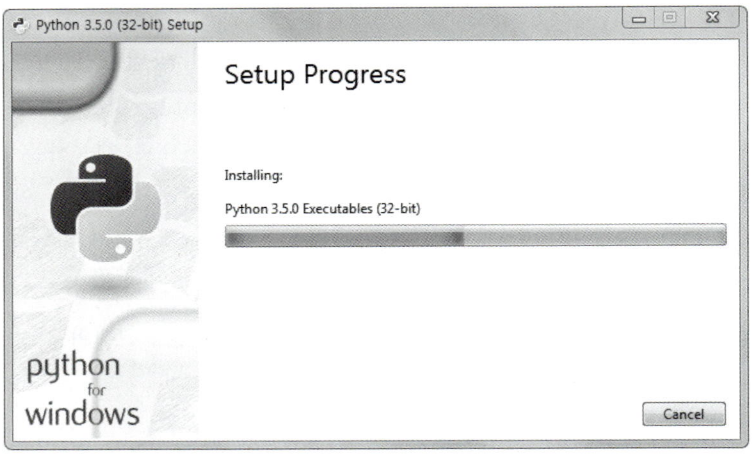

[그림 2-5] 파이썬 설치 진행 화면

5. 파이썬 설치를 진행한다. 1~2분이 소요되므로, 상태 진행 바가 완료될 때까지 기다리자.

STEP 4

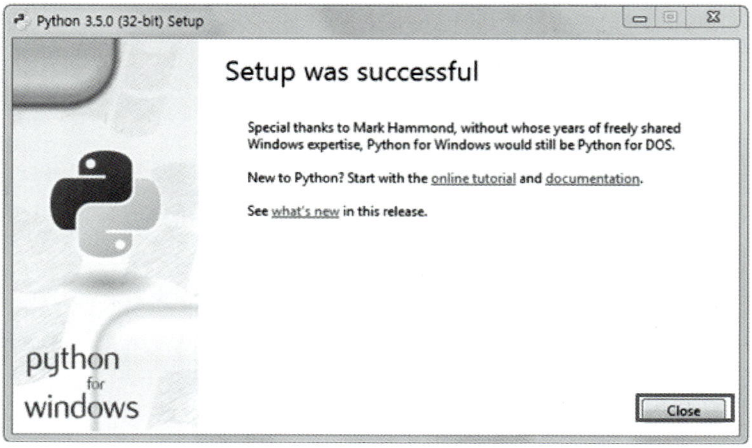

[그림 2-6] 파이썬 설치 완료 화면

6. 정상적으로 설치되었다면 설치 완료 화면이 표시된다. [Close] 버튼을 클릭하여 설치를 완료한다.

2.3 파이썬 실행하기

파이썬으로 컴퓨터 프로그램을 작성하는 가장 기본적인 방법은 파이썬의 IDLE를 이용하는 것이다. IDLE는 파이썬의 통합 개발 환경(Integrated Development Environment)으로 효율적인 개발을 위해 파이썬에서 기본으로 제공하는 도구이다. 통합 개발 환경은 프로그램 개발에 관련된 모든 작업을 제공하는 환경을 일컫는 말이다. 에디터, 프로그램 수행, 도움말, 자동완성, 코드색상 강조, 디버깅 기능 등 주요 기능들을 메뉴를 통해 제공하고 있다. 보고서를 쓰기 위해 마이크로소프트의 워드나 한글과 컴퓨터의 한글이라는 프로그램을 사용하듯이, 파이썬 프로그램의 작성을 위해서는 파이썬 IDLE를 사용한다.

사용자는 IDLE를 활용하여 [그림 2-7]과 같이 프로그램을 작성하고 실행할 수 있다.

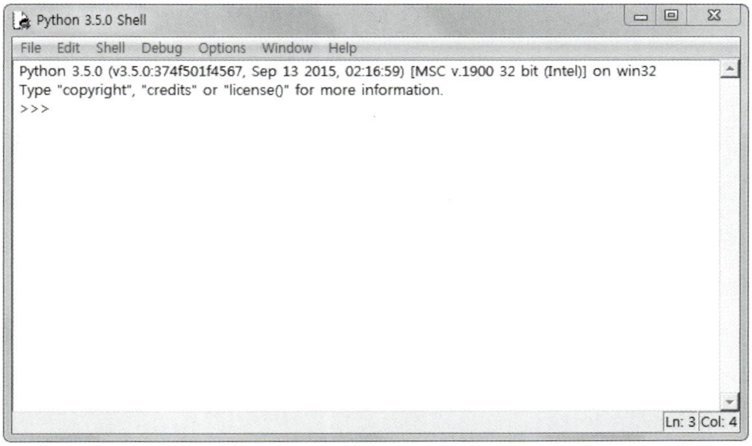

[그림 2-7] IDLE 실행 화면

파이썬 설치가 제대로 되었는지 확인하기 위해 IDLE를 실행해보자. 그림과 같은 창이 표시된다.

[그림 2-8]의 표시 부분을 살펴보면 '>>>'를 볼 수 있다. '>>>'는 프롬프트(Prompt)라고 부르는데, 프롬프트 옆에 파이썬 문법에 맞는 명령을 적으면 컴퓨터가 명령을 해석하여 동작을 수행한다.

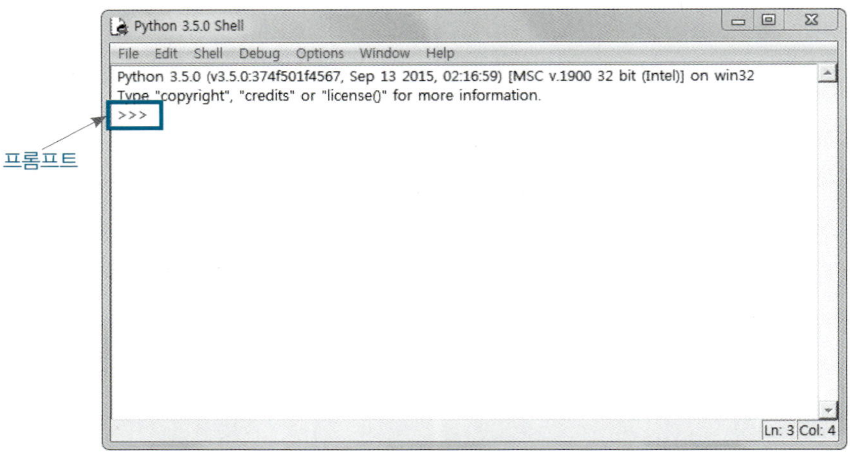

[그림 2-8] 프롬프트(Prompt)

예를 들어, 2+3의 결과를 알아보기 위한 명령을 내리면 파이썬은 [그림 2-9]처럼 5라는 답을 준다.

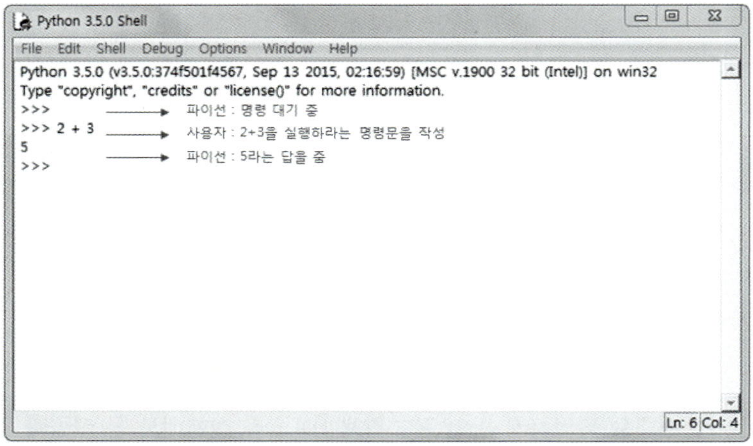

[그림 2-9] 2+3 계산 예제

다른 예제를 살펴보자. 파이썬을 이용해서 사칙연산을 해보자. [그림 2-9]의 더하기 외에 빼기, 곱하기, 나누기의 기본 연산이 가능하다. 511-54, 5*15, 96/4의 계산을 차례대로 입력하면 다음 [그림 2-10]과 같이 계산 결과가 출력된다.

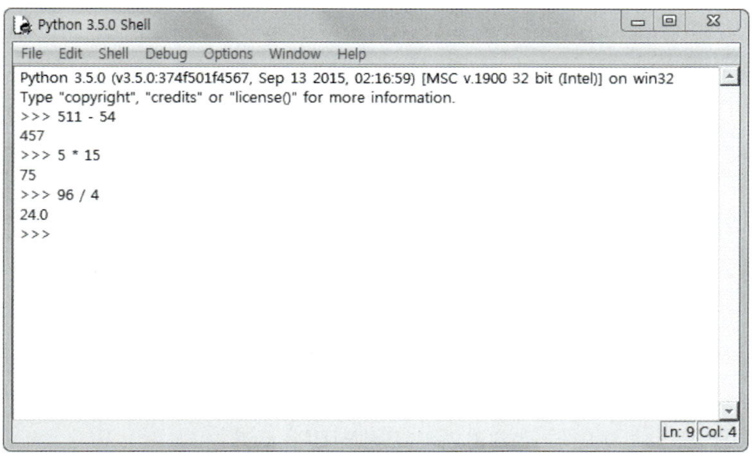

[그림 2-10] 사칙연산 예제

더 복잡한 계산도 가능하다. 더하기와 곱하기가 혼합된 계산의 경우 우리가 일반적으로 알고 있는 수학의 규칙에 따라 곱하기/나누기를 먼저 계산하고 더하기/빼기를 나중에 계산한다. [그림 2-11]과 같이 5*4+6, 26+20/2를 입력하고 계산해보자.

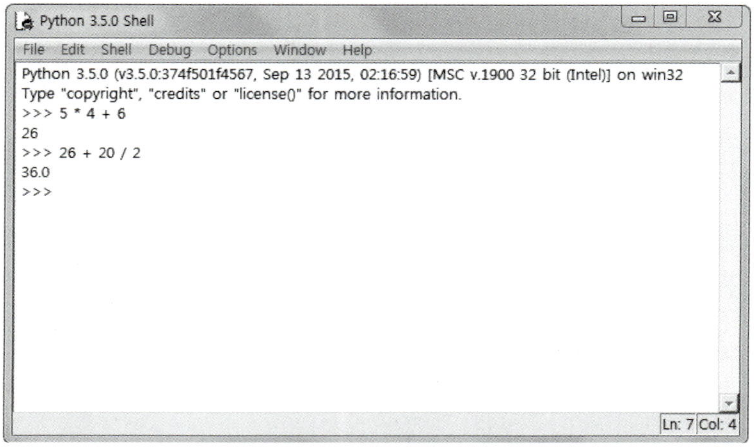

[그림 2-11] 복잡한 계산 예제

문자 출력 명령도 가능하다. "Hello, World"라는 문장을 출력해보자. IDLE의 프롬프트에 print("Hello, World")를 [그림 2-12]와 같이 입력하면 큰따옴표 안에 있는 문장을 출력한다. print는 향후 자세히 살펴보겠지만, 문장을 출력하라는 파이썬의 명령이다.

```
>>> print("Hello, World")
```

[그림 2-12] 문자열 출력 명령

명령을 입력 후 엔터를 누르면 아래 그림과 같이 결과가 출력된다.

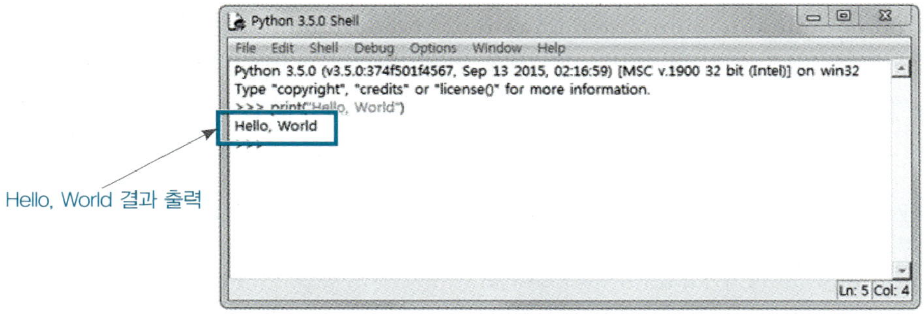

[그림 2-13] 문자열 출력 예제

여러분은 파이썬을 이용해 첫 번째 프로그램을 작성했고, 이제 파이썬을 사용할 모든 준비는 갖춰졌다.

연습문제

1 파이썬은 네덜란드 암스테르담 출신의 '귀도 반 로섬(Guido van Rossum)'이 개발한 (   )이다.

2 파이썬은 (   ) 언어이기 때문에 파이썬으로 작성한 프로그램은 한 번에 한 명령문씩 번역되고 수행된다.

3 파이썬의 통합 개발 환경(Integrated Development Environment)은 (   )이며, 개발을 효율적으로 수행하기 위해 파이썬에서 제공하는 도구이다.

4 IDLE 창의 내부의 '>>>'는 (   )라고 불리는데, 그 옆에 파이썬 문법에 맞는 명령을 적으면 컴퓨터가 명령을 해석하여 동작을 수행한다.

CHAPTER 03

기본 작업 수행하기 (연산자, 변수)

3.1 연산자

3.2 변수

- 파이썬에서는 수학 연산자를 이용해 연산을 수행할 수 있다.

03 기본 작업 수행하기(연산자, 변수)

단원개요

1. 파이썬에서 제공하는 연산자 활용을 학습한다.
2. 변수의 개념을 이해하고 의미 있는 변수명을 만드는 방법을 학습한다.

3.1 연산자

3.1.1 연산자를 활용한 문제 해결

1장에서 컴퓨팅 사고를 통해 문제를 해결하는 방법을 찾고 컴퓨터라는 도구를 이용하여 문제를 해결할 수 있다는 사실을 학습하였다. 우리가 컴퓨팅 사고로 문제를 어떻게 해결할지에 대한 방법을 찾아 알고리즘으로 만들고, 이를 프로그램으로 표현하면 컴퓨터가 도구가 되어 문제를 해결해준다는 사실을 알게 되었다.

그런데, 대부분의 알고리즘은 연산자를 이용한 수식들을 포함하고 있는 경우가 많다. 앞서 살펴보았던 화씨 온도를 섭씨 온도로 변환하는 [그림 3-1]의 알고리즘으로 예로 들어보자.

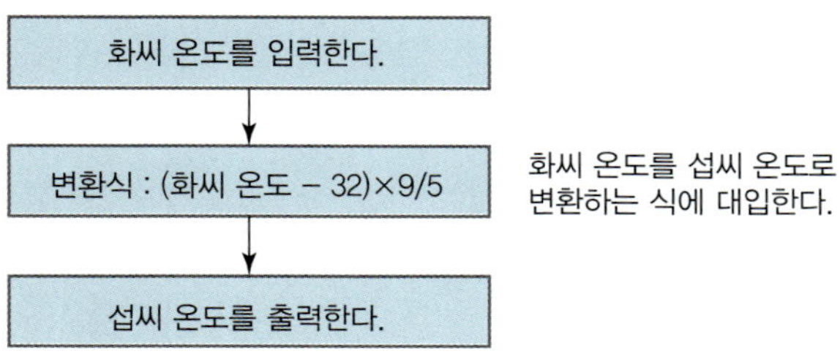

[그림 3-1] 문제 해결 알고리즘

문제를 해결하기 위해서 (화씨 온도−32)×9/5라는 변형식을 이용해야 한다. 화씨를 섭씨로 변환하는 변형식에서는 빼기, 곱하기, 나누기와 같은 연산이 필요하다. 그러므로 우리가 사용하려고 하는 프로그래밍 언어인 파이썬도 이러한 연산들을 표현할 수 있어야 한다.

2장에서 파이썬을 설치한 후에 연산식을 수행해 보았다. 다시 복습하면서, 연산자에 대하여 학습해보도록 하자. 파이썬의 연산자는 우리가 일반적으로 사용하는 연산자 기호와 같은 뜻으로 사용되는 기호도 있지만, '//'처럼 파이썬에서 정의하는 새로운 기호도 존재한다.

〈표 3-1〉 파이썬에서 사용하는 연산자

+, −, *, /	더하기, 빼기, 곱하기, 나누기
%	나머지(modulo)
//	몫
**	제곱

우선 더하기 '+', 곱하기 '*', 빼기 '−', 나누기 '/'와 같은 우리에게 친숙한 연산자들이 있다. 숫자와 연산자를 이용하여 아래 [그림 3-2]와 같은 수식(Expression)을 만들어 계산할 수 있다.

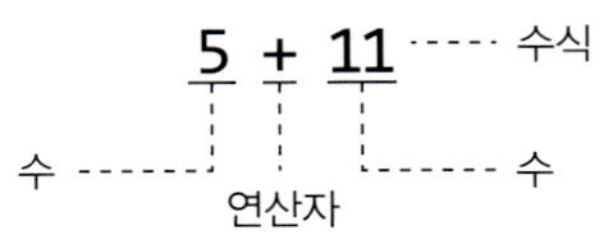

[그림 3-2] 수와 연산자를 이용한 수식

파이썬에서는 일반 연산을 그대로 수행할 수 있다. 연산자를 이용하여 수식을 수행해 보자.

예제 3-1 +, −, *, / 연산자 연습

| 요구사항 |

다음 수식을 직접 실행해보자.

- 31 + 26
- 511 - 54
- 5 * 15
- 96 / 4

| 프로그램 |

```
>>> 31 + 26
57
>>> 511 - 54
457
>>> 5 * 15
75
>>> 96 / 4
24.0
>>>
```

더하기 '+', 곱하기 '*', 빼기 '−', 나누기 '/'와 같은 연산자들은 일상생활에서 많이 쓰고 익숙한 연산자일 것이다. 파이썬에서는 이에 추가로 '//', '%', '**'와 같은 연산자를 제공하며 이를 이용하여 연산을 더욱 쉽게 수행할 수 있다.

3.1.2 // 연산자, % 연산자, **연산자

나눗셈 연산을 하면 [그림 3-3]과 같이 연산 결과로 몫과 나머지가 도출된다. 예를 들면, 7/3을 하면 몫이 2이고 나머지가 1이다.

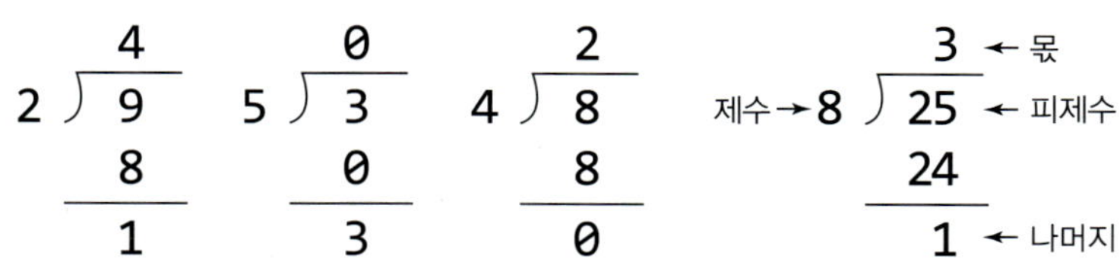

[그림 3-3] 나눗셈 연산의 몫과 나머지

■ // 연산자

'//' 연산자는 나눗셈 연산의 몫만을 결과로 나타낸다. 예를 들면, 7//3은 2이다. 일반적인 수식에서 사용하는 연산자와 다른 기호가 이용되어 낯설게 느껴질 수 있지만, 직접 여러 수식들을 만들어보고 연습해본다면 곧 익숙해질 것이다.

예제 3-2 // 연산자 연습

| 요구사항 |

다음 수식을 직접 실행시켜보자.

- 26 // 2
- 31 // 4

| 프로그램 |

```
>>> 26 // 2
13
>>> 31 // 4
7
>>>
```

■ % 연산자

'//' 연산자가 나눗셈 연산의 몫을 연산 결과로 나타내었다면, '%' 연산자는 나눗셈 연산의 나머지를 연산 결과로 도출한다. 5%2의 결과는 1이다.

'%' 연산자는 프로그램의 조건문에서 유용하게 사용될 수 있다. 예를 들어, 어떤 수가 짝수인지 홀수인지를 판별하기 위하여 '%' 연산자를 사용해보자. 짝수를 2로 나누었을 때는 나머지가 0이다. 이것을 표현해보면 if (숫자%2==0)이 된다. 홀수를 2로 나누었을 때는 나머지가 1이다. 이를 표현하면 if ('숫자%2==1')이 된다. 숫자를 홀수와 짝수로 구분하기 위하여 이 방법을 사용하면 편리하다.

예제 3-3 % 연산자 연습

| 요구사항 |

다음 수식을 직접 실행시켜보자.

- 26 % 2
- 31 % 4

| 프로그램 |

```
>>> 26 % 2
0
>>> 31 % 4
3
>>>
```

31%4의 값이 3인 이유는 31을 4로 나누었을 때의 나머지가 3이기 때문이다.

퀴즈 3-1 다음 문장의 실행 결과를 예측해보자.

- 20 % 6
  정답 :
- 21 / 5
  정답 :
- 21 // 5
  정답 :

** 연산자

일반적인 수식에서 제곱은 2^4 또는 2^4라고 나타낸다. 파이썬에서는 '**'연산자를 이용해서 2**4와 같이 제곱을 나타낸다.

예제 3-4 ** 연산자 연습 1

| 요구사항 |

다음 수식을 직접 실행시켜보자.

- 2 ** 4
- 4 ** 6

| 프로그램 |

```
>>> 2 ** 4
16
>>> 4 ** 6
4096
>>>
```

예제 3-5 ** 연산자 연습 2

| 요구사항 |

다음 수식을 직접 실행시켜보자.

- 3.1 ** 4.2
- 2.6 ** 5.4

| 프로그램 |

```
>>> 3.1 ** 4.2
115.80281433592612
>>> 2.6 ** 5.4
174.12297512053922
>>>
```

3.1.3 연산자 결합 법칙

지금까지 파이썬에서 사용하는 기본 연산자에 대해서 살펴보았다. 앞에서 배운 기본 연산자들이 한 수식에서 함께 나오는 경우도 있다. 연산식에서 같은 연산자가 연속해서 나올 경우 연산자를 결합하는 우선순위 법칙이 있다. 이를 연산자 결합 법칙(Operator Associativity)이라 한다.

예를 들어, 2**3**4 같은 수식은 실제로는 2**(3**4)처럼 오른쪽에서부터 연산이 이루어진다. 그리고 4*2*7은 (4*2)*7처럼 왼쪽에서부터 연산이 이루어진다. 〈표 3-2〉는 연산자들의 결합 법칙을 나타내고 있다.

〈표 3-2〉 연산자 결합 법칙

연산자	결합 법칙
** (제곱)	오른쪽에서 왼쪽으로
- (음수)	왼쪽에서 오른쪽으로
* (곱), / (나누기), // (몫), % (나머지)	왼쪽에서 오른쪽으로
+ (더하기), - (빼기)	왼쪽에서 오른쪽으로

연산식에서 하나 이상의 연산자가 나타날 때는 연산자 간의 우선순위 법칙을 따른다. 수학 연산에서처럼 연산자들 중 가장 높은 우선순위를 가지는 것은 괄호()이다. 어떤 연산자가 오더라도 괄호 안에 있는 수식을 먼저 계산한다. 그 외의 연산자들에 대한 우선순위는 〈표 3-2〉의 순서에 따라 우선순위를 갖는다. 평소 수학 연산을 할 때와 비슷하다고 보면 된다.

예제 3-6 연산자 우선순위 연습 1

| 요구사항 |

다음 수식을 직접 실행시켜보자.

- (2 + 4) * 5
- 4 * (26 - 9)
- (4 + 5) ** (9 - 6)

| 프로그램 |

```
>>> (2 + 4) * 5
30
>>> 4 * ( 26 - 9 )
68
>>> ( 4 + 5 ) ** ( 9 - 6 )
729
>>>
```

예제 3-7 연산자 우선순위 연습 2

| 요구사항 |

다음 수식을 직접 실행시켜보자.

- `4 * 6 - 5`
- `9 + 54 / 6`

| 프로그램 |

```
>>> 4 * 6 - 5
19
>>> 9 + 54 / 6
18
>>>
```

지수 연산자인 '**' 연산자는 다른 연산자보다 높은 우선순위를 가진다.

예제 3-8 연산자 우선순위 연습 3

| 요구사항 |

다음 수식을 직접 실행시켜보자.

- `2 ** 4 + 5`
- `6 * 5 ** 2`

| 프로그램 |

```
>>> 2 ** 4 + 5
21
>>> 6 * 5 ** 2
150
>>>
```

지금까지 수의 연산자, 그리고 그 규칙을 살펴보았다. 다음의 실습문제와 더불어 직접 여러 수식을 만들어 실행시키면 그 개념을 이해하는 데 도움이 될 것이다.

실습문제 3-1 연산자들의 복합 1

| 요구사항 |

다음 수식을 직접 실행시켜본 후 결과를 확인해보자.

- 5 * 4 + 6
- 26 + 20 / 2
- (511 // 31) ** (9 - 6)

| 프로그램 |

```
>>> 5 * 4 + 6
26
>>> 26 + 20 / 2
36.0
>>> ( 511 // 31 ) ** ( 9 - 6 )
4096
>>>
```

실습문제 3-2 연산자들의 복합 2

| 요구사항 |

다음 수식을 직접 실행시켜본 후 결과를 확인해보자.

- 8.2 * 4 + 2
- 20 + 9 / 4.5
- (15.1 / 4) ** (6 - 4)

| 프로그램 |

```
>>> 8.2 * 4 + 2
34.8
>>> 20 + 9 / 4.5
22.0
>>> ( 15.1 / 4 ) ** ( 6 - 4 )
14.250625
>>>
```

퀴즈 3-2 다음 문장의 실행 결과를 예측해보자.

- 5 + 12 // 7 * 3
  정답 :
- 15 / 2 + 21 % 4 - 2 ** 3
  정답 :

3.2 변수

3.2.1 변수 할당: 할당문 연산자

일상생활에서 '=' 라는 기호를 많이 사용한다. 이 기호는 파이썬에서 할당의 의미로 쓰인다. 할당이란 문자 또는 문자들로 구성된 변수에 값을 부여하는 것이다. 따라서 '=' 연산자를 할당문 연산자(Assignment Statement)라고 한다.

〈표 3-3〉 할당문 연산자

=	할당문 연산자

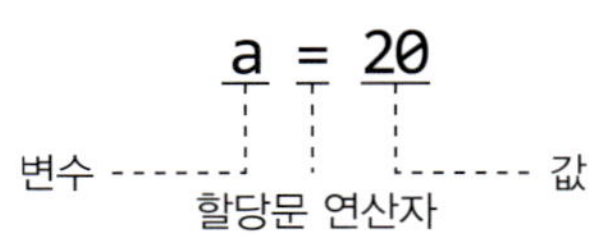

[그림 3-4] 할당문 예제

할당문 연산자는 [그림 3-4]와 같이 변수에 값을 지정하는데 사용한다. 할당문 연산자의 좌측에는 변수가, 우측에는 값이 온다. 다음의 예를 살펴보자.

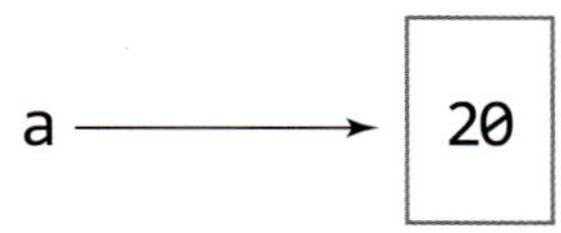

[그림 3-5] 변수 a에 20을 할당('a = 20')

'a=20'은 [그림 3-5]와 같이 변수 a에 20이라는 값을 할당하는 것이고, a라는 변수는 20을 갖게 된다.

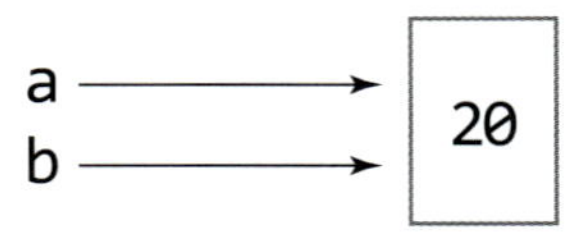

[그림 3-6] 변수 b에 30을 할당('b = 30')

이때 'b=a'라 하면, 변수간의 할당문이 된다. [그림3-6]과 같이 변수간의 할당문에서는 우측 변수의 값을 좌측에 할당한다. b는 a의 값을 할당받고, a가 20이었으므로 변수 b도 20이라는 값을 할당받게 된다.

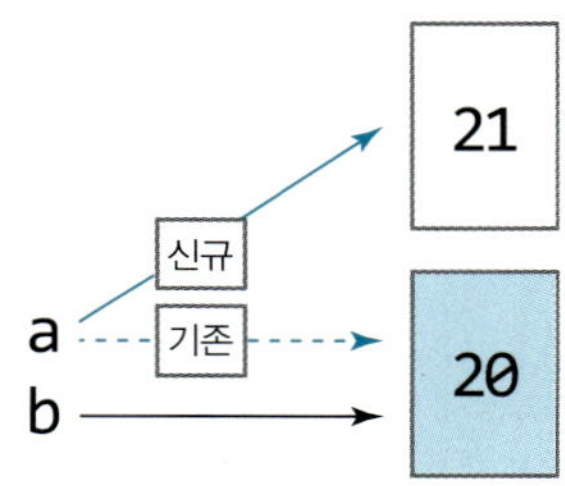

[그림 3-7] b에 a의 값을 할당('b = a')

만약, 'a=a+1' 문장을 수행하게 되면 변수 a는 21이라는 값을 할당받게 되고, 변수 b는 변함없이 20이라는 값을 갖게 된다.

예제 3-9 할당문 사용 연습

| 요구사항 |

다음 명령문을 직접 실행시켜본 후 결과를 확인해보자.

- number_1 = 26
- number_2 = 2 * 5 ** 2

| 프로그램 |

```
>>> number_1 = 26
>>> number_2 = 2 * 5 ** 2
```

```
>>> number_1
26
>>> number_2
50
>>>
```

> **주의** 변수 할당
>
> 변수는 사용되기 전에 반드시 할당되어 있어야 한다. 값이 할당되지 않은 변수는 사용할 수 없다.

예제를 통해 할당문 연산자와 비교 연산자를 사용해보자.

예제 3-10 할당되지 않은 변수는 에러

| 요구사항 |

다음 명령문을 직접 실행시켜본 후 결과를 비교해보자.

- number
- number = 5

| 프로그램 |

```
>>> number
Traceback(most recent call last):
  File "<pyshell#0>", line 1, in <module>
    number
NameError: name 'number' is not defined
>>> number = 5
>>> number
5
>>>
```

위 예제는 number에 아무것도 할당하지 않았기 때문에 파이썬에서 에러를 표시한 것이다. 에러 메시지의 마지막 줄을 보면 number가 정의되지 않았기 때문에 발생한 에러라는 것을 확인할 수 있다.

3.2.2 변수명 규칙

사람의 이름에도 규칙이 있듯이, 변수의 이름을 정할 때도 규칙이 있다.

(1) 변수의 이름은 문자, 숫자, 그리고 _(Underscore)만 포함해야 한다.

이 밖의 기호를 사용하면 에러 메시지를 받게 된다. 예를 들어, $와 같은 특수문자를 변수에 사용하면 안 된다.

(2) 변수명은 문자 또는 _(Underscore)로만 시작할 수 있다.

숫자로 변수를 시작할 수 없다.

(3) 파이썬에서 다른 목적을 위해 미리 지정한 단어들은 사용할 수 없다.

이를 예약어라 한다. 예약어 목록은 참조를 확인하자. 예를 들어, 변수명으로 int라는 단어를 사용하면 안 된다.

(4) 파이썬은 대문자와 소문자를 구분한다.

Score와 score는 다른 변수명이다.

〈표 3-4〉는 파이썬 변수를 만들 때에 지켜야 하는 규칙을 나타내고 있다.

〈표 3-4〉 변수명 규칙

	변수명 규칙
1	변수의 이름은 문자, 숫자 그리고 _(Underscore)로만 이루어진다. 다른 기호를 사용하면 구문 에러(Syntax Error)가 발생한다. (예) Money$: 구문 에러, $는 사용할 수 없다.
2	변수명은 문자 또는 Underscore로만 시작해야 한다. 즉 숫자로 시작하면 안 된다. (예) 7up, 5brothers: 숫자로 시작했기 때문에 역시 구문 에러가 발생한다.
3	파이썬 지정단어(Keyword, Reserved word)들은 변수명으로 사용할 수 없다. 지정 단어 목록을 참조하여 변수명을 지정하여야 한다.
4	파이썬에서는 대 · 소문자를 구분한다. (예) hour와 Hour는 다른 변수이다.

참고 파이썬 지정 단어(예약어)

import하여 파이썬 지정 단어를 확인해보자. (import문은 12장에서 다룬다. 지금은 그대로 입력해 본다.) keyword.kwlist 명령어는 파이썬 지정 단어를 배열 형태로 나열해 준다.

| 파이썬 지정 단어 출력 |

```
>>> import keyword
>>> keyword.kwlist
['False', 'None', 'True', 'and', 'as', 'assert', 'break', 'class', 'continue',
'def', 'del', 'elif', 'else', 'except', 'finally', 'for, 'from', 'global',
'if', 'import', 'in', 'is', 'lambda', 'nonlocal', 'not', 'or', 'pass', 'raise',
'return', 'try', 'while', 'with', 'yield']
```

지금까지 변수명에 대한 규칙을 알아보았다. 변수명 규칙에 어긋난 변수 이름을 지정할 경우 어떤 결과가 출력되는지 알아보자.

실습문제 3-3 올바른 변수명이 아닌 이유

| 요구사항 |

다음의 변수명으로 임의의 값을 선언해 본 뒤 결과를 확인해보자.

- money$
- 7up
- False

| 프로그램 |

```
>>> money$ = 2
SyntaxError: invalid syntax
>>> 7up = 26
SyntaxError: invalid syntax
>>> False = 'True Love'
SyntaxError: can't assign to keyword
>>>
```

모두 파이썬의 문법 에러라는 의미의 SyntaxError가 출력되었다. 그 이유는 변수명 작성 규칙을 어겼거나 예약어에 특정 값을 할당했기 때문이다.

퀴즈 3-3 아래의 '변수명'이 올바른지 ○/X로 표현해보자.

- ▷ True ( )
- ▷ 3apples ( )
- ▷ elif ( )
- ▷ new_score ( )
- ▷ Brother ( )

참고 의미 있는 변수명

변수는 규칙을 따르면서도 역할에 맞게 의미 있는 이름을 사용하는 것이 바람직하다. 그래야 프로그램을 검토하거나 공유할 때 그 변수를 왜 사용하는지 이해하는 데 도움이 된다.

만약, 시험 성적을 계산하는 프로그램을 만든다고 가정해 보자. 과목 이름을 위한 변수명을 만들 때 수학 과목은 math로 영어 과목은 english로 하는 방법이 있고, 다른 한편으로는 별 의미 없이 a, b로 할 수도 있다. 어떤 방식을 취하던, 프로그램에서 수식연산 과정이 맞으면 같은 결과가 나온다. 차이는 그 프로그램을 이해하기 쉬운 정도에 있다.

아래의 [예제 B]는 각각의 변수의 그 역할에 맞게 이름을 지은 것이고, [예제 A]는 변수의 역할에 상관없이 의미 없는 문자로 이름으로 지었다. 같은 값과 결과를 얻지만, [예제 A]보다 [예제 B]가 무엇을 하는 프로그램인지 더 쉽게 알아볼 수 있다.

[예제 A]

```
a = 26
b = 54
c = 96
d = a + b + c
f = d / 3
```

[예제 B]

```
math = 26
english = 54
history = 96
sum = math + english + history
average = sum / 3
```

3.2.3 여러 변수 할당

파이썬에서는 변수를 할당할 때, 한 문장에서 여러 개의 변수를 할당하는 것도 허용한다. 이 기능을 활용하기 위해서는 반드시 변수의 개수와 값의 개수가 일치해야 한다.

예제 3-11 한 번에 여러 변수 할당 연습

| 요구사항 |

다음 명령문을 직접 실행시켜본 후 결과를 비교해보자.

- number_1, number_2 = 511
- number_1, number_2 = 2, 4, 5
- number_1, number_2 = 6, 9

| 프로그램 |

```
>>> number_1, number_2 = 511
Traceback (most recent call last):
  File "<pyshell#6>", line 1, in <module>
    number_1, number_2 = 511
TypeError: 'int' object is not iterable

>>> number_1, number_2 = 2, 4, 5
Traceback (most recent call last):
  File "<pyshell#7>", line 1, in <module>
    number_1, number_2 = 2, 4, 5
ValueError: too many values to unpack (expected 2)
>>> number_1, number_2 = 6, 9
>>> number_1
6
>>> number_2
9
>>>
```

예제 3-11의 첫 번째 항목은 number_1, number_2의 2개 변수를 만들었지만 값은 2개가 아닌 1개만 511로 할당했기 때문에 에러가 발생했다. 두 번째 역시 2개의 변수에 3개의 값을 할당했기 때문에 너무 많은 값을 입력했다는 에러가 발생한 것이다.

> **주의** 할당문의 우측 변수
>
> 할당문에서 우측에 변수가 올 때는 변수의 값을 의미하는 것이기 때문에 반드시 값을 먼저 할당해야 한다.

연습문제

1 더하기, 곱하기, 빼기, 나누기 연산자를 써보자.

2 '//' 연산자는 나눗셈 연산의 (   )만을 결과로 나타내고, '%' 연산자는 나눗셈 연산의 (   )만을 결과로 나타낸다.

3 다음 실행문의 잘못된 부분을 찾아보자.

```
>>> b = a + 1
```

4 다음 실행문이 잘못된 이유를 기술해보자.

```
>>> 3number = 1
```

5 다음 실행문의 값을 구해보자.

```
>>> 2 * 3 ** (1 + 2)
>>> 3 ** 4 / (2 + 2)
>>> 7 // 4 + 1 ** 5
>>> 6 + 11 * 2 // 4 ** 1
>>> ((3 + 4) ** 2) % 5 * 4
```

6 다음 문제를 보고 맞으면 ○, 틀리면 ×를 적어보자.

1) 변수의 이름은 문자, 숫자 그리고 _(Underscore), 특수문자로만 이루어진다. ( )
2) 변수명은 문자 또는 Underscore로만 시작해야 하며 숫자로는 시작할 수 없다. ( )
3) 변수 Number는 number로 사용해도 된다. ( )
4) number1, number2 = 125 입력 시 두 변수 number1, number2에 각각 125가 할당된다. ( )

5) 아래 프로그램의 출력값은 3이다. ( )

```
>>> count = 3
>>> count += 1
>>> count
4
>>> count *= 2
>>> count
```

6) 아래 프로그램의 출력값은 30이다. ( )

```
>>> x = 10
>>> y = 20
>>> X += y
```

7 다음 실행문을 보고 빈칸을 채워보자.

```
>>> number1 = 5
>>> number2 = number1
>>> number1 += number2
>>> number1
(                                        )
```

8 다음 문제를 보고 빈칸을 채워보자.

- **(제곱)의 결합 법칙은 ( )에서 ( )이다.
- a += 5의 의미를 설명하라. ( )
- >>> first number = 3
  위를 실행하였을 때 에러가 발생하는 이유를 설명하라. ( )

9 a, b에 각각 5, 7을 할당하고 곱셈을 한 값을 변수 result에 저장하여 출력하는 프로그램을 작성해보자.

10 다음 식의 몫과 나머지를 각각 다른 변수 portion, the_rest에 저장시키는 프로그램을 작성해보자.

```
123456 ÷ 789
```

11 x, y에 각각 11, 22를 할당하고, 그 후 숫자를 직접 이용하지 않고 다른 변수 z를 이용하여 두 수를 교환하는 프로그램을 작성해보자.

12 반지름(r)이 7인 원의 넓이 (area)를 제곱을 이용하여 구하는 프로그램을 작성해보자(π=3.14).

13 number1, number2, number3, number4에 각각 5, 4, 9, 2를 할당하여 아래의 식을 계산하는 프로그램을 작성해보자.

```
(number1*number2)(number2-number3)(number3//number4)
```

04 CHAPTER

자료의 입력과 출력 (자료형, 입출력)

4.1 자료형

4.2 입력과 출력

4.3 파일 만들기

대부분 프로그램들은 사용자로부터 입력을 받고 작업을 수행한 후에 사용자에게 결과를 출력한다.

04 자료의 입력과 출력(자료형, 입출력)

단원개요

1. 자료형에 대해 학습한다.
2. 사용자로부터 입력을 받아들이는 방법을 학습한다.
3. 사용자로부터 결과물을 출력하는 방법을 학습한다.
4. 파일 만드는 방법에 대해서 학습한다.

4.1 자료형

4.1.1 정수와 실수: int형과 float형

3장에서 연산자와 수식에 대해 학습하였다. 연산에 사용되는 숫자에는 자연수, 정수, 실수 등 다양한 종류가 존재한다. 파이썬은 정수와 실수 형태의 숫자를 제공한다. 정수는 소수점이 없는 수로써 양수와 음수를 포함하고, 실수는 소수점을 포함하는 수를 나타낸다.

우리는 일상에서 정수와 실수를 구분하지 않고 사용하는 경우가 많다. 일반적으로는 2와 2.0을 구분 짓지 않는다. 물론 2와 2.0은 같은 수이지만 2라고 표현해도 되는 숫자를 굳이 2.0이라고 표현하지 않는다. 하지만 파이썬과 같은 프로그램 상에서는 정수 2와 실수 2.0은 같은 크기를 나타내는 숫자지만 다른 의미를 갖는다. 이로 인해 수식의 계산 결과에도 영향을 미친다. 정수와 실수는 사용 목적에 따라 적절하게 사용해야 한다.

먼저 정수를 사용하는 경우를 알아보자. [그림 4-1]은 두 학생의 나이 차이를 구하는 문제이다. 나이와 같은 자료를 다루는 경우에는 소수점을 사용하지 않는 정수형 숫자를 사용하는 것이 적절하다.

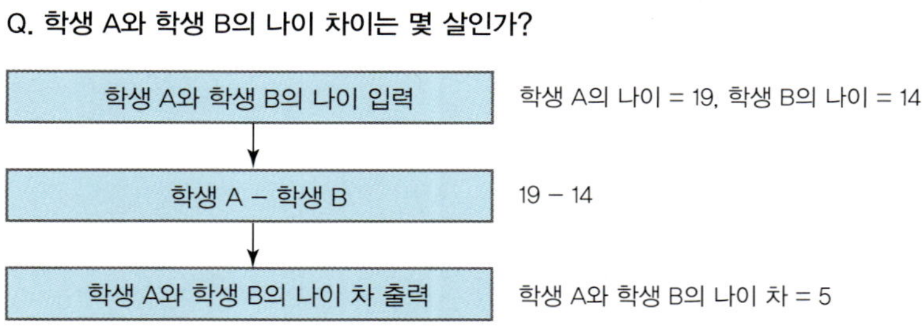

[그림 4-1] 정수형을 사용하는 문제 예

이번에는 실수를 사용하는 경우를 살펴보자. [그림 4-2]는 평균 학점을 구하는 문제이다. 평균 계산이 포함된 경우에는 소수점 있는 실수를 사용하는 것이 일반적이다.

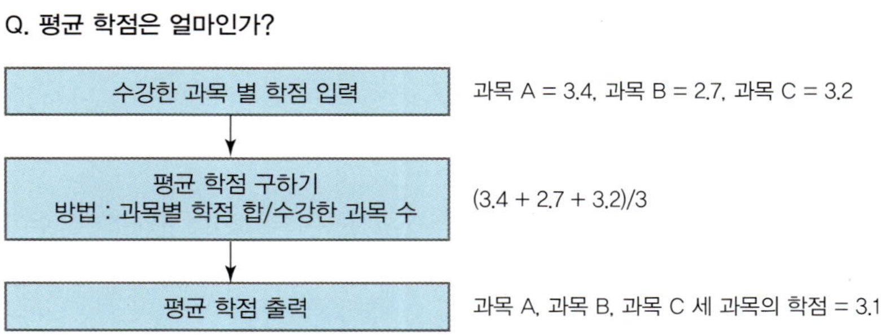

[그림 4-2] 실수형을 사용하는 문제 예

정수와 실수를 사용하는 다른 예제를 살펴보면 [그림 4-3]과 같다.

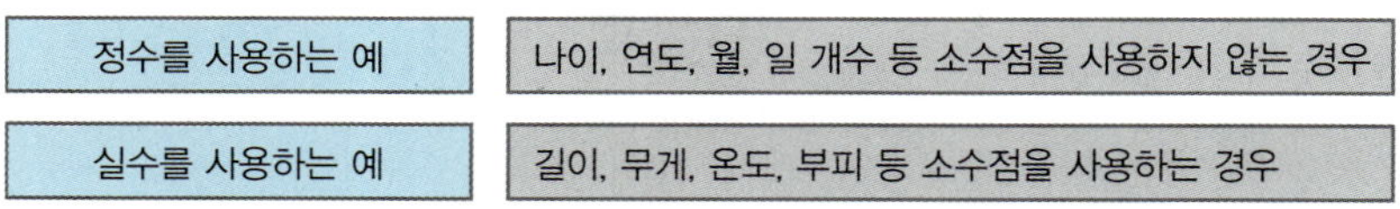

[그림 4-3] 정수와 실수의 사용 예

파이썬에서는 정수를 int로, 실수를 float로 나타낸다.

〈표 4-1〉 파이썬에서 사용하는 수 형식: int형과 float형

1	int형 (정수형 : integer)
1.0	float형 (실수형)

4.1.2 자료형 반환 함수

파이썬에서는 해당하는 변수 또는 값의 자료형을 알려주는 type() 함수가 있다.

〈표 4-2〉 type() 함수

type(argument)	인수(argument)의 자료형(type)을 반환

type(값 또는 변수)과 같이 사용하면 값 또는 변수의 형(type)을 출력한다. 다음의 예제를 살펴보자.

```
>>> type(10)
<class 'int'>
>>> type(10.0)
<class 'float'>
```

10이 정수이기 때문에, type(10)의 결과로는 int형을 출력하고, 10.0은 실수이기 때문에 type(10.0)의 결과는 float형을 출력한다.

예제 4-1 자료형을 확인하는 연습

| 요구사항 |

아래의 프로그램을 실행해보자.

| 프로그램 |

```
>>> n = 3
>>> type(n)
<class 'int'>
>>> n =4.0
>>> type(n)
<class 'float'>
```

보통 int형을 이용한 연산은 int형으로 결과가 나오고, float형을 이용한 연산은 float형으로 결과가 나온다. 하지만 나눗셈의 경우는 그렇지 않다.

예제 4-2 int형의 나눗셈

| 요구사항 |

다음 수식을 직접 실행해보자.

- 4 / 2

| 프로그램 |

```
>>> 4 / 2
2.0
```

위의 연산인 '4/2'는 int형인 2 대신 float형인 2.0을 결과로 보여준다. int형의 연산임에도 불구하고 float형의 결과로 표시되는 이유는 에러를 일으키기 쉬운 상황을 피하기 위해서이다. 예를 들어, 우리는 3/2의 결과를 예상할 때 당연히 1.5라 생각한다. 만약 int형의 연산 결과를 int형으로 표현할 경우, 소수점을 표시하지 않으므로 1이 출력되기 때문에, 문제가 야기될 수 있다.

일반적인 수식에서는 int형만 사용하는 경우도 있고, float형만 사용할 때도 있지만, 대부분은 int형과 float형을 함께 사용하는 경우가 많다. int형과 float형이 함께 쓰이는 경우에 그 결괏값은 무슨 형이 될까? 답은 float형이다.

예제 4-3 int형과 float형이 함께 사용되는 연산자 연습

| 요구사항 |

다음 수식을 직접 실행해보자.

- 2.0 * 3

| 프로그램 |

```
>>> 2.0 * 3
6.0
>>>
```

4.1.3 문자: string형

문제 해결을 위한 프로그래밍에서 문자를 다루는 경우도 있다. 연산을 위한 목적이 아닌 문자 그대로의 정보를 사용해야 할 경우 이를 다루기 위한 자료형이 필요하다. 예를 들어, 학생들의 주소 정보를 관리하는 프로그램을 생각해 보자. [그림 4-4]와 같이 학생들의 정보를 입력받기 위해서는 문자를 이용해야 한다.

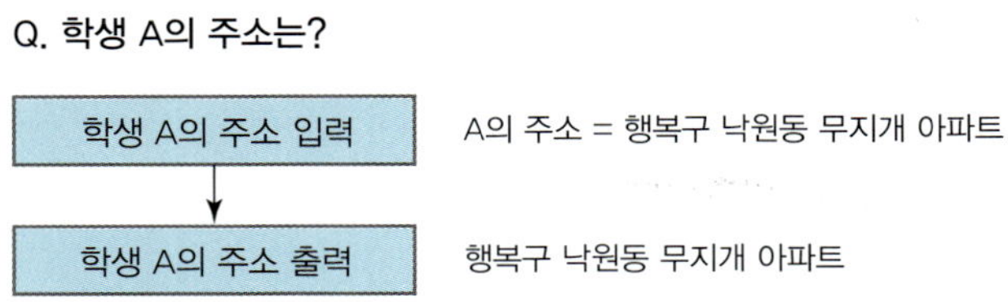

[그림 4-4] 문자 자료를 사용하는 예

문자를 사용해야 하는 다른 예를 살펴보자.

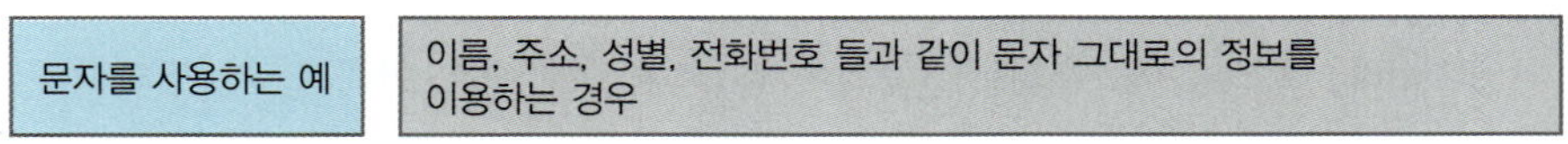

[그림 4-5] 문자를 사용하는 경우

파이썬에서는 문자를 따옴표인 Quote(' ')를 이용하여 'string'으로 나타낸다.

〈표 4-3〉

'string'	string형 (문자형)

예제를 통해 변수에 string형 자료를 할당해보자.

예제 4-4 변수에 string형 할당

| 요구사항 |

변수 tom에 'Boy'를 할당하고 변수 bob에 'I am a boy'를 할당해보자.

| 프로그램 |

```
>>> tom = 'Boy'
>>> tom
'Boy'
>>> bob = 'I am a boy'
>>> bob
'I am a boy'
```

string형에 할당되는 단어와 문장의 형태를 살펴보자. 파이썬에서 문자는 string형으로 다룬다. string형은 문자들의 집합 또는 문자들의 연속이다. 마치 한 줄짜리 표가 있고 그 표에 차례대로 문자를 넣는다고 생각해보자.

'Boy'	B	o	y

'i am a boy'	i		a	m		a		b	o	y

[그림 4-6] string형에 할당되는 단어와 문장의 형태

type() 함수로 정수의 자료형인 int와 실수의 자료형인 float을 확인할 수 있었듯이 문자열의 자료형도 type() 함수를 사용하여 확인할 수 있다. 'Boy'가 문자 자료이기 때문에 type('Boy')의 결과로는 string형이라는 의미로 'str'을 출력한다.

```
>>> type('Boy')
<class 'str'>
```

예제를 통해 다른 단어나 문장의 자료형을 확인해보자.

예제 4-5 자료형을 확인하는 연습

| 요구사항 |

아래의 프로그램을 실행해보자.

| 프로그램 |

```
>>> type('Hello')
<class 'str'>
>>> a = 'Nice to meet you'
>>> type(a)
<class 'str'>
>>> a = 'I am a boy'
>>> type(a)
<class 'str'>
>>>
```

type() 함수를 사용하여 정수, 실수, 문자열 자료형을 확인해보자.

```
>>> type(5)
<class 'int'>
>>> type(5.0)
<class 'float'>
>>> type('5.0')
<class 'str'>
```

위의 결과를 해석하면 다음과 같다.

- 5는 int형이다.
- 5.0은 float형이다.
- '5.0'은 string형이다.

파이썬에서는 string형을 만들 때 〈표 4-4〉와 같이 4가지 형식의 Quote가 모두 허용된다.

〈표 4-4〉 string형에서 사용하는 Quote

' '	string을 표시하는 경우
" "	string 내에 ' '를 포함해야 하는 경우
''' '''	여러 문장을 사용하고, string 내에 " "를 포함해야 하는 경우
""" """	여러 문장을 사용하고, string 내에 ' '를 포함해야 하는 경우

```
>>> print('"He is a smart boy." my teacher said')
"He is a smart boy." my teacher said
>>> print("He's a smart and diligent boy.")
He's a smart and diligent boy
>>> print('He's a smart and diligent boy.')
SyntaxError: invalid syntax
```

주의 " " 와 ' '의 사용

" "대신 ' '를 사용하는 경우 에러가 발생한다.

예제를 통해 할당 " "와 ' '를 비교해보자.

```
>>> print('''"He is a smart boy. He is a diligent boy." my teacher said.''')
"He is a smart boy. He is a diligent boy." my teacher said.

>>> print("""He's a smart boy. He's a diligent boy. So I like him.""")
He's a smart boy. He's a diligent boy. So I like him.
>>>
```

4.1.4 string 연산자

▪ string 병합(Concatenation)

'+' 연산자는 수식에서 이용되는 연산자로 두 숫자를 더할 때 사용한다. 그러나 이 연산자를 두 string형 사이에서 사용하면 string을 합치는 기능을 한다. 다음 예제를 살펴보자.

```
>>> last_name = 'Hong'
>>> first_name = ' Gil Dong'
>>> full_name = last_name + first_name
>>> full_name
'Hong Gil Dong'
```

last_name과 first_name은 각각 string 형인 'Hong'과 'Gil Dong'이 할당되어 있다. 이 경우 '+'의 의미는 우리가 알고 있는 수학의 덧셈 기호가 아닌 string을 합치라는 의미를 갖는다. 그래서 full_name이 'Hong Gil Dong'이 된다.

〈표 4-5〉 string 병합

"문자(열)"+"문자(열)"..+"문자(열)"	각 문자 또는 문자열(string)을 병합하여 하나의 문자로 생성

예제 4-6 string 병합

| 요구사항 |

아래의 프로그램을 실행해보자.

| 프로그램 |

```
>>> start = '=========='
>>> title = 'Python Program'
>>> finish = '=========='
>>> print(start + title + finish)
==========Python Program==========
>>>
```

퀴즈 4-1 다음 코드의 괄호 안 결과를 예측해보자.

```
>>> name = 'Gildong'
>>> age = 25
>>> location = 'Seoul'
>>> print('Hello, My name is '+ name +'. And I live in ' + location + '.')
(                                                    )
```

■ string 반복(Iteration)

'*' 연산자도 또한 string형에서 사용될 수 있다. 일반적인 수식에서는 '*' 연산자를 사용하면 곱셈 연산을 나타내었지만, string형에서 사용하면 같은 문자 혹은 string을 반복적으로 병합한다. 이를 string 반복이라 한다.

〈표 4-6〉 string 반복

"문자(열)" * n (n은 정수)	문자 또는 문자열(string)을 n의 배수만큼 반복하여 하나의 문자로 생성

```
>>> laughing = 'ha' * 3
>>> laughing
'hahaha'
```

예제 4-7 string 반복

| 요구사항 |

제목 표시줄을 출력해 보자.

- 출력할 내용은 "==========Python Program==========" 이다.
- "= ", "Python Program", "=" 세 개의 문자열로 나누어져 있다.
- '*' Operator를 사용해서 출력한다.

| 프로그램 |

```
>>> start = '=' * 10
>>> title = 'Python Program'
>>> finish = '=' * 10
>>> print(start + title + finish)
==========Python Program==========
>>>
```

퀴즈 4-2 다음 코드의 괄호 안 결과를 예측해보자.

```
>>> string1 = 'Hello,'
>>> string2 = ' Python'
>>> star = '*******'
>>> star = '***'
>>> print(star * 3 + string1 + string2 + star*3)
(                                  )
```

■ string 길이 계산

string형의 변수에 총 몇 글자가 있는지 변수의 길이가 필요한 경우가 있다. 그 길이(크기)를 알려주는 함수를 len() 함수라 한다. 파이썬에서는 공백(Space)도 문자로 취급한다. 따라서 string의 길이에 포함된다. 다음의 예제를 살펴보자.

〈표 4-7〉 string 길이 계산

len(문자 또는 문자열)	문자 또는 문자열(string)의 길이(크기)를 반환

```
>>> size = len('I am a boy')
>>> size
10
```

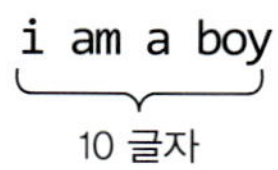

[그림 4-7] string형의 길이 계산

'I am a boy'는 알파벳만 세면 7개의 문자가 있지만, 중간 공백이 3개가 있어서 파이썬에서는 총 10개의 문자로 인식한다. 그래서 len() 함수를 실행하면 앞의 예제 실행 결과와 같이 10을 출력하는 것이다.

예제 4-8 string의 길이를 알려주는 len() 함수 연습

| 요구사항 |

두 string의 길이를 이용하여 곱셈을 수행해보자.

- 변수 str1은 "Hello World" string을 담고 있다.
- 변수 str2는 "Good Morning" string을 담고 있다.

| 프로그램 |

```
>>> str1 = 'Hello World'
>>> str2 = 'Good Morning'
>>> len(str1) * len(str2)
132
>>>
```

■ string 내 문자 순번 부여(indexing)

string 내의 문자들에 대해 순번을 부여하는 indexing 기능을 살펴보자.

〈표 4-8〉 string 내 문자 순번 부여

string의 변수명[index_num]	index_num에 해당하는 문자를 반환(index는 항상 0부터 시작) 단, index_num으로 음수를 입력하면 string의 끝에서부터 문자를 반환

다음과 같이 'mountain'이란 string은 총 8개의 문자로 이루어져 있다. 그리고 m부터 마지막 n까지 차례대로 할당되어 있는데, [] 안에 숫자를 입력하면 string형의 변수에서 해당 숫자의 위치에 있는 문자를 반환한다. 단, 순서는 1이 아니라 0부터 시작한다. 즉 다음과 같이 'mountain'의 첫 번째 문자인 m을 지정할 때는 1이 아닌 0을 사용해야 한다.

	m	o	u	n	t	a	i	n
index	0	1	2	3	4	5	6	7

[그림 4-8] string형의 문자 순번

```
>>> san = 'mountain'
>>> num_1 = san[0]
>>> num_1
'm'
>>> num_2 = san[1]
>>> num_2
'o'
>>> num_3 = san[4]
>>> num_3
't'
```

주의 index

공백(Space) 또한 index가 부여된다.

예제 4-9 string의 indexing

| 요구사항 |

string의 indexing을 활용하여 주어진 문장으로부터 새로운 단어를 합성해 보자.

- 변수 tom은 'Tom is a good student.' string을 담고 있다.
- 새로 합성할 단어는 'mood'이다.

| 프로그램 |

```
>>> tom = 'Tom is a good student.'
>>> firstIndex = tom[2]
>>> secondIndex = tom[10]
>>> thirdIndex = tom[11]
>>> fourthIndex = tom[12]
>>> print(firstIndex + secondIndex + thirdIndex + fourthIndex)
mood
```

퀴즈 4-3 다음 코드의 괄호 안 결과를 예측해보자.

```
>>> string1 = 'python'
>>> string2 = 'programming'
>>> len(string1)
(                                    )
>>> string3 = (string1 + ' ' + string2)
>>> len(string3)
(                                    )
```

퀴즈 4-4 다음 코드의 괄호 안 결과를 예측해보자.

```
>>> string1 = 'Beautiful Weather'
>>> firstindex = string1[0]
>>> secondindex = string1[1]
>>> thirdindex = string1[11]
>>> print(firstindex + secondindex + thirdindex)
(                                             )
```

> **주의** string형 변수의 변경
>
> 변수는 처음에 값을 할당받은 후에 다른 값으로 변경이 가능하다. 하지만 string형은 한 번 지정하면 index를 이용한 변경을 허용하지 않는다. 즉, string에서는 index를 이용한 할당은 에러가 된다.

예제를 통해 할당 string의 내용 변경을 확인해보자.

예제 4-10 string의 일부 내용 변경 불가

| 요구사항 |

- greeting = "Hello, world!"일 때, greeting[0] = 'J'를 실행시킨 후 결과를 확인해 보자.

| 프로그램 |

```
>>> greeting = 'Hello, world!'
>>> greeting[0] = 'J'
Traceback (most recent call last):
  File "<pyshell#10>", line 1, in <module>
    greeting[0] = 'J'
TypeError: 'str' object does not support item assignment
>>> print(greeting)
Hello, world!
>>>
```

▪ string의 일부분 추출(slice)

위와 같은 string의 순서를 활용하여 주어진 string의 일부를 취하는 것이 가능하다. 이런 기능을 slice라 한다.

〈표 4-9〉 string slice

[n:m]	n번째부터 m번째 사이의 부분, n은 포함하고, m은 뺀 부분을 지정 결과적으로 (m-n)길이의 문자(열) 생성

다음 [그림 4-9]를 보면 조금 더 이해가 쉬울 것이다. [그림 4-9]는 'Hello' 문자열의 slice 예이다.

[그림 4-9] string의 slice

예제 4-11 string의 slice

| 요구사항 |

string의 slice를 활용하여 새로운 단어를 생성해보자.

- 변수 tom은 'Tom is a good student.' 문자열을 담고 있다.
- 일부로 추출할 단어는 'good'이다.

| 프로그램 |

```
>>> tom = 'Tom is a good student.'
>>> tom [9:13]
'good'
```

slice의 범위를 지정하는 n과 m은 string의 index 범위 내의 양의 정수로 정해져야 한다. 만약 이 값들이 지정되지 않는다면 다음과 같이 기본값이 적용된다.

〈표 4-10〉 string의 slice 범위 지정

[:n]	처음부터 n을 포함하지 않는 범위까지 지정해서 slice
[m:]	m번째부터 string의 끝까지 범위를 지정해서 slice
[m:문자열보다 큰 값]	m번째부터 string의 끝까지 범위를 지정해서 slice

```
>>> fruit = 'banana'
>>> fruit[:3]
'ban'
>>> fruit[3:]
'ana'
>>> fruit[3:999]
'ana'
>>>
```

실습문제 4-1 string indexing & slice 연습

| 요구사항 |

indexing과 slice를 활용하여 다음 조건에 만족하는 string을 출력해보자.

- 변수 string1은 "red apple"을 담고 있다.
- 변수 string2는 "yellow banana"을 담고 있다.
- "yellow apple"과 "red banana"을 생성해보자.

| 프로그램 |

```
>>> string1 = 'red apple'
>>> string2 = 'yellow banana'
>>> color1 = string1[:4]
>>> fruit1 = string1[4:]
>>> color2 = string2[:7]
>>> fruit2 = string2[7:]
>>> print(color1+fruit2)
red banana
>>> print(color2+fruit1)
yellow apple
>>>
```

퀴즈 4-5 다음 코드의 결과가 나오도록 index를 지정해보자.

```
>>> name = 'Hong Gildong'
>>> family_name = (                         )
>>> family_name
'Hong'
```

4.2 입력과 출력

포털의 검색을 생각해보자. 내가 원하는 검색어를 입력하면 검색 결과를 화면에 보여준다. 엑셀 역시 내가 입력한 숫자와 계산 식에 따라 결과를 보여주고, 페이스북 앱에서도 '좋아요' 버튼을 누르면 내가 '좋아요'를 눌렀다는 내용을 나에게 표시해준다. 이처럼 대부분 프로그램들은 사용자에게 입력을 받고, 작업을 수행한 후에 결과를 사용자에게 출력한다.

[그림 4-10]은 1부터 사용자가 입력한 수까지 범위의 총합을 계산하는 프로그램의 예제이다.

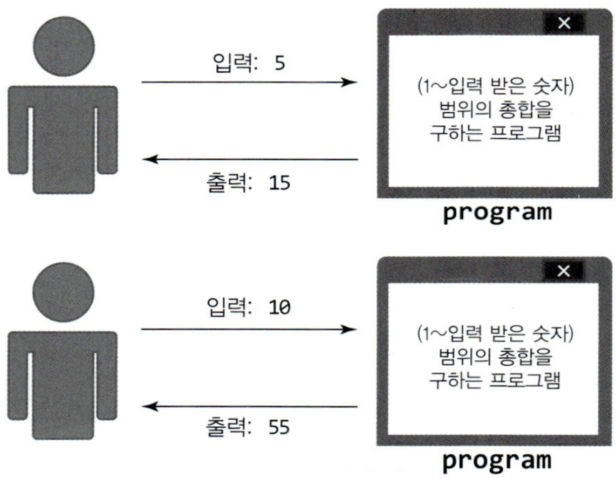

[그림 4-10] 프로그램 동작 방식

[그림 4-10]과 같이 사용자에게 자료를 입력받고 출력하기 위해서 입력과 출력을 해주는 기능이 필요하다. 파이썬에서는 함수를 이용하여 컴퓨터에 자료를 입력하고 출력할 수 있다. 파이썬에서 사용하는 입력 함수와 출력 함수에 대해서 자세히 알아보자.

참고 프로그래밍에서의 함수

우리가 수학에서 사용하는 함수를 그림으로 나타내면 [그림 4-11]과 같다. 값 x를 입력하면 특정 작업을 수행하여 결괏값을 출력하는 역할을 한다.

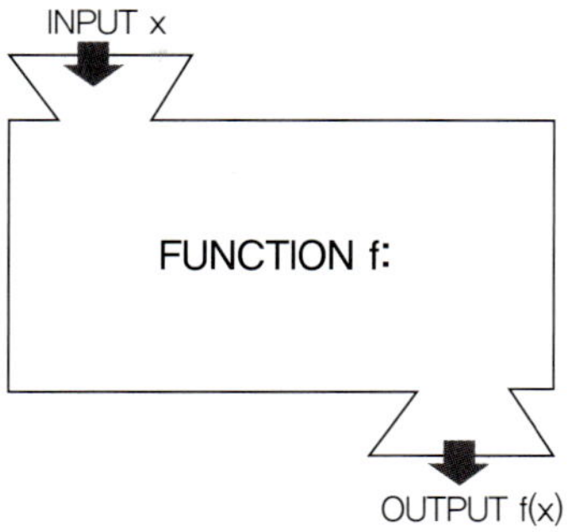

[그림 4-11] 함수

프로그래밍에서도 함수는 특정 기능을 수행한다. 수학에서처럼 수식에 한정된 것이 아니라, 특정 작업을 수행하는 역할을 맡는다. 일반적으로 프로그램에서 값을 입력하고, 출력하는 기능을 수행할 때, 입력 함수 'input()'과 출력 함수 'print()'를 이용한다. 이외에도 파이썬이 만들어서 제공하는 다양한 함수가 존재한다. 그리고 우리가 원하는 함수를 직접 만들어서 사용할 수도 있다.

프로그래밍에서 함수가 중요한 이유는 대부분의 프로그램이 많은 기능을 수행하기 때문이다. 많은 기능을 수행하는 프로그램은 코드가 크고 복잡해서 해결 알고리즘을 만드는 것이 쉽지 않다. 이러한 문제를 해결하기 위한 방법은 [그림 4-12]와 같이 전체 프로그램을 작고 간단한 함수들로 나누어서 작업하는 것이다. 그렇게 되면 전체 프로그램은 작고 간단한 프로그램인 함수들의 합으로 구성된다. 이에 대한 자세한 내용은 9장에서 학습하겠다.

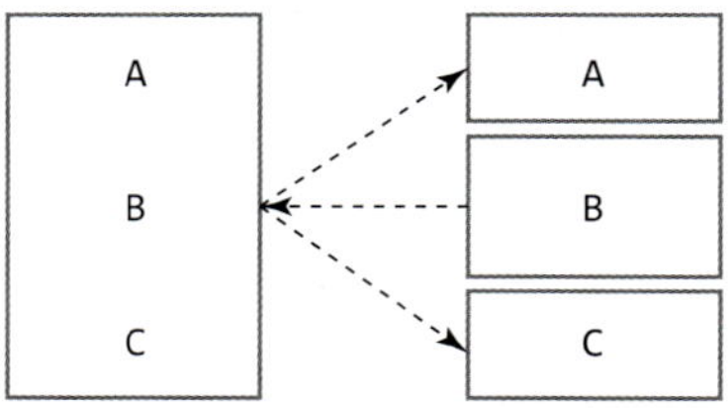

[그림 4-12] 간단한 프로그램(함수)으로 나누어지는 전체 프로그램

4.2.1 입력 함수

파이썬에서 많이 사용하는 입력 함수는 2가지 형식으로 나눌 수 있다.

〈표 4-11〉 입력 함수 종류

variable_name=input()	사용자로부터 입력을 받는다.
variable_name=input('문자열')	'문자열'에 해당하는내용을 출력 후 사용자로부터 입력을 받는다.

▪ input()

다음 예제는 input() 함수를 활용하여 사용자의 이름을 입력받는 것이다.

```
>>> name = input()
```

이 문장을 입력하면, 파이썬은 사용자로부터 입력을 기다린다.

```
Gildong
```

위와 같이 입력을 하면, name이라는 변수에 방금 사용자가 입력한 'Gildong'이라는 문자열을 할당하고, 명령문을 성공적으로 끝낸다. name이란 변수의 내용을 확인해 보자.

```
>>> name
'Gildong'
>>>
```

앞의 예제에서는 파이썬이 입력을 기다리고 있지만 어떤 내용을 입력해야 하는가에 대한 메시지가 없이 그냥 기다리기 때문에 사용자 입장에서는 혼란스러울 수 있다.

▪ input('문자열')

두 번째 방법은 입력해야 하는 내용을 알려주는 메시지를 먼저 출력하고, 입력을 기다리는 방식으로 사용자에게 편리를 제공해 준다. 다음은 input() 함수를 활용하여 사용자의 이름을 입력받는 예제인데, 이번에는 'What is your first name?' 이라는 문자열을 출력 후 사용자에게 입력받도록 해보자. 역시 입력받은 내용은 name이라는 변수에 할당된다.

```
>>> name = input('What is your first name? ')
```

이렇게 input() 함수를 작성하면 파이썬은 이 메시지를 출력하고 사용자의 입력을 기다린다.

```
>>> name = input('What is your first name? ')
What is your first name?
```

이름이 무엇이냐고 묻는 메시지가 먼저 나오기 때문에 자연스럽게 이름을 적을 수 있다. 앞의 예제와 같이 Gildong이란 이름을 입력해보자.

```
>>> name = input('What is your first name? ')
What is your first name? Gildong
```

역시 name이라는 변수에는 'Gildong'이라는 문자열이 할당된다. 정상적으로 할당되었는지 확인해보자.

```
>>> name
'Gildong'
>>>
```

주의 숫자 입력

프로그램에서 변수에 직접 숫자를 할당하는 경우에는 int형으로 인식되지만, 사용자들로부터 숫자를 입력받는 경우에는 string형으로 인식된다.

int형처럼 보이지만 string형인 경우를 예제를 통해 살펴보자.

```
>>> n = input('Enter the number : ')
Enter the number : 7
>>> type(n)
<class 'str'>
>>> n
'7'
```

위의 예제와 같이 변수 n에 입력받은 7을 int형으로 착각하여 n*10과 같은 수식에 활용할 경우가 생길 수도 있다. 이러한 경우, 실제로는 string형인 7을 수식에 포함하였기 때문에 에러가 발생한다. 이것이 자료형이 중요한 이유이다.

이때, 강제 형 변환을 통해서 원하는 자료형으로 변환이 가능하다. 강제 형 변환에 대해서는 4.2.3에서 자세히 설명하겠다.

예제 4-12 input() 함수의 활용

| 요구사항 |

다음 input() 함수를 활용하여 스케줄을 작성해보자.

- applicant = input("Enter the applicant's name: ")
- interviewer = input("Enter the interviewer's name: ")
- time = input("Enter the appointment time: ")

| 프로그램 |

```
>>> applicant = input("Enter the applicant's name: ")
Enter the applicant's name: Gildong
>>> interviewer = input("Enter the interviewer's name: ")
Enter the interviewer's name: SeungWon
>>> time = input("Enter the appointment time: ")
Enter the appointment time: 14:00
>>> applicant
'Gildong'
>>> interviewer
'SeungWon'
>>> time
'14:00'
>>>
```

퀴즈 4-6 다음 코드의 괄호 안 결과를 예측해보자.

```
>>> favorite_color = input('What is your favorite color? ')
What is your favorite color? Blue
>>> favorite_color
(                                  )
```

4.2.2 출력 함수

입력을 위한 input() 함수가 있다면, 출력을 위한 print() 함수도 존재한다.

〈표 4-12〉 출력 함수 종류

print('문자열')	'문자열'을 화면에 출력해준다.
print(variable_name)	변수 variable_name에 해당하는 값을 화면에 출력해준다. 이 때 변수값은 모든 변수형이 가능하다.
print('문자열', variable_name)	'문자열'과 변수 variable_name에 해당하는 값을 연속해서 화면에 출력해준다.

▪ print('문자열')

이 경우에는 문자열을 그대로 출력한다.

```
>>> print('True Love')
True Love
>>>
```

▪ print(variable_name)

variable_name 부분의 변수에 할당되어 있는 값을 출력한다. 두 수의 합을 변수에 넣고 그 값을 출력해 보자.

```
>>> number_1 = 26
>>> number_2 = 31
>>> sum = number_1 + number_2
>>> print(sum)
57
>>>
```

number_1의 26과 number_2의 31을 할당하고, 두 변수의 합을 sum이란 변수에 할당한다. 그리고 이 sum을 print() 함수를 이용해 출력하면 sum에 할당되어 있는 값인 57을 출력한다.

예제 4-13 print() 함수의 활용

| 요구사항 |

과목의 성적을 나타내주는 프로그램을 작성하고자 한다.

- `math = 54`
- `english = 72`
- `history = 96`
- `print(math, english, history)`

| 프로그램 |

```
>>> math = 54
>>> english = 72
>>> history = 96
>>> print(math, english, history)
54 72 96
>>>
```

앞선 예에서는 57이라는 값이 출력되었기 때문에, 이 값이 어떤 정보를 담고 있는지 알 수 없다.

■ print('문자열' , variable_name)

다음 예에서는 출력하는 메시지를 먼저 보여주고, 변숫값을 출력하는 방식을 보여준다.

```
>>> number_1 = 26
>>> number_2 = 31
>>> sum = number_1 + number_2
>>> print('number_1 + number_2 is ', sum)
number_1 + number_2 is 57
>>>
```

예제 4-14 print() 함수의 다양한 활용

| 요구사항 |

길이와 폭으로 넓이를 구해서 나타내주는 프로그램을 작성하고자 한다.

- `length = 9`
- `width = 6`

• print('area = ', length * width)

| 프로그램 |

```
>>> length = 9
>>> width = 6
>>> print('area = ', length * width)
area = 54
>>>
```

퀴즈 4-7 다음 코드의 괄호 안 결과를 예측해보자.

```
>>> name = 'Gildong'
>>> print('Hello, my name is', name)
(                                                  )
```

4.2.3 강제 형 변환

앞서 말했듯이 강제 형 변환을 통해서 원하는 자료형으로 변환이 가능하다.

〈표 4-13〉 강제 형 변환 방법

variable_name=int(variable_name)	variable_name에 해당하는 변수를 정수(int)형으로 강제 형 변환
variable_name=float(variable_name)	variable_name에 해당하는 변수를 실수(float)형으로 강제 형 변환

다음은 int형인 7을 float형으로 변환하는 예제이다.

```
>>> n=7
>>> n= float(n)
>>> type(n)
<class 'float'>
>>> n
7.0
>>>
```

다음은 string의 자료형을 int형으로 변환하는 예제이다.

```
Enter the number : 7
>>> n = int(n)
```

int(n)은 n을 정수형으로 변환시킨다.

```
>>> type(n)
<class 'int'>
>>> n
7
```

참고 파일 생성의 편리성

다음 예제는 비만 지수 BMI(Body Mass Index)를 계산하는 프로그램이다. 몸무게와 키를 입력으로 받아서 계산하게 된다. BMI를 구하는 공식은 '체중(kg)/(키(m)*키(m))'이다.

| 프로그램 |

```
>>> weight = int(input('몸무게를 입력하시오'))
몸무게를 입력하시오 50
>>> height = input('키를 입력하시오')
키를 입력하시오 170
>>> bmi = weight / (height/100 * height/100)
Traceback (most recent call last):
  File "<pyshell#11>", line 1, in <module>
    bmi = weight / (height/100 * height/100)
TypeError: unsupported operand type(s) for /: 'str' and 'int'
>>> height = int(input('키를 입력하시오'))
```

shell 창에서 작업하면 한 문장씩 수행되기 때문에, 위의 그림과 같이 오타가 나거나 수정을 해야 하는 경우에 번거롭게 같은 작업을 반복해야 하는 어려움이 있다. 따라서 프로그램의 코드 수가 한 문장 이상일 경우에는 파일을 생성하여 작업하는 것이 편리하다. 파일은 IDLE의 에디터를 사용하여 만들어지고 ***.py라는 확장자를 갖는다. 예를 들어 위의 예제는 bmi.py가 될 수 있다.

4.3 파일 만들기

다음은 파이썬에서 파일을 생성하여 프로그램을 작성하는 방법이다.

1. 상단에 [File] 메뉴를 클릭한다.

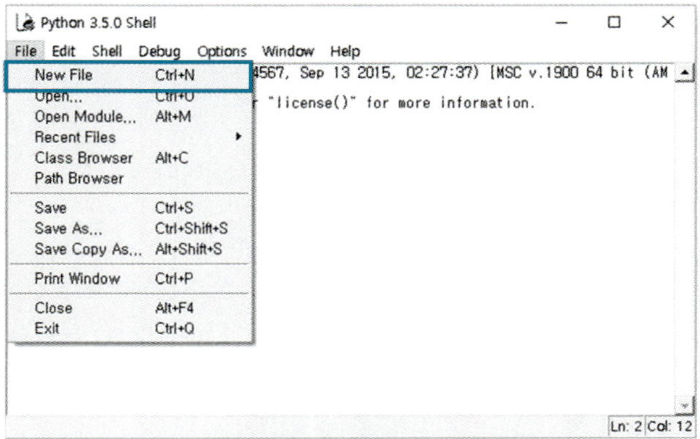

[그림 4-13] New File 선택하기

2. [New File] 메뉴를 클릭한다.

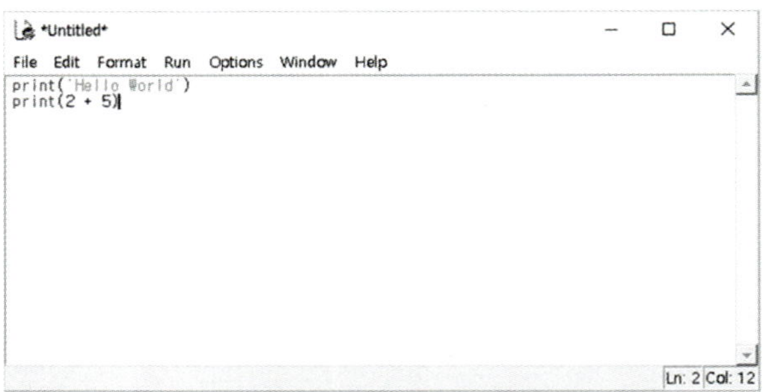

[그림 4-14] 코드 작성하기

3. 새 창에 파이썬 코드를 작성한다.

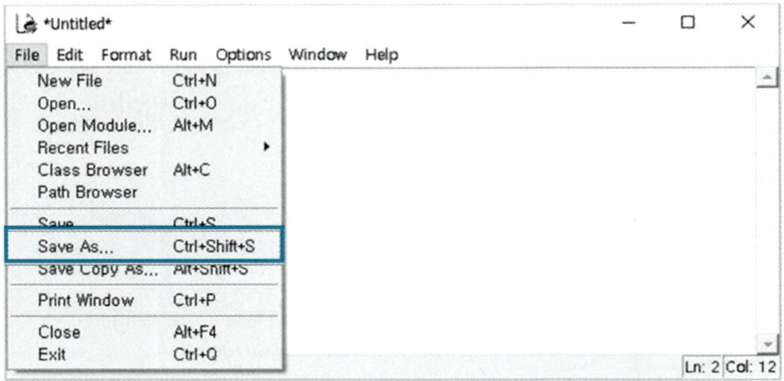

[그림 4-15] 코드를 파일로 저장하기

4. 상단에 [File] 메뉴를 클릭한다.

5. 다른 문서 파일을 생성할 때처럼 처음에는 [Save as] 메뉴를 클릭하여 파일 이름을 부여한다. 파일 이름은 프로그램의 내용을 반영하는 것으로 만드는 것이 바람직하다. 이후에 수정이 있는 경우에는 그냥 [Save]를 이용하여 저장하면 된다.

6. 작성한 프로그램을 실행하기 위해서는 상단에 [Run] 메뉴를 클릭한다.

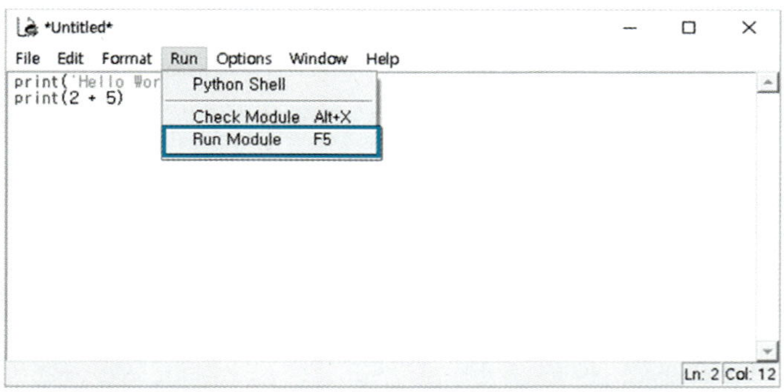

[그림 4-16] 작성한 프로그램 실행

7. [Run Module] 메뉴를 클릭하면 작성한 파일을 실행한다(단축키 F5를 눌러 실행 가능).

앞에서 다루었던 예제, bmi.py 프로그램을 이번에는 파일로 작성해보자.

```
height = int(input('키를 입력하세요.'))
weight = int(input('몸무게를 입력하세요.'))

bmi = weight / (height/100 * height/100)

print('당신의 bmi는',bmi,'입니다.')
```

실습문제 4-2 자료형 변환

| 요구사항 |

연필과 펜의 구입하는 개수에 따라 총 가격을 반환해주는 프로그램을 작성해보자.

- 연필은 1,000원, 펜은 2,000원이다.
- 변수 num_pencil, num_pen은 input() 함수를 통해 각각 연필과 펜의 개수를 입력받는다.
- 변수 total_price는 총 가격을 나타낸다.

| 문제 해결 및 알고리즘 |

- 연필 개수, 펜 개수 입력 → input()
- 총 가격 → (1,000 * num_pencil + 2,000 * num_pen)

| 프로그램 |

```
Python 3.5.1 (v3.5.1:37a07cee5969, Dec  6 2015, 01:38:48) [MSC v.1900 32 bit (Intel)] on win32
Type "help", "copyright", "credits" or "license" for more information.
>>> num_pencil = input('연필은 몇 개를 구입하시겠습니까?')
연필은 몇 개를 구입하시겠습니까?3
>>> num_pen = input('펜은 몇 개를 구입하시겠습니까?')
펜은 몇 개를 구입하시겠습니까?2
>>> num_pencil = int(num_pencil)
>>> num_pen = int(num_pen)
>>> total_price = 1000 * num_pencil + 2000 * num_pen
>>> print('총가격은', total_price, '원 입니다.')
총가격은 7000 원 입니다.
>>>
```

이 프로그램과 같이 한 줄 이상의 논리를 갖는 프로그램은 파일로 만드는 것이 더욱 편리하다.

| 파일 버전 |

```
num_pencil = input('연필은 몇 개를 구입하시겠습니까?')
num_pen = input('펜은 몇 개를 구입하시겠습니까?')

num_pencil = int(num_pencil)
num_pen = int(num_pen)

total_price = 1000 * num_pencil + 2000 * num_pen

print('총 가격은', total_price, '원입니다.')
```

| 결과 확인 |

- 연필의 개수에 19를 대입해본다.
- 펜의 개수에 20을 대입해본다.

```
연필은 몇 개를 구입하시겠습니까? 19
펜은 몇 개를 구입하시겠습니까? 20
총 가격은 59000 원입니다.
```

요약

- 대부분의 프로그램은 사용자에게 입력받아 처리한 후, 화면 등으로 사용자에게 출력한다.
- 사용자에게 입력받기 위해서는 input() 함수를 사용한다.
- 사용자에게 출력하기 위해서는 print() 함수를 사용한다.
- 문자 혹은 문자열을 처리하기 위해서는 string형을 사용하며, len() 함수를 이용하면 문자열의 길이를 파악할 수 있다.
- string형에서 첫 번째 글자의 순서는 0부터 시작한다. 총 5글자일 경우 순서는 0, 1, 2, 3, 4의 순서이다.
- type() 함수를 사용하면 어떤 자료형인지 파악할 수 있다.
- 파이썬 소스코드를 shell에서 사용하는 것보다 파일로 만들어서 수정하면 편리하다.

연습문제

1 다음 프로그램의 결과는 무엇인가?

```
>>> start = '*' * 10
>>> title = "Let's have fun"
>>> finish = '*' * 10
>>> print(start + title + finish)
>>>
```

2 다음 프로그램의 결과는 무엇인가?

```
>>> title = 'Mission Impossible'
>>> title [9:13]
```

3 다음 실행문의 잘못된 부분을 찾아보자.

```
>>> n = input('Enter the number')
Enter the number : 7
>>> m = n * 4
```

4 다음 실행문이 잘못된 이유를 적어보자.

```
>>> greeting = 'hello!'
>>> greeting[0] = 'H'
```

5 다음 요구사항을 분석하여 프로그램을 작성해보자.

| 제목 |

조건에 따른 연필과 펜 총가격 변환

| 요구사항 |

연필과 펜의 구입하는 개수와 조건에 따라 총 가격을 반환해주는 프로그램을 작성해 보자.

- 연필은 3,000원, 펜은 4,000원이다.
- 총 가격의 30%를 할인해주고 있다.
- 변수 num_pencil, num_pen은 input 함수를 통해 각각 연필과 펜의 개수를 입력받는다.
- 변수 total_price는 총 가격을 나타낸다.

| 문제 해결 및 알고리 |

- 연필 개수, 펜 개수 입력 → input()
- 총 가격 → (1000 * num_pencil + 2000 * num_pen)
- 할인 적용 총 가격 → 0.7 * total_price

| 프로그램 |

(   )

| 테스팅 |

- 연필 개수 5개 입력하기
- 펜 개수 5개 입력하기

```
>>>
연필은 몇 개를 구입하시겠습니까? 5
펜은 몇 개를 구입하시겠습니까? 5
총 가격은 24500.0 원입니다.
```

6 다음 문제를 보고 맞으면 ○, 틀리면 ×를 넣어보자.

- int형과 float형이 함께 쓰이는 경우에 그 결괏값의 형은 int형이다. ( )
- size의 결괏값은 7이다.

```
>>> size=len('I am a boy')
>>> size
```
( )

- 사용자들로부터 숫자를 입력받는 경우에는 string형으로 인식된다. ( )
- >>> print('she's a beautiful and graceful woman.')의 결괏값은
  she's a beautiful and graceful woman. 이다. ( )
- word = "butterfly"일 때
  word[3] = 'E'를 실행시킨 후, 결괏값은 buteerfly이다. ( )
- string = 'python study''의 string[2]의 값은 t이다. ( )
- python에서는 string형을 만들 때 다음 2가지 형식의 Quote가 허용된다. ( )

7 다음 문제를 보고 빈칸을 채워보자.

- ( ) 함수를 이용하면 문자열의 길이를 파악할 수 있다.
- 정수 입력 시 ( )형을 사용하고 실수 입력 시 ( )형을 사용한다.
- ( ) 함수를 이용하면 형의 종류를 파악할 수 있다.

8 다음 실행문을 보고 빈칸을 채워보자.

```
>>> python = 'python is easy programming language'
>>> python[10:25]
(              )
```

9 다음 실행문을 보고 빈칸을 채워보자.

```
>>> a = 'hello'
>>> b = 'world'
>>> a + b
    (                    )
>>> print(a+b)
    (                    )
```

10 다음 실행문을 보고 빈칸을 채워보자.

```
>>> string = 'My name is tommy'
>>> print(string[0] + string[12:14])
(    )
```

11 아래의 프로그램 결과가 나오게 하기 위해 빈칸에 들어갈 명령어는?

```
>>> number1 = input()
4
>>> (                          )
>>> number1 + 6
10
```

12 거리(D)와 시간(T)를 입력하여 속도(S)를 구하는 프로그램을 작성해보자.

13 두 좌표 (x1, y1), (x2, y2)에 각각 (3, 5), (−1, 4)을 입력하여 직각삼각형의 넓이(area)를 구해보자.

14 사용자가 x의 값을 입력하게 하여 입력한 x만큼 @를 표시하는 프로그램을 작성해보자.

15 'last_name을 입력하시오.' 'first_name을 입력하시오' 출력 뒤 각각 해당하는 내용을 입력하여 fullname으로 출력하는 프로그램을 작성해보자.

16 '시각을 입력하시오.', '분을 입력하시오.', '초를 입력하시오.' 출력 뒤 각각 해당하는 내용을 입력하여 초 단위로 알려주는 프로그램을 작성해보자.

CHAPTER 05

조건에 따른 문제 해결하기(조건문)

5.1 boolean형과 비교/논리 연산자

5.2 조건문(Conditional Statement)

5.3 if-else 조건문

우리의 일상생활에서 특정 조건이 만족할 때에만 실행되어야 하는 작업들이 있다. '주어진 조건을 만족하는가?'에 대한 답은 '참' 또는 '거짓'이 된다. 참일 때 수행할 작업과 거짓일 때 수행할 작업이 다른 경우의 문제 해결 방법이 존재한다.

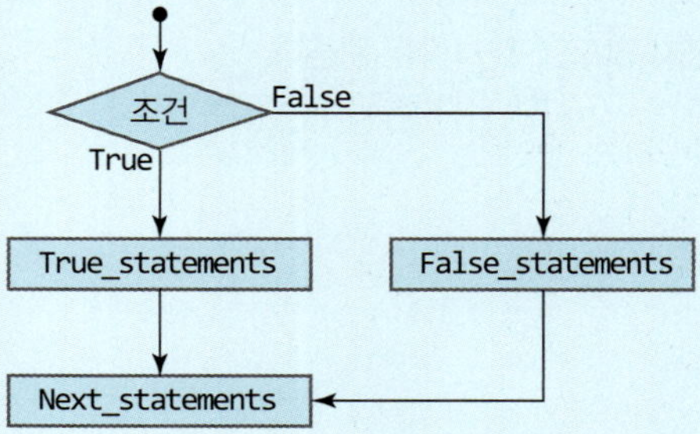

05 조건에 따른 문제 해결하기(조건문)

단원개요

1. boolean형을 자료형을 학습한다.
2. 비교 연산자를 학습한다.
3. if 조건문을 학습한다.
4. if-else 조건문을 학습한다.

5.1 boolean형과 비교/논리 연산자

지금까지 간단한 문제 해결에 사용되는 연산자와 자료형을 배웠다. 이번 장에서는 조건이 포함된 문제를 수행하는 방법과 이에 사용되는 연산자와 자료형에 대해 학습해보자.

우리의 일상생활에서 특정 조건이 만족할 때에만 실행되어야 하는 일이 있다. 그 예로 아래의 광고를 살펴보자.

> 오늘 입장하는 여성에게는 식사 할인권을 드립니다.

위 광고를 보면 '입장객이 여성인가?'라는 것이 조건이 된다.

> 시험 성적이 80점을 넘지 않으면 재시험을 치른다.

이 안내문의 조건은 '시험 성적이 80점을 넘는가?'이다. 위의 두 경우를 알고리즘으로 나타내면 [그림 5-1]로 나타낼 수 있다.

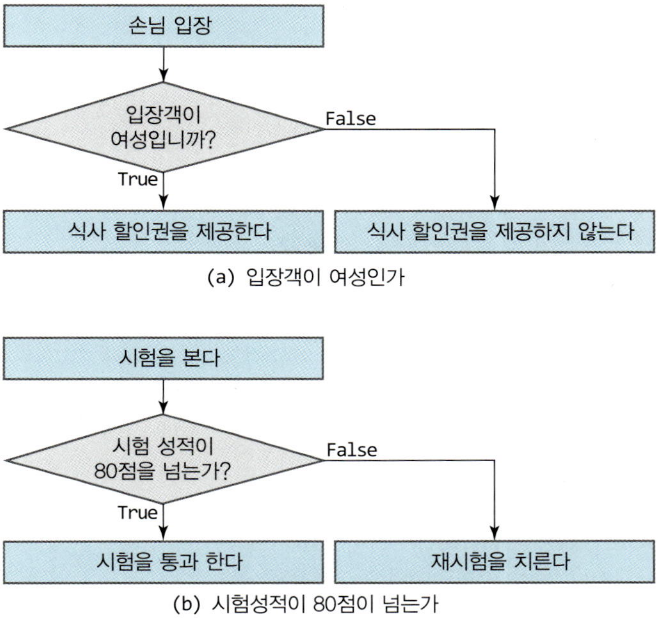

[그림 5-1] 경우에 따라 다른 작업을 수행하는 알고리즘

이처럼 특정 조건에 대해 '참' 또는 '거짓'으로 답할 수 있으며 각각의 경우에 맞는 작업을 수행한다. 파이썬에서 '참'은 True로 '거짓'은 False로 나타내고, True와 False 값을 'boolean 값'이라 부른다. True와 False를 저장하는 변수는 'boolean형 변수'가 된다. 이 장에서는 boolean형에 대해 배우고, boolean형과 관련된 연산자인 논리 연산자와 비교 연산자에 대해 공부한다.

5.1.1 boolean형

boolean형은 '참(True)'과 '거짓(False)'만을 값으로 갖는 자료형이다.

〈표 5-1〉 boolean형

True	'참'을 의미
False	'거짓'을 의미

변수에 boolean형인 True와 False를 할당하면 boolean형 변수가 된다. boolean형 변수에 type() 함수를 사용한 결과는 다음과 같이 'bool'로 나타난다.

```
>>> a = True
>>> type (a)
<class 'bool'>
>>> a
True
```

> **주의** boolean형 표기
>
> 파이썬은 대소문자를 구분하기 때문에 정확하게 True로 적어야만 한다. 만약에 TRUE나 true 등으로 적으면 문법 에러가 발생한다. False에 대해서도 마찬가지다. FALSE와 false는 사용할 수 없다.

예제를 통해 boolean형을 사용해보자. 변수에 boolean형을 할당해 보자.

```
>>> a = TRUE
Traceback (most recent call last):
  File "<pyshell#1>", line 1, in <module>
    a = TRUE
NameError: name 'TRUE' is not defined
```

변수에 boolean형 변수를 할당하면, 그 변수도 역시 boolean형 변수가 된다. a라는 변수에 False를 할당하면, a는 boolean형 변수가 되고, b라는 변수에 a값을 할당하면, b역시 boolean형 변수가 된다.

```
>>> a = False
>>> b = a
>>> type (b)
<class 'bool'>
>>> b
False
```

boolean형은 그 자체로만 쓰이기보다는 상황을 판단하여 옳으면 True, 틀리면 False와 같은 결과를 얻을 수 있는 조건문에 주로 쓰인다.

예를 들어 백화점 매장의 할인 방침이 있다. 백화점에 따라 '특정 금액을 초과'하면 사은품을 주는 경우, '수능 본 학생에 한하여' 할인해 주는 경우, '특정 품목을 산 경우에' 할인해 주는 경우 등 매우 다양한 조건들이 매일 사용되고 있다.

이들을 다루는 프로그램을 작성하려면 조건의 일치 여부를 확인하는 방법이 필요하다. '만약 청소년이라면', '만약 여성이라면', '만약 노인이라면', '만약 수험생이라면'과 같은 조건들이 사용된다.

이러한 구조를 구현하기 위해서 프로그래밍할 때 조건을 만족하는 경우에는 True, 그렇지 않은 경우에는 False를 반환하는 조건식을 만들어서 사용한다. 앞으로 살펴보겠지만, 조건을 표현하는 조건식은 다양한 형식이 있다.

5.1.2 비교 연산자

조건식에서 사용하는 연산자는 주로 '더 큰가', '더 많은가', '같은가' '더 작은가', '더 적은가' 등의 조건을 따져보기 위한 것들이다. 그러한 이유로, 이러한 연산자를 비교 연산자라고 한다. 비교 연산자는 주어진 두 값을 비교해서 결과를 boolean형으로 반환한다. 즉, 주어진 조건에 대해 True 또는 False를 결과로 반환한다.

〈표 5-2〉 비교 연산자의 종류

x == y	x와 y의 값이 같으면 True를 반환하는 연산자
x != y	x와 y의 값이 다르면 True를 반환하는 연산자
x > y	x의 값이 y의 값보다 크면 True를 반환하는 연산자
x < y	x의 값이 y의 값보다 작으면 True를 반환하는 연산자
x >= y	x의 값이 y의 값보다 크거나 같으면 True를 반환하는 연산자
x <= y	x의 값이 y의 값보다 작거나 같으면 True를 반환하는 연산자

비교 연산자 '=='는 변수의 값이 특정 값과 같은가를 비교할 때 사용한다. n이라는 변수에 7에서 4를 뺀 값을 할당하자. 그리고 이 값이 3인지를 알아보자. 테스트를 위해 만약 결과가 5와 같은지 물어보면 False가 반환된다.

```
>>> n = 7 − 4
>>> n == 3
True
>>> n == 5
False
```

이때 비교 연산자 '=='를 할당문 연산자 '='와 혼돈하지 않도록 주의해야 한다.

주의 비교 연산자와 할당문 연산자

'=='(비교 연산자)와 '='(할당문 연산자)는 별 차이 없어 보이나 쓰임이 엄격히 다르다. 〈표 5-3〉을 참고하여 용도에 맞는 연산자를 쓰도록 유의하자.

〈표 5-3〉 비교 연산자와 할당문 연산자

==	변수 x의 값과 변수 y의 값이 같은 지를 확인하는데 사용하는 연산자 예) score == 100 ; score의 값은 100과 같은가?
=	변수에 어떤 값을 할당하는데 사용하는 연산자 예) score = 100 ; score에 100을 할당함

예제를 통해 비교 연산자와 할당문 연산자를 사용해보자.

숫자를 입력받아 그 수가 2의 배수인지의 여부를 flag에 할당해보자.

```
>>> n = input ("Enter a number : ")
Enter a number : 10
>>> flag = int (n) % 2
>>> flag == 0
True
```

```
>>> flag = int(n) % 2
```

flag에는 0 또는 1 값이 할당된다. 2의 배수이면 0이, 아니면 1이 할당될 것이다.

```
>>> flag == 0
```

flag의 값이 0인지를 묻는 비교 연산자이다. 0이면 True, 1이면 False가 반환된다.

아직 비교 연산자가 어색할 것이다. 그러나 비교 연산자는 실생활에서 정말 많이 쓰이고 있다. 다음 예를 보고 비교 연산자를 더 깊이 이해해보자.

> 수학 성적이 90점보다 높으면 A 학점

이 문장에서 비교 연산자가 활용될 만한 부분은 '수학 성적이 90점보다 높으면'이다. 이 부분을 비교 연산자를 활용하여 'math_score > 90'으로 바꿀 수 있다. 만약 어떤 학생이 92점, 즉 90점보다 높은 점수를 받으면 'math_score > 90'이라는 조건식은 True를 반환할 것이다. 그러나 그 학생이 89점, 즉 90점보다 낮은 점수를 받으면 반환된 값은 False일 것이다.

```
>>> math_score = 92
>>> math_score > 90
True
>>> math_score = 89
>>> math_score > 90
False
>>>
```

다음 두 예제를 통해 비교 연산자를 더 알아보자.

예제 5-1 비교 연산자의 활용

| 요구사항 |

다음 문장에서 비교 연산자가 활용될 만한 부분을 찾아보고 표현해보자.

- 상대방의 키가 나보다 작은지 확인한다.
- 그 남자의 혈액형이 B 형이 아닌지 확인한다.

| 문제 해결 알고리즘 |

- 상대방의 키가 나보다 작으면 → `your_height < my_height`
- 그 남자의 혈액형이 B 형이 아니면 → `blood_type != 'B'`

| 프로그램 |

```
>>> your_height = 175
>>> my_height = 170
>>> your_height < my_height
False
>>> blood_type = 'A'
>>> blood_type != 'B'
True
>>>
```

실습문제 5-1 백화점 상품권

| 요구사항 |

길동이는 백화점에서 여러 물품을 구매하였다.

- 구매한 모든 물품의 총합이 10만 원 이상이면 상품권을 받을 수 있다.
- 30,000원, 50,000원, 15,000원, 25,000원짜리 물품을 모두 구매하였다.

조건문을 사용하여 상품권을 받을 수 있는지 여부를 확인해보자.

| 문제 해결 알고리즘 |

- 물건의 총합이 10만 원 이상이면 → `total_price >= 100000`

| 프로그램 |

```
>>> total_price = 30000+50000+15000+25000
>>> total_price > = 100000
True
```

퀴즈 5-1 다음 요구사항에 따라 프로그램을 작성하고, 결과를 예측해보자.

| 요구사항 |

A의 영어점수 A_English_score는 80점, 수학점수 A_math_score는 65점이다.
B의 영어점수 B_English_score는 76점, 수학점수 B_Math_score는 58점이다.
A의 평균 점수는 B의 평균 점수보다 높다.

| 프로그램 |

```
A_english_score = 80
A_math_score = 65
B_english_score = 76
B_math_score = 58
(A_English_score + A_Math_score)/2 > (B_English_score + B_Math_score)/2
```

| 테스트 |

```
True
```

5.1.3 논리 연산자(Logical Operator)

문제 해결을 하다 보면 조건식이 하나 이상의 조건문을 포함하는 경우도 있다. 예를 들어, 외국어 선생님을 뽑는 광고에 '영어와 중국어 능력 시험 성적이 1등급인 강사를 모집합니다.' 라고 적혀있다면, '영어와 중국어 1등급'이 조건이 된다. 이 조건은 자세히 보면 2개 조건의 연산으로 이루어져 있다.

```
'영어 능력 == 1등급' 과 '중국어 능력 == 1등급'
```

두 조건 모두를 만족하게 해야 하기 때문에 논리 연산자 'and'로 통합한다.

```
(('영어 능력 == 1등급') and ('중국어 능력 == 1등급'))
```

이 조건은 두 조건 모두 True인 경우에만 True가 된다.

논리 연산자는 boolean형의 값들의 연산자라고 할 수 있으며, 조건문이 하나 이상의 조건들을 포함하는 경우에 사용된다. 다음 〈표 5-4〉를 살펴보자.

〈표 5-4〉 버스 요금표

구분	버스요금
일반인(19세 이상)	1,300원
청소년(13~18세)	1,100원
어린이(6~12세)	700원

위의 요금표는 탑승하는 사람의 나이에 따라 금액이 달라진다. 어린이, 청소년, 일반인으로 나뉜다. 어린이는 6살부터 12살까지이고 청소년은 13살부터 18살까지이다. 그보다 나이가 많은 사람들은 전부 일반인으로 분류되어 할인받지 못한다. 우리가 버스 요금을 계산하는 프로그램을 만든다면 나이에 따라 어느 그룹에 속하는지 결정할 수 있다. 간단하게 알고리즘을 살펴보자.

- 만약 나이가 6살 이상이고 12살 이하이면, 탑승자 분류는 어린이가 되고 금액은 700원이다.
- 만약 나이가 13살 이상이고 18살 이하이면, 탑승자 분류는 청소년이 되고 요금은 1,100원이다.
- 만약 나이가 19살 이상이면, 탑승자 분류는 일반인이 되고 요금은 1,300원이다.

조건식을 비교 연산자를 사용하여 나타내 보면, 다음과 같이 나타난다.

- (나이 >= 6) 그리고 (나이 <= 12)
- (나이 >= 13) 그리고 (나이 <= 18)
- (나이 >= 19)

위의 식에서 '그리고'에 해당하는 연산자 'and'가 논리 연산자이다. 논리 연산자에는 'and' 이외에, '또는'에 해당하는 'or'과 '부정'을 나타내는 'not'을 포함하여 총 3개가 있다. 이렇게 boolean 값과 논리 연산자로 이루어진 식을 boolean 식(Boolean Expression)이라고 한다.

〈표 5-5〉 boolean 식(Boolean Expression)

연산	설명
x and y (x,y는 boolean형 혹은 boolean Expression)	x와 y가 모두 True인 경우 True를 반환하는 연산자 (x와 y 중 하나라도 False인 경우 False를 반환하는 연산자)
x or y (x,y는 boolean형 혹은 boolean Expression)	x와 y 중 하나라도 True인 경우 True를 반환하는 연산자 (x와 y가 모두 False인 경우 False를 반환하는 연산자)
not x (x,y는 boolean형 혹은 boolean Expression)	x가 True인 경우 False를 반환하고, x가 False인 경우 True를 반환하는 연산자

버스 요금 계산을 논리 연산자를 이용해서 나타내보자.

```
if  (age >= 6) and (age <=12):
```

```
    passenger_type = '어린이'
    fare = 700
if (age >= 13) and (age <=18):
    passenger_type = '청소년'
    fare = 1100
if (age >= 19):
    passenger_type = '일반인'
    fare = 1300
```

참고 진리표(Truth Table)

진리표는 이러한 논리 연산자들의 수행 결괏값을 정의하는 표이다. 〈표 5-6〉은 수학에서의 진리표를 보여준다. 여기서 ~p는 not p, ~q는 not q를 의미한다.

〈표 5-6〉 진리표(Truth Table)

p	q	p and q	p or q	~p	~q
False	False	False	False	True	True
False	True	False	True	True	False
True	False	False	True	False	True
True	True	True	True	False	False

예제 5-2 boolean식

| 요구사항 |

다음 조건에 따라 boolean식을 작성하고 결과를 확인해보자.

변수 a = True이고 b = False이다.

- 'a and b'의 결과를 확인한다.
- 'a or b'의 결과를 확인한다.
- 'not b'의 결과를 확인한다.

| 프로그램 |

```
>>> a = True
>>> b = False
>>> a and b
False
>>> a or b
True
>>> not b
True
```

예제 5-3 비교 연산자를 포함한 boolean식

| 요구사항 |

다음 조건에 따라 boolean식을 작성하고 결과를 확인해보자.

- 변수 a = 26, b = 31, c = 54이다.
- '(a 〉 b) and (a 〈 c)'의 연산 결과를 확인한다.

| 프로그램 |

```
>>> a = 26
>>> b = 31
>>> c = 54
>>> (a > b) and (a < c)
False
```

| 프로그램 실행 해설 |

- (26 > 31) → False
- (26 < 54) → True
- False and True → False

예제 5-4 boolean식의 활용

| 요구사항 |

어느 놀이공원에서는 여자 신입생에게는 20% 할인 혜택을 제공한다고 한다.

- 수지는 여자이고 2학년이다. 수지가 할인 혜택을 받을 수 있는지 boolean식을 사용하여 확인해보자(여성은 female, 남성은 male로 한다).

| 문제 해결 알고리즘 |

- 수지 = '여자'
- 수지의 학년 = 2
- 만약 (수지의 성별 == '여자') and (수지의 학년 == 1)
  수지는 할인을 받는다.

| 프로그램 |

```
>>> student_gender = 'female'
>>> grade = 2
>>> (student_gender == 'female') and (grade == 1)
False
>>>
```

| 프로그램 실행 해설 |

- (Student_gender == 'female') → True
- (Student_year == 1) → False
- True and False → False

예제 5-5 boolean식의 활용

| 요구사항 |

어느 회사의 입사 조건은 토익 점수가 800점 이상이거나 교양 영어에서 A 학점이 만족해야 지원 가능하다고 한다. 길동이는 토익이 900점이고 교양 영어에서 B 학점이다. 길동이가 이 회사에 지원할 수 있는지 boolean식을 사용하여 확인해보자.

| 문제 해결 알고리즘 |

길동의 토익 점수 = 900
길동의 영어 학점 = 'B'
만약 (길동의 토익 점수 >= 800) or (길동의 영어 학점 == 'A')
    길동은 회사에 지원할 수 있다.

| 프로그램 |

```
>>> toeic_score = 900
>>> gradeOfEnglish = 'B'
>>>(toeic_score >= 800) or (gradeOfEnglish == 'A')
True
>>>
```

| 프로그램 실행 해설 |

- (toeic_score >= 800) → True
- (gradeOfEnglish == 'A') → False
- True or False → True

실습문제 5-2 학사경고 시스템

| 요구사항 |

어느 대학교는 수강학생이 한 학기에 F 학점의 개수가 3개 이상이거나 평균 학점이 1을 넘지 못할 경우, 그 학기에 대해서는 학사 경고를 받게 한다. 상민이는 이번 학기에 평균 학점은 2이고, F 학점의 개수가 4개라고 한다. 상민이가 이번 학기에 학사 경고를 받게 되는지 boolean식을 사용하여 확인해보자.

| 문제 해결 알고리즘 |

- 상민의 평균 학점 = 2
- 상민의 F 학점 개수 = 4
- 만약 (상민의 평균 학점 <= 1) or (상민의 F 학점 개수 >= 3)

  상민은 학사 경고를 받는다.

| 프로그램 |

```
>>> score_average = 2
>>> number_of_F = 4
>>> (score_average <= 1) or (number_of_F >= 3)
True
```

| 프로그램 실행 해설 |

- (score_average <= 1) → False
- (number_of_F >= 3) → True
- False or True → True

퀴즈 5-2 다음 프로그램의 결과를 예상하여 보자.

```
>>> a = True
>>> b = False
>>> c = (a and b)
>>> d = (a or b)
>>> a and b
(   )
>>> a or (c and d)
(   )
>>> b and (a or c) and d
(   )
```

5.2 조건문(Conditional Statement)

지금까지 배운 boolean식을 활용하여, 조건식을 포함하는 조건문을 만들 수 있다. 조건문은 해당 조건에 맞는 경우에만 특정 작업을 수행한다. 파이썬은 사용자가 여러 가지 경우의 조건을 다룰 수 있도록 다양한 형태의 조건문을 제공한다. 먼저, 간단한 형태의 조건문을 공부해보자.

파이썬의 조건문은 if라는 키워드로 시작한다. if 조건문은 하나의 절로 기술하는데, 조건을 명시하는 '조건부'와 수행을 명시하는 '수행부'로 구성되어 있다. 다음 형식에서 보듯이 조건부는 if 다음에 조건식을 적고, 수행부는 이 조건식이 참이 되는 경우에만 실행되는 문장(True Statements)들을 적는다. 조건식은 당연히 boolean식으로 이루어진다.

〈표 5-7〉 if 조건문 표기 방법

형식	설명
if 조건 : True_statements Next_statements	조건이 "True"이면 True_statements를 실행하고 Next_statement를 실행 조건이 "False"이면 바로 Next_statements를 실행

[그림 5-2]는 if 조건문의 알고리즘 형태를 보여주고 있다.

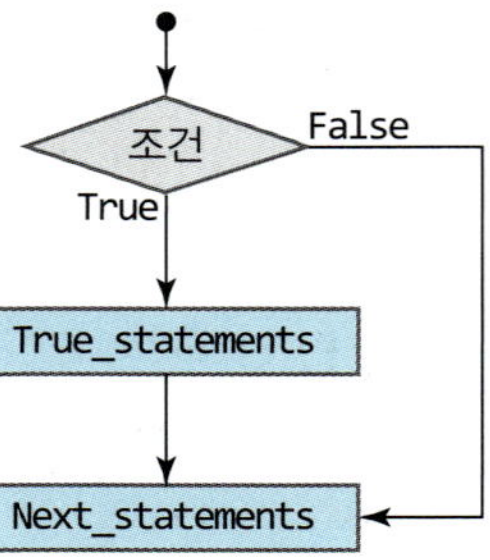

[그림 5-2] if문의 형태

[그림 5-3]은 if문의 조건부 형식을 간단한 예시를 들어 설명하고 있다.

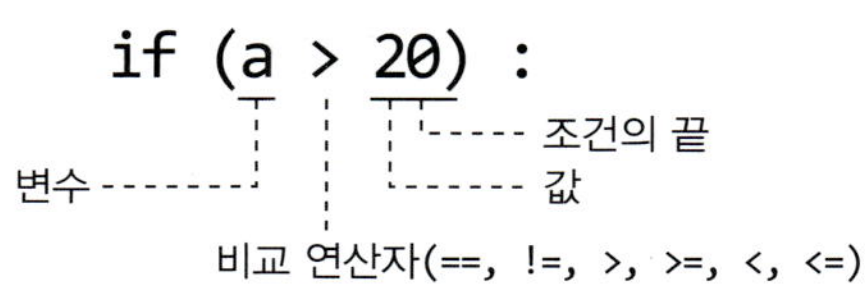

[그림 5-3] if문의 조건부

주의 if문의 들여쓰기

if문을 만들 때는 if (조건) : 다음 문장부터 if문에 속하는 모든 문장들에 들여쓰기를 해주어야 한다.

```
if (조건):
    True_statements1
    True_statements2
    True_statements3
```

만약 들여쓰기하지 않으면, 문법 오류가 발생한다.

```
>>> if a>b:
    print('True')
    print('***')

SyntaxError: unexpected indent
```

예제 5-6 비교 연산자를 포함한 boolean식

| 요구사항 |

사용자로부터 숫자를 입력받아 만약 숫자가 7이면 'Lucky Number'라는 메시지를 출력하는 프로그램을 작성해 보자.

| 프로그램 |

```
>>> num = int(input('Choose number between 1 to 10 :'))
>>> if num == 7:
        print ('Lucky number')
```

이 정도만 되어도 파일로 만들어서 수행하는 것이 훨씬 편리하다.

퀴즈 5-3 다음 요구사항에 따라 프로그램을 작성해보자.

| 요구사항 |

사용자로부터 나이를 입력을 받아, '20 이상인 경우, 'You are an adult'라는 문장을 출력'

| 문제 해결 알고리즘 |

- 사용자의 나이 입력 = user_age
- if 사용자의 나이 user_age > 20 → 'You are an adult.' 출력

예제 5-6 할인율 적용하기

| 요구사항 |

하나에 1,000원 하는 연필과 하나에 2,000원 하는 펜이 있다. 구입 시 10,000원이 넘으면 10%를 할인해 준다고 할 때, 파이썬 소스 파일(*.py)을 생성하여 다음 조건에 만족하는 프로그램을 작성해보자.

- 구매하고자 하는 연필과 펜의 개수를 사용자로부터 입력받는다.
- 조건문을 활용하여 할인율을 적용한다.

| 문제 해결 알고리즘 |

- 합계 = (1,000 * 연필의 개수 + 2,000 * 펜의 개수)

- if 합계 〉 10,000 → 10% 할인 → 합계 = (1 − 0.1) * 합계
- 출력 합계

  – 합계가 10,000원을 넘는 경우에만 합계 가격이 할인된 가격으로 다시 계산되어 출력된다.

  – 합계가 10,000원을 넘지 않는 경우에는 원래 합계가 그대로 출력된다.

| 프로그램 |

```
price_pencil = 1000
price_pen = 2000
num_pencil = int(input("pencil 개수 입력 : "))
num_pen = int(input("pen 개수 입력 : "))

total_price = price_pencil * num_pencil
              + price_pen * num_pen

if total_price > 10000:
    total_price = total_price * 0.9
    print("10% 할인되었습니다.")

print("총합 : ", int(total_price), "원")
```

| 테스트 |

```
>>>
pencil 개수 입력 : 5
pen 개수 입력 : 3
10% 할인되었습니다.
총합 : 9900 원
>>>
pencil 개수 입력 : 8
pen 개수 입력 : 8
10% 할인되었습니다.
총합 :  21600 원
```

| 프로그램 실행 해설 |

- pencil의 개수 5개, pen의 개수 3개인 경우
  1,000 * 5 + 2,000 * 3 = 11,000 〉 10,000 → 10% 할인 → 11,000 * (1 - 0.1)
  따라서 총합 9,900원이 출력된다.

5.3 if-else 조건문

경우에 따라서는 한 조건에 대하여 조건이 True인 경우에 수행되는 작업과 False인 경우 수행되는 작업이 따로 필요한 경우가 있다. 예를 들면, 문제를 내어 정답인 경우는 '맞았습니다.'를, 틀린 경우에는 '틀렸습니다.'라는 메시지를 출력해야 할 때, 참인 경우에는 True_statement(맞았습니다)를, 거짓인 경우에 False_statement(틀렸습니다)를 각각 다른 작업을 수행해야 한다.

파이썬에서는 이 같은 경우에 if문에 else문을 추가하여 if-else문을 제공한다.

〈표 5-8〉 if-else 조건문 표기 방법

표기	설명
if 조건 : 　True_statements else : 　False_statements Next_statements	조건이 "True"이면 True_statements를 실행하고, "False"이면 False_statements를 실행한 후 Next_statements로 이동한다.

[그림 5-4]는 if-else 조건문의 알고리즘 형태를 보여주고 있다.

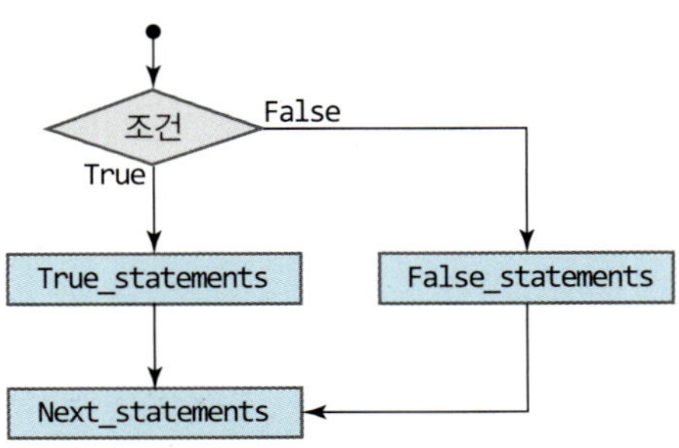

[그림 5-4] if-else 조건문의 알고리즘

[그림 5-5]는 if-else 조건문의 조건부 형식을 간단한 예로 설명하고 있다.

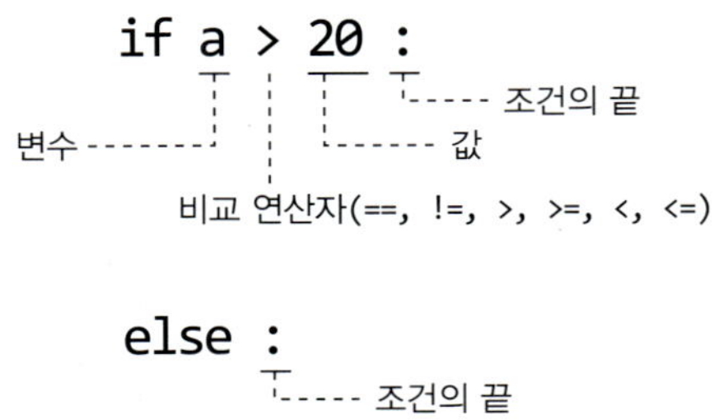

[그림 5-5] if-else 조건문의 조건부

주의 if문 들여쓰기

if문을 작성할 때는 들여쓰기 법칙을 잘 지켜야 한다. 아래와 같이 'if (조건) :', 과 'else :' 다음에 문장을 적을 때 들여쓰기를 해야 한다.

```
if(조건):
    True_statements1
    True_statements2
else:
    False_statements1
    False_statements2
```

예제 5-7 if-else 조건문 활용 1

| 요구사항 |

나이를 입력받아 20살 이상이면 'Your are an adult'를, 넘지 않으면, 'You are a baby'를 출력하는 프로그램을 작성해보자. 파이썬 소스 파일(*.py)을 생성하여 작성해보자

| 문제 해결 알고리즘 |

- if 당신의 나이 〉 20 → 'You are an adult'
- else → 'You are a baby'

| 프로그램 |

```
your_age = int(input('How old are you? '))

if your_age > 20 :
    print('You are an adult')
else :
    print('You are a baby')
```

| 테스트 |

```
>>>
How old are you? 21
You are an adult.
>>>
How old are you? 19
You are a baby.
>>>
```

예제 5-8 if-else 조건문 활용 2

| 요구사항 |

내일이라는 뜻을 가진 영어 단어를 입력하고, 철자가 맞으면 '맞습니다', 철자가 틀리다면 '틀렸습니다'를 출력하는 프로그램을 파이썬 소스 파일(*.py)을 생성하여 작성해보자.

| 문제 해결 알고리즘 |

- if 영어 단어 == 'tomorrow' → '맞습니다'
- else '틀렸습니다'

| 프로그램 |

```
word = input(" '내일'의 뜻을 가진 영어 단어를 쓰시오: ")

if (word == "tomorrow"):
    print("맞습니다")
else:
    print("틀렸습니다")
```

| 테스트 |

```
>>>
'내일'의 뜻을 가진 영어 단어를 쓰시오: tommorrow
틀렸습니다
>>>
'내일'의 뜻을 가진 영어 단어를 쓰시오: tommorow
틀렸습니다
>>>
'내일'의 뜻을 가진 영어 단어를 쓰시오: tomorrow
맞습니다
```

실습문제 5-3 저녁 메뉴 고르기

| 요구사항 |

수지는 오늘 저녁 메뉴를 고민하다가 동전 던지기를 해서 앞면이 나오면 중국요리를, 뒷면이 나오면 일본요리를 먹기로 결정했다. 동전의 앞/뒷면을 입력하여 무슨 메뉴를 선택할지 결정해주는 프로그램을 작성해보자.

| 문제 해결 알고리즘 |

- if 동전의 면 == '앞' → '중국 요리'
- else → '일본 요리'
- 결정된 요리 출력
  - 동전의 면이 앞면인 경우에는, '중국 요리'로 결정되어 출력된다.
  - 동전의 면이 뒷면인 경우에는, '일본 요리'로 결정되어 출력된다.

| 프로그램 |

```
coin = input("동전의 면을 입력하시오 (앞/뒤) : ")

if coin == '앞':
    dinner_menu = '중국 요리'
else:
    dinner_menu = '일본 요리'

print("오늘의 저녁은 ", dinner_menu, "로 결정되었습니다.")
```

| 테스트 |

```
>>>
동전의 면을 입력하시오 (앞/뒤) : 앞
오늘의 저녁은  중국 요리 로 결정되었습니다.
>>>
```

| 프로그램 실행 해설 |

- if문 안의 조건인 동전의 면에 따라 'dinner_menu'에는 앞면 혹은 뒷면이 대입된다.
- if문이 끝난 후 dinner_menu의 값이 출력된다.
- 동전의 면이 '앞면'인 경우, dinner_menu에는 '중국 요리'가 대입되고, print문을 통해, '오늘의 저녁은 중국 요리로 결정되었습니다.' 라는 문구가 출력된다.

실습문제 5-4 백화점 할인율 적용하기

| 요구사항 |

백화점 내의 의류 매장에서는 티셔츠(10,000원)와 스웨터(30,000원)를 구매 금액에 따라 할인 행사 중이다.

- 10만 원 이하 구매 시 구매 금액의 5%를 할인해주고, 10만 원 초과 구매 시 구입 금액의 15%를 할인해준다고 한다. 티셔츠와 스웨터 구매에 따른 총 구매 값이 얼마인지 계산해보자.

| 문제 해결 알고리즘 |

- 총금액 = 10,000 * 티셔츠의 개수 + 30,000 * 스웨터의 개수
- if 총금액 <= 100,000 → 5% 할인 → 총금액 = ((1 − 0.05) * 총금액)
- else → 15% 할인 → 총금액 = ((1 − 0.15) * 총금액)
- 총금액 출력

| 프로그램 |

```
price_tshirt = 10000
price_sweater = 30000

num_tshirt = int(input("T-shirts 개수 입력 : "))
```

```
num_sweater = int(input("Sweater 개수 입력 : "))

total_price = price_tshirt * num_tshirt + price_sweater * num_sweater

if total_price <= 100000:
    total_price = total_price * 0.95
else:
    total_price = total_price * 0.85

print("합계 : ", int(total_price), "원")
```

| 테스트 |

```
>>>
T-shirts 개수 입력 : 5
Sweater 개수 입력 : 20
합계 :  552500 원
>>>
```

| 프로그램 실행 해설 |

- if문 안의 조건인 총금액에 따라 할인율이 결정되고 총금액의 할인율에 따라 계산한 값이 대입된다.
- if 조건문이 끝난 후 총금액의 값이 출력된다.
- 티셔츠의 개수가 5개, 스웨터의 개수가 20개인 경우,
  할인율 → 15%, 총금액 → 0.85 * (5 * 10,000 + 20 * 30,000) = 552,500
- print문을 통해 총금액인 552,520원이 출력된다.

실습문제 5-5 놀이기구의 입장 제한

| 요구사항 |

놀이공원의 어린이용 놀이기구는 키는 155cm 이하, 몸무게는 50kg 이하의 제한 조건이 있다고 한다. 길동이의 키는 165cm, 몸무게는 60kg이다. 길동이는 이 어린이용 놀이기구를 탈 수 있는지 확인해보자.

| 문제 해결 알고리즘 |

- 길동의 키 = 165
- 길동의 몸무게 = 60
- if (길동의 키 <= 155) and (길동의 몸무게 <= 50) → 입장할 수 있다
- else → 입장 불가능하다

| 프로그램 |

```
height = int(input("키를 입력하세요 : "))
weight = int(input("몸무게를 입력하세요 : "))

if (height <= 155) and (weight <= 50):
    print("입장 가능")
else:
    print("입장 불가능")
```

| 테스트 |

```
>>>
키를 입력하세요 : 165
몸무게를 입력하세요 : 60
입장 불가능
>>>
```

| 프로그램 실행 해설 |

- (height <= 155) → False
- (weight <= 50) → False
- if (False and False) → False
- else → '입장 불가능'

요약

- boolean형은 오직 '참(True)'과 '거짓(False)'으로만 표현하여 사용하는 자료형이다.
- 비교 연산자로 주어진 두 값을 비교해서 결괏값을 boolean 연산자로 반환한다.
- 논리 연산자는 boolean형의 값들의 연산자라고 할 수 있으며, 조건문이 하나 이상의 조건을 포함하는 경우에 사용된다.
- boolean값과 논리 연산자로 이루어진 식을 boolean식(Boolean Expression)이라고 한다.
- 조건문으로 if문과 if-else문의 차이를 익히고 적절히 사용할 수 있다.

연습문제

[기본 문제]

1 다음 코드의 실행결과를 예측해보자.

```
>>> a = False
>>> b = a
>>> type (b)
```

2 (   ) 연산자인 (   )은 변수에 어떤 값을 할당하는 데 사용하는 연산자이고, (   ) 연산자인 (   )은 서로 다른 두 변수의 값이 같은지를 확인하는 데 사용하는 연산자이다.

3 다음 실행문의 잘못된 부분을 찾아보자.

```
>>> if a>b:
    print('***')
      print('True')
        print('***')
```

4 다음 요구사항에 따라 프로그램을 작성해보자.

| 요구사항 |

IQ가 148 이상이면, 멘사(Mensa)에 가입할 수 있다.
IQ를 입력하여 멘사 가입 여부를 판단하는 프로그램을 작성해보자.

| 문제 해결 알고리즘 |

if iq >= 148 → 멘사에 가입할 수 있습니다.

5 다음 요구사항에 따라 프로그램을 작성해보자.

| 요구사항 |

한 회사의 인턴들이 정규직 전환 시험을 쳤다.
85점 이상이면 정규직을 전환된다.
정규직 전환 여부를 판정하는 프로그램을 작성해보자.

| 문제 해결 알고리즘 |

if score >= 85 → 정규직 전환 가능

6 다음 요구사항에 따라 프로그램을 작성해보자.

| 요구사항 |

자동차의 휘발유가 10L보다 적으면,
휘발유를 더 넣으라는 알림이 뜨는 프로그램을 작성해보자.

| 문제 해결 알고리즘 |

if 현재 휘발유량 < 10L → 휘발유 공급

7 다음 요구사항에 따라 프로그램을 작성해보자.

| 요구사항 |

졸업 이수 학점은 140학점이다.
현재까지 이수한 학점으로 졸업할 수 있는지 판단하는 프로그램을 작성해보자.

| 문제 해결 알고리즘 |

if 현재 이수 학점 >= 140 → 졸업 가능

8 다음 요구사항에 따라 프로그램을 작성해보자.

| 요구사항 |

카드로 버스요금을 계산하면 1,200원이다. 만약 카드 안에 최소 1,200원이 없다면 계산이 되지 않는다. 카드의 잔액을 확인하고 버스를 탑승할 수 있는지 없는지 여부를 결정하는 프로그램을 작성해보자.

| 문제 해결 알고리즘 |

if 현재 잔액 > 1200 → 버스 탑승 가능

9 다음 요구사항에 따라 프로그램을 작성해보자.

| 요구사항 |

강의 폭이 30km가 넘으면 배로 건널 수 없다. 강을 건널 수 있는지 없는지 여부를 결정하는 프로그램을 작성해보자.

| 문제 해결 알고리즘 |

if 강의 폭 > 30 → 강을 건널 수 없다.

10 다음 요구사항에 따라 프로그램을 작성해보자.

| 요구사항 |

에어컨 적정 온도는 23℃ 초과이다. 현재 에어컨 온도를 입력받아, 적정 온도인지 판단하는 프로그램을 작성해보자.

| 문제 해결 알고리즘 |

if 현재 에어컨 온도 < 23 → 적정 온도가 아니니, 온도를 높여야 한다.

11 다음 요구사항에 따라 프로그램을 작성해보자.

| 요구사항 |

오디오의 음량을 가장 작은 1부터 가장 큰 10까지 조정할 수 있다. 사람의 귀에 권장하는 음량은 6까지다. 만약 음량이 6보다 크면 줄이라는 안내 프로그램을 작성해보자.

| 문제 해결 알고리즘 |

if 현재 음량 >= 7 → 적정 음량보다 높다. 줄여야 한다.

12 다음 요구사항에 따라 프로그램을 작성해보자.

| 요구사항 |

전기차는 전기만으로 가는 것이 아니라, 휘발유도 같이 사용한다. 만약 전기차의 충전 용량이 총량의 30% 이하이면, 연료를 전기가 아닌 휘발유로 변경하여 주행한다는 것을 알리는 프로그램을 작성해보자.

| 문제 해결 알고리즘 |

if 현재 전기 용량 < 전체 전기 총량 * 0.3 → 전체 전기 총량의 30%보다 현재 전기량이 적으니, 휘발유로 주행해야 한다.

13 다음 요구사항에 따라 프로그램을 작성해보자.

| 요구사항 |

놀이공원에 19세 미만이고, 키가 140 초과이면 탈 수 있는 놀이기구가 있다. 이 놀이기구를 타려는 한 탑승객이 19세이고 키가 150일 때, 이 놀이기구를 탈 수 있는지 boolean식을 사용하여 확인해보자.

| 문제 해결 알고리즘 |

age = 19
height = 150
if (age < 19) and (height > 140) → 탑승가능하다.

14 다음 요구사항에 따라 프로그램을 작성해보자.

| 요구사항 |

캐나다 대륙의 면적은 약 990만 ㎢이고, 중국 대륙의 면적은 약 950만 ㎢이다. 캐나다와 중국의 면적을 비교하여 어느 나라가 더 큰지 boolean식을 사용하여 확인해보자.

| 문제 해결 알고리즘 |

canada = 99
china = 95
if china < canada → true 이다.

15 다음 요구사항에 따라 프로그램을 작성해보자.

| 요구사항 |

은행에서 최소 300만 원의 금액으로 주식투자 하기를 권장한다. 현재 통장의 잔액을 입력하여 주식투자를 할 수 있는지 여부를 판단하는 프로그램을 작성해보자.

| 문제 해결 알고리즘 |

if 현재 통장 잔액 > 300 → 주식 투자가 가능합니다.

16 다음 요구사항에 따라 프로그램을 작성해보자.

| 요구사항 |

주식 투자를 한 후, 이윤이 10% 이상이거나, 이윤에 상관없이 번 금액이 500만 원 이상일 경우 잘 투자했다고 판단한다. 상민이가 주식에 투자해서 5%의 이익을 얻고, 540만 원의 돈을 벌었을 때, 주식에 잘 투자한 것이 맞는지를 boolean식을 통해 알아보자.

| 문제 해결 알고리즘 |

profit_percentage = 5
profit_money = 540
만약 (profit_percentage >= 10) or (profit_money >= 500) →
주식 투자를 잘한 것이다.

17 다음 요구사항에 따라 프로그램을 작성해보자.

| 요구사항 |

학과 사무실에서 컴퓨터과학과 4학년 학생들에게 졸업에 관한 문자 메시지를 보낸다고 한다. 수지는 컴퓨터과학과 3학년 학생이다. 수지에게도 문자가 오는지 여부를 boolean 식을 통해 확인해보자.

| 문제 해결 알고리즘 |

```
학과 = computer science
학년 = 3

if (major == 'computer science') and (grade == 4)가 → 문자가 온다.
```

18 다음 요구사항에 따라 프로그램을 작성해보자.

| 요구사항 |

어느 한 옷가게의 코트의 정가는 33,000원이다. 이 옷가게에서 고3 학생들에게는 10% 할인을 해주고 있다. 고3 학생인지 아닌지를 입력받아 고3 학생이면 할인해주는 프로그램을 작성해보자.

| 문제 해결 알고리즘 |

```
if 학년 == 3 → 총금액의 10%를 할인해준다.
```

19 다음 요구사항에 따라 프로그램을 작성해보자.

| 요구사항 |

한두 개의 양의 정수를 입력받은 뒤 3으로 나누어떨어지면, 3의 배수임을 출력하고 아니라면 3의 배수가 아니라고 출력하는 프로그램을 작성해보자.

| 문제 해결 알고리즘 |

```
if 입력한 숫자 % 3 == 0 → 3의 배수이다.
```

[중급 문제]

20 다음 요구사항에 따라 작성한 프로그램이 잘못된 이유를 적어보자.

| 요구사항 |

다음과 같은 순서도를 따라 프로그램을 작성한다.

| 프로그램 |

```
if number % 2==0 :
    print('짝수입니다.')
else:
    print('홀수입니다.')
    print('프로그램 종료')
```

21 다음 요구사항에 따라 프로그램을 작성해보자.

| 요구사항 |

사과는 1,000원, 포도는 3,000원, 배는 2,000원, 귤은 500원에 파는 과일가게가 있다. 이 가게는 포도를 3송이 이상 사면 총금액의 10%를 할인해준다. 이때, 총금액을 계산해 주는 프로그램을 작성해보자.

| 문제 해결 알고리즘 |

if 포도의 개수 >= 3 → 총금액의 10%를 할인해준다.

22 다음 요구사항에 따라 프로그램을 작성해보자.

| 요구사항 |

파이 은행의 한 자동입출금 기계에서 입금할 때, 파이 은행의 계좌를 가진 통장이나 카드를 이용해서 현금으로만 입금이 가능하다. 수지는 파이 은행의 계좌를 가진 카드를 이용해서 수표를 입금하려 할 때, 입금 가능 여부를 boolean식을 통해 확인해보자.

| 문제 해결 알고리즘 |

- 은행 이름 = 파이
- 방법 = 카드
- 돈_수표 = 수표

if (bank_name == '파이') and ((way == 'card') or (way == 'bankbook')) and (check_money == 'money')가 참이라면, 입금할 수 있다.

23 다음 요구사항에 따라 프로그램을 작성해보자.

| 요구사항 |

국가에서 치르는 한 자격증 시험이 있는데, 이 자격증은 총 세 과목으로 이루어져 있다. 합격을 위해서는 각 점수가 60점이 넘거나, 평균이 70점 이상이어야 한다. 민수는 각각 90점, 70점, 50점을 받았을 때, 이 자격증을 딸 수 있는지 boolean식으로 확인해보자.

| 문제 해결 알고리즘 |

1과목 = 90
2과목 = 70
3과목 = 50

if ((object_one >= 60) and (object_two >= 60) and
(object_three >= 60)) or ((object_one+object_two+object_three)/3 >= 70)
→ 자격증을 딸 수 있다.

24 다음 요구사항에 따라 프로그램을 작성해보자.

| 요구사항 |

파이 대학교에서는 졸업 예정자가 아님에도, 140학점을 다 채웠다면 조기 졸업이 가능하다. 한 학생이 현재 6학기를 이수하였고 이수 학점이 150학점이라면 조기 졸업이 가능한지를 부울식으로 확인해보자.

| 문제 해결 알고리즘 |

이수 학기 = 6
이수 학점 = 150
if (num_semester < 8) and (num_object >= 140)이 → 조기졸업이 가능하다.

06

CHAPTER

여러 조건 다루기 (심화 조건문)

6.1 중첩 조건문

6.2 if-elif-else 조건문

- 조건문을 더 심화하여 조금 더 복잡한 조건이 있는 상황에 알맞게 사용할 수 있다.

06 여러 조건 다루기(심화 조건문)

단원개요

1. if문이 여러 번 중첩되어 쓰이는 중첩 조건문에 대해 학습한다.
2. 여러 가지의 조건을 동시에 다룰 수 있는 if-elif-else 조건문에 대해 학습한다.

앞에서는 어떤 상황을 판단하여 참과 거짓을 나타낼 수 있는 boolean형(bloolean type)과 그 boolean형을 이용하여 그 상황에 맞는 행동까지 실행할 수 있는 조건문에 대해 배웠다. 이번에는 복잡한 상황의 문제를 해결하기 위해, 조건문을 더 심화하여 사용해야 하는 경우에 대해 배워보도록 하자.

6.1 중첩 조건문

수학 점수가 90점 이상, 영어 점수가 80점 이상인 경우에만 합격할 수 있는 상황이라고 생각해 보자. 그렇다면 [그림 6-1]과 같이 논리 연산자 and로 이루어진 조건식으로만 표현이 가능할 것이다.

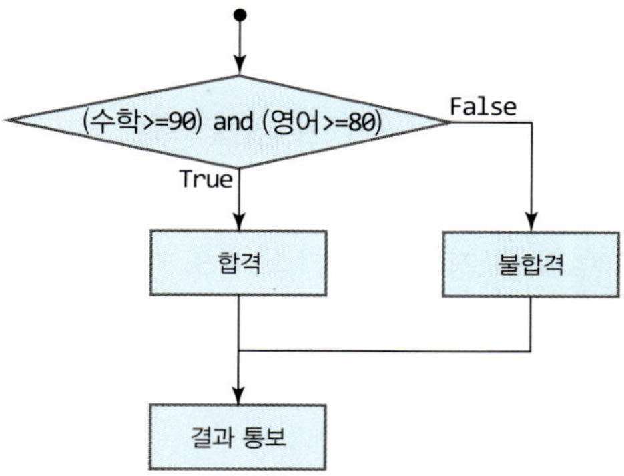

[그림 6-1] 논리 연산자로 이루어진 조건식

합격과 불합격의 결과만 알고 싶을 때는 위의 방법을 사용하면 아무 문제가 없다. 어떤 학생이 수학과 영어 모두 70점을 받아서 불합격이 되었거나, 수학은 92점을 받고 영어는 78점을 받아 수학은 통과했으나 영어 때문에 불합격된다. 그리고 이 두 경우 모두 불합격이라는 결과만 알게 된다.

그런데 만약 어떤 과목의 점수로 인해 불합격되었는지도 알고 싶다면 위의 알고리즘으로는 알 방법이 없다. 각 조건식의 결과를 확인하기 위해서는 다음 [그림 6-2]와 같이 바꿔야 한다.

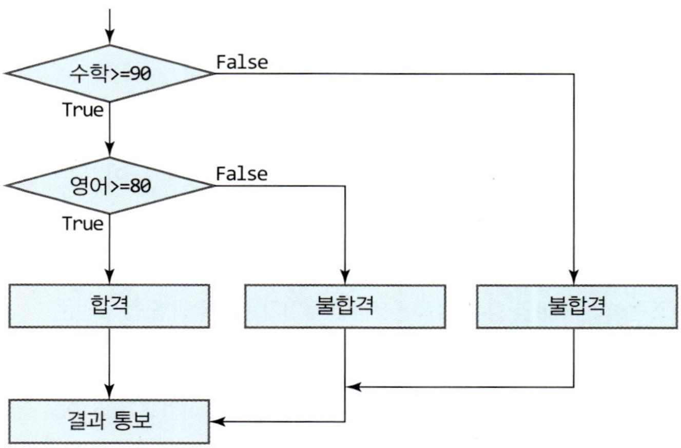

[그림 6-2] 중첩 조건문의 필요성

위처럼 바꾼다면 이 학생에게 '수학은 합격하였으나 아쉽게 영어 점수가 부족하여 불합격하게 되었습니다.'라는 결과를 알려줄 수 있다. 이러한 상황들을 표현하기 위해 지금부터 중첩 조건문에 대해 알아볼 것이다.

중첩 조건문은 크게 2가지 경우로 생각할 수 있다.

(1) if문의 조건식이 True인 경우인데 또 다른 if문이 들어가는 경우

(2) if문의 조건식이 False인 경우 else 다음에 또 다른 if문이 들어가는 경우

중첩 조건문의 두 가지 경우를 정리해 보면 다음 그림과 같다.

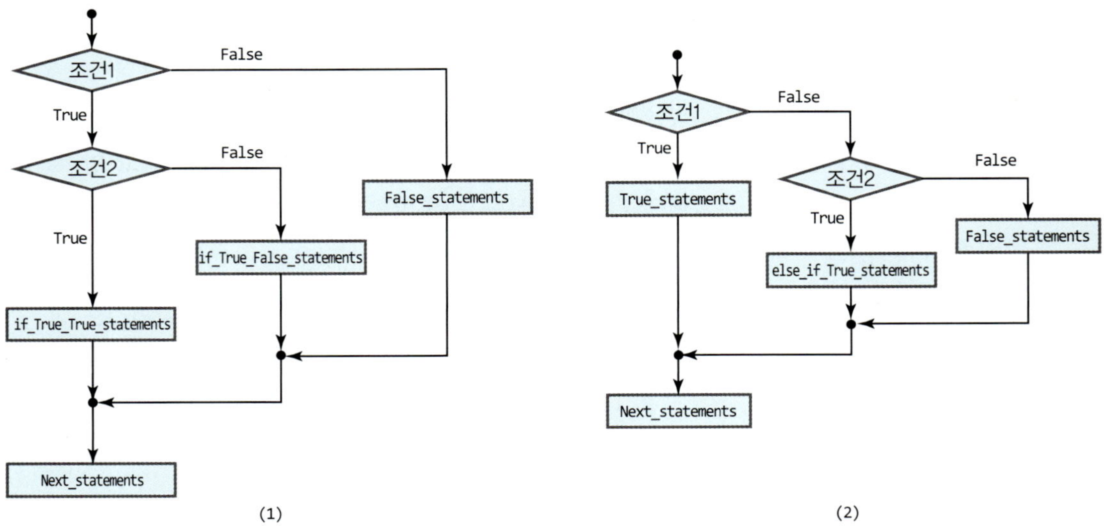

[그림 6-3] 두 가지 경우의 중첩 조건문

먼저, (1) if문의 조건식이 True인 경우인데 또 다른 if문이 들어가는 경우에 해당하는 중첩 조건문의 표현식은 다음과 같다.

〈표 6-1〉 if문의 조건식이 True인 경우 또 다른 if문이 들어가는 경우의 중첩 조건문

표현식	설명

if 조건1 :
    if 조건2 :
        if_True_True_statements
    else :
        if_True_False_statements
else :
    False_statements
Next_statements
	조건1이 True 이고 조건2도 True 이면 if_True_True_statements를,
	조건1이 True 이고 조건2가 False 이면 if_True_False_statements를 실행하고,
	조건1이 False 이면 False_statements 를 실행한 후
	Next_statements를 실행한다.

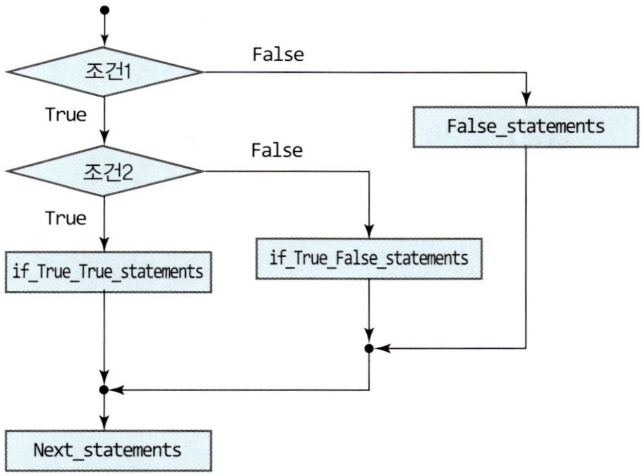

[그림 6-4] if문의 조건식이 True인 경우 안의 중첩 조건문

[그림 6-4]의 중첩 조건문은 if문의 조건식이 참(True)인 경우에 또 하나의 if문이 들어간 것이다.

① 조건1이 False이면 False_statements를 실행시킨 후 if문을 종료하고 Next_statements로 이동한다.

② 조건1이 True인 경우에는 새로운 if문의 조건2를 평가하게 된다.

③ 조건2도 True이면 if_True_True_statements를 실행시키고, 조건2가 False이면 if_True_False_statements를 실행한다.

④ 그 후 Next_statements를 실행하게 된다.

두 번째로 (2) if문의 조건식이 False인 경우 else 다음에 또 다른 if 문이 들어가는 경우의 중첩 조건문 표현식은 다음과 같다.

〈표 6-2〉 if문의 조건식이 False인 경우, else 다음에 또 다른 if문이 들어가는 경우의 중첩 조건문

구문	설명

if 조건1 :
  True_statements
else :
  if 조건2 :
    else_if_True_statements
  else :
    False_statements
Next_statements
	조건1이 True 이면 True_statements를 실행한 후 Next_statements를 실행한다.
	조건1이 False 이고 조건2가 True 이면 else_if_True_statements를,
	조건1이 False 이고 조건2도 False 이면 False_statements를 실행한 후,
	Next_statements를 실행한다.

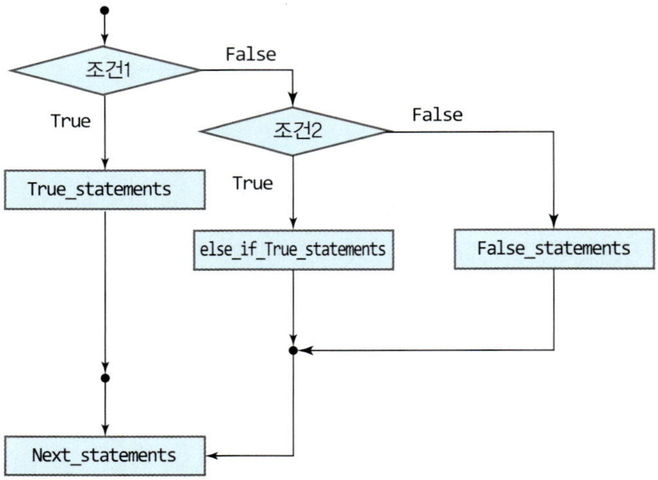

[그림 6-5] if문의 조건식이 False인 경우의 중첩 조건문

[그림 6-5]의 중첩 조건문은 if문의 조건식이 거짓(False)인 경우에 또 하나의 if문이 들어간 것이다.

① 조건1이 True이면 True_statements를 바로 실행시키고 해당 if문을 종료하고 Next_statements를 실행한다.
② 조건1이 False인 경우 조건2를 평가하게 된다.
③ 조건2가 True이면 else_if_true_statements를 실행시키고, False이면 False_statements를 실행한다.
④ 그 후 Next_statements를 실행하게 된다.

예제 6-1 중첩 조건문의 활용

| 요구사항 |

웹 사이트의 회원 가입 예제이다.

이 사이트에 회원 가입을 위해서는 id와 password를 입력해야 한다. 문자 길이에 10글자를 넘지 않는다는 제약사항이 있다. id 길이가 10을 넘으면 '회원가입 실패: id 길이가 10을 초과'라는 메시지를 출력하고 password 길이가 10을 넘으면 '회원가입 실패: password 길이가 10을 초과'라는 메시지를 출력한다. 다음과 같은 프로그램을 작성하여보자. (참고로 len(변수)는 문자 길이를 계산하는 함수이다.)

| 문제 해결 알고리즘 |

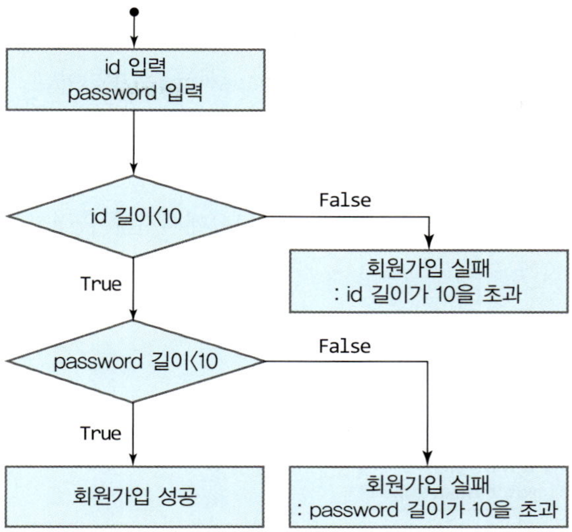

| 프로그램 |

```
input_id = input('id 입력 : ')
input_password = input('password 입력 : ')

if len(input_id) < 10 :
   if len(input_password) < 10 :
      print('회원가입 성공')
   else:
      print('회원가입 실패 : password 길이가 10을 초과')
else:
   print('회원가입 실패 : id 길이가 10을 초과')
```

| 테스트 |

```
>>>
id 입력 : abc
password 입력 : 123
회원가입 성공
>>>
id 입력 : abcdefghijklmnop
password 입력 : 123
회원가입 실패 : id 길이가 10을 초과
```

예제 6-2 중첩 조건문의 활용

| 요구사항 |

방금 가입한 사이트에 설정한 id가 abc이고 password는 123이다. 로그인하기 위해 id와 password를 입력하려고 한다. 성공했을 때는 '로그인 성공'이라는 메시지를 출력한다. id가 잘못되었을 경우에는 '로그인 실패 : id 오류'라는 메시지 출력, password가 다를 때에는 '로그인 실패 : password 오류'라는 메시지를 출력하는 프로그램을 작성해 보자.

| 문제 해결 알고리즘 |

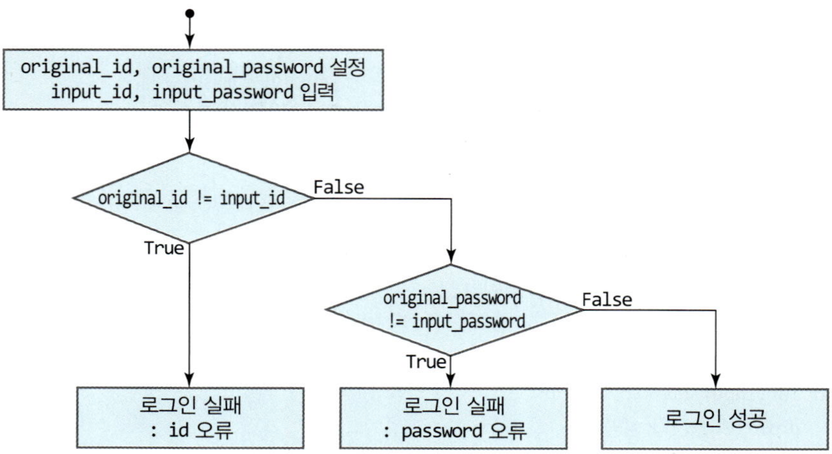

| 프로그램 |

```
original_id = 'abc' # 기본 아이디 설정
original_password = 123 # 기본 패스워드 설정

input_id= input('id 입력 : ')
input_password= int(input('password 입력 : '))

if original_id != input_id :
    print('로그인 실패 : id 오류')
else:
    if original_password != input_password :
        print('로그인 실패 : password 오류')
    else:
        print('로그인 성공')
```

| 테스트 |

```
>>>
id 입력: abc
password 입력: 123
로그인 성공
>>>
id 입력: abc
password 입력: 1234567
로그인 실패 : password 오류
```

실습문제 6-1 양수, 음수 판별하기

| 요구사항 |

0이 아닌 두 정수를 곱하는 경우를 생각해보자. (양수)*(양수) 또는 (음수)*(음수)일 때는 양수가 되고, (양수)*(음수)일 때는 음수가 된다. 두 수를 입력받아 두 수의 곱이 양수인지 음수인지를 예상하는 프로그램을 작성해보자.

| 문제 해결 알고리즘 |

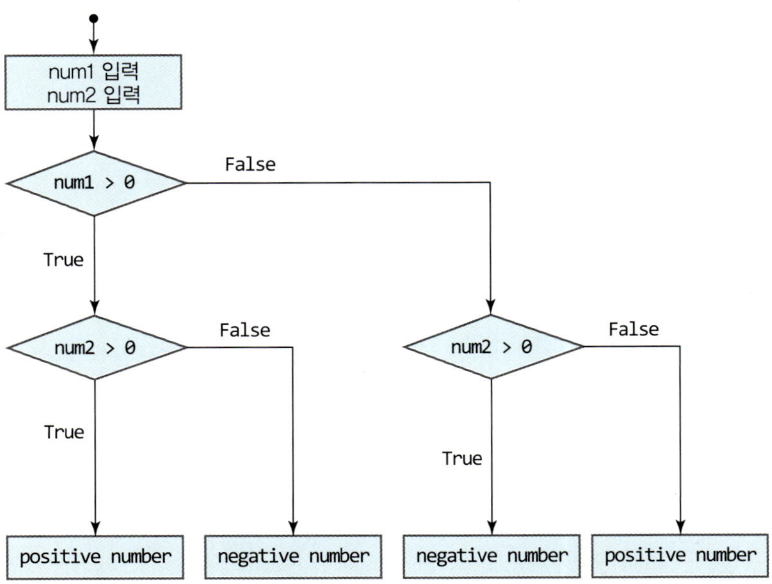

| 프로그램 |

```
num1 = int(input('num1 입력 : '))
num2 = int(input('num2 입력 : '))

if num1 > 0:
   if num2 > 0:
      print('positive number')
   else:
      print('negative number')
else:
   if num2 > 0:
      print('negative number')
   else:
      print('positive number')
```

| 테스트 |

```
>>>
num1 입력 : 5
num2 입력 : 3
positive number
>>>
num1 입력 : -3
num2 입력 : -2
positive number
>>>
num1 입력 : 2
num2 입력 : -1
negative number
>>>
```

퀴즈 6-1 아래의 요구사항에 맞도록 if문 안의 빈칸에 알맞은 프로그램을 작성해보자.

| 요구사항 |

조건1이 False이면 False_statements를 실행시킨 후 if문을 종료하고 Next_statements로 이동하지만, 조건1이 True인 경우에는 새로운 if문의 조건2를 평가하게 된다. 조건2도 True이면 Statement1을 실행시킨다. 만약 조건2가 False이면 Statement2를 실행한 후, Next_statements를 실행하게 된다.

```
if 조건 1:
(



             )
else:
   False_statements
Next_statements
```

퀴즈 6-2 다음의 주어진 요구사항에 따라 작성한 프로그램이 있다. 다음 프로그램의 잘못된 부분을 골라 고쳐보자.

| 요구사항 |

나이를 입력받아 다음 분류에 따라 출력 내용을 다르게 한다.

- 나이 10살 미만인 경우: kid
- 나이 10살 이상 20살 미만인 경우: student
- 나이 20 이상인 경우: adult

| 프로그램 |

```
age = int(input('당신의 나이를 입력하세요. '))

if age >= 10:
   if age > 20:
      print('student')
   else:
      print('adult')
else:
   print('kid')
```

위의 두 가지 경우 외에 또 다른 경우의 조건식이 있다.

6.2 if-elif-else 조건문

if-elif-else 조건문의 구조는 다음과 같다.

〈표 6-3〉 if문의 조건식이 False인 경우, 두 개 이상의 조건문을 수행하는 경우

if 조건1 :
    True_statements_a
elif 조건2 :
    True_statements_b
else :
    False_statements
Next_statements
	조건1이 True 이면 True_statements_a를 실행한 후,
	Next_statements를 실행
	조건1이 False 이고 조건2가 True 이면 True_statements_b를 실행
	조건1이 False 이고 조건2도 False 이면 False_statements를 실행한 후
	Next_statements를 실행한다.

여기서 'elif:'는 여러 번 쓸 수 있다. 마지막에는 반드시 'else:'를 써야 한다. 다음 [그림 6-7]는 if-elif-else문에 대해 보여주고 있다.

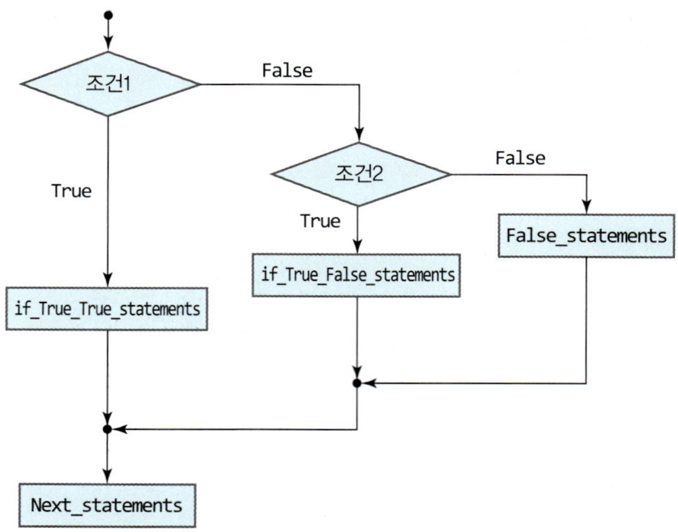

[그림 6-7] if-elif-else 조건문

[그림 6-8]은 if-elif-else문의 header에 대해 보여주고 있다.

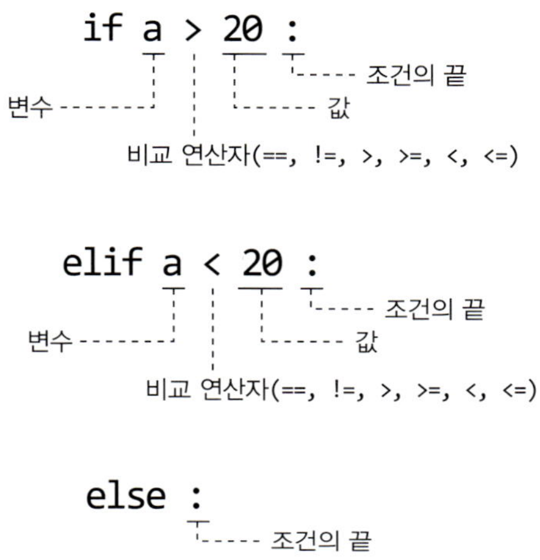

[그림 6-8] if-elif-else문의 header

예를 들어, 성적에 기반을 두어 학점을 계산하는 경우를 생각해 보자. 90점 이상은 A, 80점에서 89점까지는 B, 70점에서 79점까지는 C, 60점에서 69점까지는 D, 60점 미만은 F이다. 이 조건식의 구조를 살펴보면,

```
if score >= 90 :
   grade = 'A'
elif score >= 80 :
   grade = 'B'
elif score >= 70 :
   grade = 'C'
elif score >= 60 :
   grade = 'D'
else :
   grade = 'F'
```

이런 조건문 구조를 if-elif-else 조건문이라고 한다.

참고 중첩 조건문과 if-elif-else 조건문

중첩 조건문은 if–elif–else문으로 표현이 가능하다. 두 구문 모두 프로그래밍에 있어 자주 쓰인다. 왜냐하면 각 구문마다 장단점이 있기 때문이다.

중첩 조건문은 조건이 많은 경우 처음 참이 아니면 바로 else문으로 가기 때문에 비교의 수가 적어져서 프로그램의 실행 시간이 짧아진다는 장점이 있는 반면, 프로그램을 코딩한 사람 외에는 해당 프로그램을 해석하기 어렵다는 단점이 있다.

만약 그러한 프로그램을 if–elif–else문으로 작성한다면 중첩 조건문과 달리 비교의 수가 많아져서 프로그램의 실행 시간이 길어지는 단점이 있으나 다른 누군가가 그 프로그램을 해석하기 쉬워지는 장점이 있다. 두 구문 모두 장단점이 있기 때문에 적절한 상황에 맞게 사용하는 것이 좋다. [그림 6–9]는 두 구문의 장단점을 보여주고 있다.

(a)처럼 조건의 수가 많은 경우 상대적으로 프로그램 실행 시간이 짧아진다(총 3번의 비교 연산). 하지만 가독성이 낮다.
(b)처럼 조건의 수가 많은 경우 상대적으로 프로그램 실행 시간이 길어진다(총 8번의 비교 연산). 하지만 가독성이 높다.

```
num = int(input('숫자:'))
if num < 5 :
    if num < 3 :
        if num < 2 :
            print('1')
        else :
            print('2')
    else :
        if num = < 4 :
            print('3')
   else :
       print('4')
else :
    if num < 7 :
        if num < 6 :
            print('5')
        else :
            print('6')
    else :
        if num = < 8 :
            print('7')
   else :
       print('8')
```

(a)

```
num = int(input('숫자:'))
if num == 1 :
    print('1')
elif num == 2 :
    print('2')
elif num == 3 :
    print('3')
elif num == 4 :
    print('4')
elif num == 5 :
    print('5')
elif num == 6 :
    print('6')
elif num == 7 :
    print('7')
elif num == 8 :
    print('8')
```

(b)

[그림 6–9] 중첩 조건문과 if–elif–else문

앞에서 설명한 성적 예제를 프로그램으로 나타내 보자.

실습문제 6-2 if-elif-else문의 활용 1

| 요구사항 |

성적을 처리하여, 학점을 계산하려고 한다. 총점 90점 이상은 'A' 학점을, 90점 미만부터 80점 이상은 'B' 학점을, 80점 미만부터 70점 이상은 'C' 학점을, 그 미만은 'D' 학점을 주려고 한다. 총점을 입력받아 성적을 출력하는 프로그램을 작성해보자.

| 문제 해결 알고리즘 |

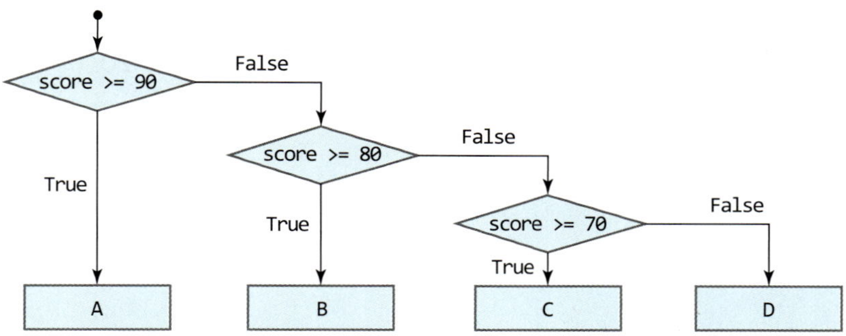

| 프로그램 |

```
score = int(input('점수 입력: '))

if score >= 90:
   print('학점은 A')
elif score >= 80:
   print('학점은 B')
elif score >= 70:
   print('학점은 C')
else:
   print('학점은 D')
```

| 테스트 |

```
>>>
점수 입력 : 90
A
>>>
점수 입력 : 40
D
```

예제 6-3 if-elif-else문의 활용 2

| 요구사항 |

나이를 입력받아 20살이 넘으면 'you are an adult'를 10살 이상 20살 미만은 'you are an adolescent'를 10살 미만은 'you are a baby'를 출력해주는 프로그램을 작성해보자.

| 문제 해결 알고리즘 |

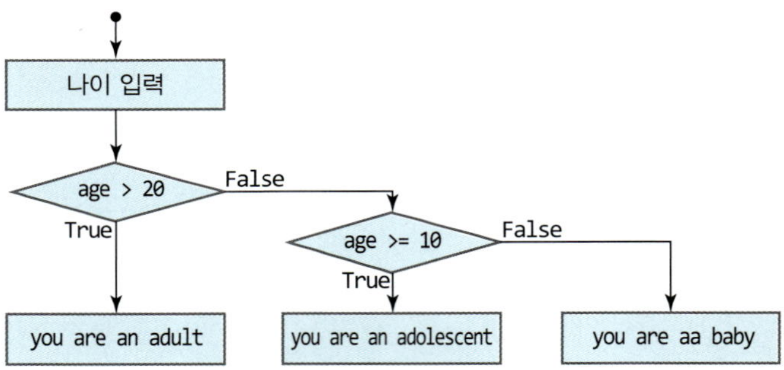

| 프로그램 |

```
age = int(input('나이 입력: '))

if age > 20:
    print('You are an adult')
elif age >= 10:
    print('You are a adolescent')
else:
    print('You are a baby')
```

| 테스트 |

```
>>>
나이 입력 : 20
you are an adolescent
>>>
나이 입력 : 2
you are a baby
>>>
```

예제 6-4 if-elif-else문의 활용 3

| 요구사항 |

TV의 채널 구성은 다음과 같다.

SBS-5, KBS-7, MBC-11, EBS-13

번호를 입력으로 받아 채널을 출력하는 프로그램을 작성해보자.

(단, 채널이 없는 번호를 입력했을 경우 다시 입력하라는 메시지를 출력한다.)

| 문제 해결 알고리즘 |

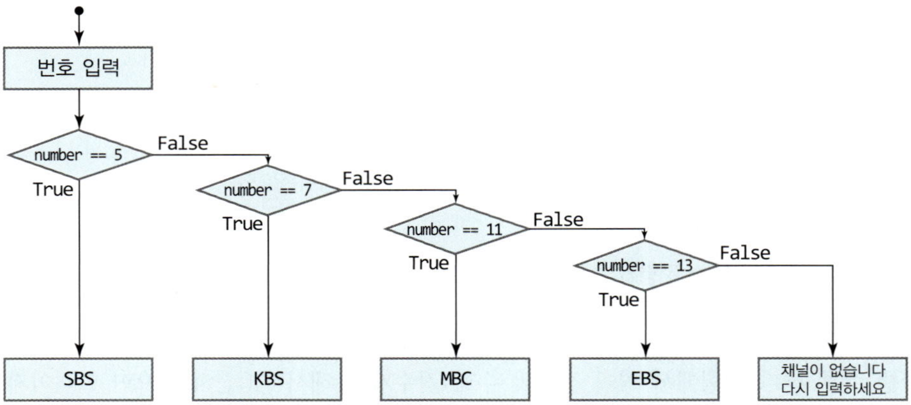

| 프로그램 |

```
number = int(input('번호 입력: '))

if number == 5 :
    print('SBS')
elif number == 7 :
    print('KBS')
elif number == 11 :
    print('MBC')
elif number == 13 :
    print('EBS')
else :
    print('채널이 없습니다. 다시 입력하세요.')
```

| 테스트 |

```
>>>
번호 입력: 11
MBC
>>>
번호 입력: 13
EBS
>>>
번호 입력: 1
채널이 없습니다. 다시 입력하세요.
>>>
```

실습문제 6-3 학생 수준 평가 합격 여부 출력 프로그램

| 요구사항 |

학생 수준 평가 시험에서 영어 점수와 수학 점수가 합해서 110점이 넘으면 합격이지만 각 점수가 40점 미만이면 불합격이다. 영어(eng), 수학(math) 점수를 입력받아 합격여부를 출력하는 프로그램을 작성해보자.

| 문제 해결 알고리즘 |

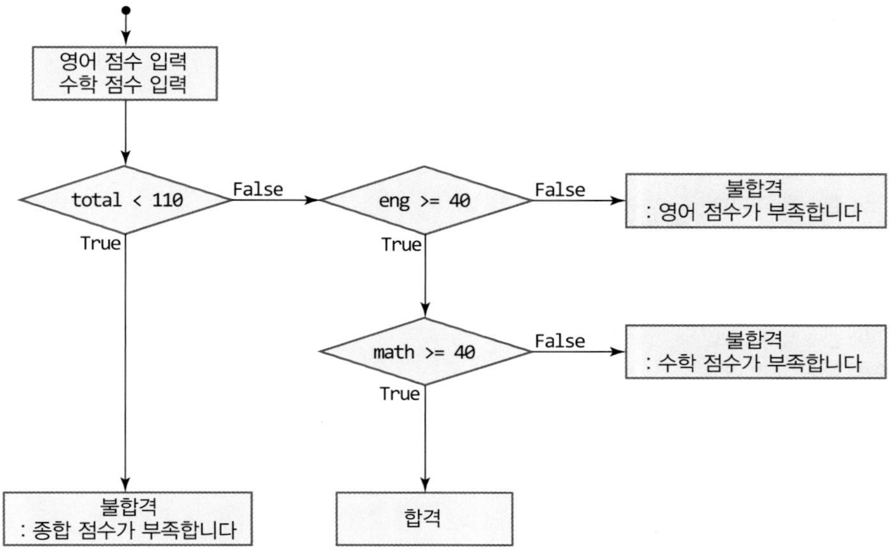

| 프로그램 |

```
eng= int(input('영어 점수 입력 : '))
math= int(input('수학 점수 입력 : '))

total = eng + math

if total < 110 :
    print('불합격 : 종합 점수가 부족합니다.')
elif eng >=40 :
    if math >= 40 :
        print('합격')
    else :
        print('불합격 : 수학 점수가 부족합니다.')
else:
        print('불합격 : 영어 점수가 부족합니다.')
```

| 테스트 |

```
>>>
영어 점수 입력 : 80
수학 점수 입력 : 20
불합격 : 총합 점수가 부족합니다.
>>>
영어 점수 입력 : 90
수학 점수 입력 : 30
불합격 : 수학점수가 부족합니다.
>>>
영어 점수 입력 : 35
수학 점수 입력 : 95
불합격 : 영어점수가 부족합니다.
>>>
```

퀴즈 6-3 위의 6-2 퀴즈와 동일한 요구사항에 대해 if-elif-else문으로 프로그램을 작성하였다. 빈칸에 알맞은 값을 채워 보자.

| 요구사항 |

나이를 입력받아, 다음의 분류에 따라 출력내용을 다르게 한다.

- 나이가 10살 미만인 경우 : kid
- 나이가 10살 이상 20살 미만인 경우 : student
- 나이가 20살 이상인 경우 : adult

| 프로그램 |

```
age = int(input('당신의 나이를 입력하세요. '))

(                    )
      print('adult')
(                    )
      print('student')
(                    )
      print('kid')
```

요약

- 여러 개의 조건문을 이용한 중첩 조건문을 사용하여 더 복잡한 상황에 맞게 사용할 수 있다.
- 중첩 조건문은 크게 두 가지로 나눌 수 있는데, if문의 조건식이 True일 때 또 다른 if문이 들어가는 경우와 if문의 조건식이 False이 때 else 뒤에 또 다른 if문이 들어가는 경우이다.
- if-elif-else문은 가독성이 높다는 장점이 있지만, 실행 시간이 길어진다는 단점이 있다.

연습문제

[기본 문제]

1 다음 실행문의 결과를 예상해보자.

```
number = 18

if number < 10:
   if number > 5:
      print('A')
   else:
      print('B')
else:
   print('C')
```

2 조건이 많아지는 경우 (   )은 프로그램의 실행 시간이 짧아진다는 장점이 있는 반면 프로그램을 코딩한 사람 외에는 해당 프로그램을 해석하기 어렵다는 단점이 있다. 그러한 프로그램을 (   )으로 프로그래밍하게 되면 프로그램의 실행 시간은 길어지는 단점이 있으나 다른 누군가가 그 프로그램을 해석하기 쉬워지는 장점이 있다.

3 다음 요구사항에 따라 프로그램을 작성해보자.

| 요구사항 |

인터넷 쇼핑몰에서 반지를 제작하여 판다. 판매 중인 반지는 9~12호까지 제작할 수 있다.

- 손가락 둘레가 51mm 초과 52mm 이하인 사람은 9호,
- 52mm 초과 53mm 이하인 사람은 10호,
- 53mm 초과 54mm 이하인 사람은 11호,
- 54mm 초과 55mm 이하인 사람은 12호를 추천하고,
- 51mm 이하이거나, 55mm 초과인 사람은 제작이 불가능하다고 알려준다.

수지의 손가락 둘레가 52.1mm일 때, 알맞은 사이즈의 반지를 추천하는 프로그램을 작성해보자.

| 문제 해결 알고리즘 |

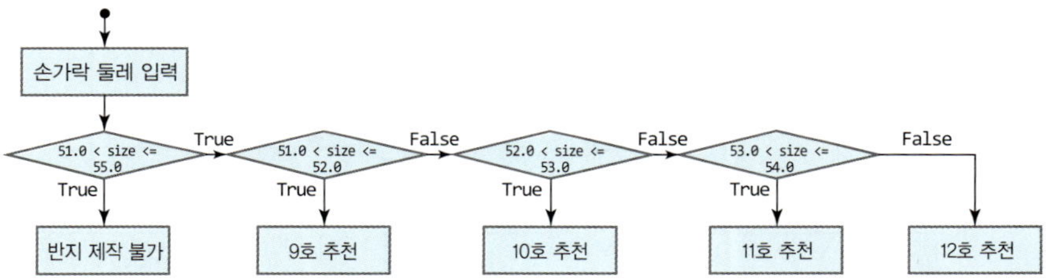

4 다음 요구사항에 따라 프로그램을 작성해보자.

| 요구사항 |

덧셈, 뺄셈, 곱셈, 나눗셈을 수행해주는 프로그램을 작성하려 한다. 원하는 연산의 번호를 입력 후, 두 개의 양의 정수를 입력하면 연산 결과를 출력해준다. 만약, 각 연산에 배정된 숫자가 아닌, 다른 숫자를 입력하면 잘못 입력하였다는 정보를 출력하여야 한다.

| 문제 해결 알고리즘 |

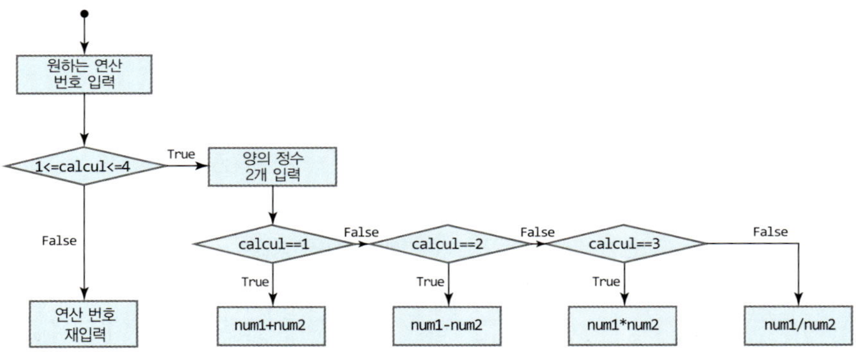

5 다음 요구사항에 따라 프로그램을 작성해보자.

| 요구사항 |

윤년을 검사하는 프로그램을 짜려 한다. 윤년의 규칙은 다음과 같다.

- 400으로 나누어 떨어지는 해는 윤년이다.
- 4로 나누어 떨어지는 해는 윤년이다.
- 4로 나누어 떨어지지만 100으로 나누어 떨어지는 해는 윤년이 아니다.

| 문제 해결 알고리즘 |

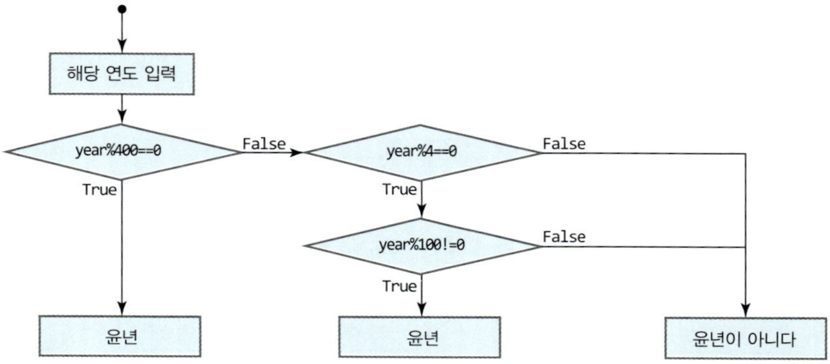

6 다음 요구사항에 따라 프로그램을 작성해보자.

| 요구사항 |

키와 몸무게를 입력받아서 비만도(BMI)를 측정하는 프로그램을 작성하려 한다. BMI는 몸무게÷(키×키)로 측정한다. BMI 지수가 20 미만이면 저체중, 20 이상 24 이하이면 정상체중, 25 이상 30 이하이면 경도비만, 그 이상이면 비만이다. 민수의 키가 175cm, 즉 1.75m이고, 몸무게가 78kg일 때, BMI를 구해보자.

| 문제 해결 알고리즘 |

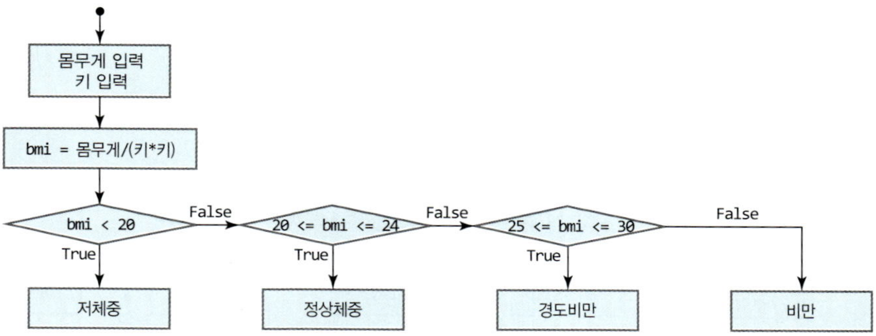

7 다음 요구사항에 따라 프로그램을 작성해보자.

| 요구사항 |

회사의 한 부서에 부장, 과장, 대리, 사원, 인턴이 있다. 각 직급별로 연봉이 다르다. 부장의 연봉은 9,000만 원, 과장의 연봉은 6,500만 원, 대리의 연봉은 4,000만 원, 사원의 연봉은 3,000만 원, 인턴의 연봉은 1,000만 원이다.
수지가 인턴에서 사원으로 정직원 채용이 되어서 본인의 연봉을 알고 싶어 한다. 다음 요구사항을 만족하는 프로그램을 작성해보자.

- 이름을 입력받는다.
- 현재 직급을 번호로 입력받는다.
- 만약, 직급으로 지정된 번호 외에 다른 번호가 입력되면 잘못 입력되었다고 출력한다.

| 문제 해결 알고리즘 |

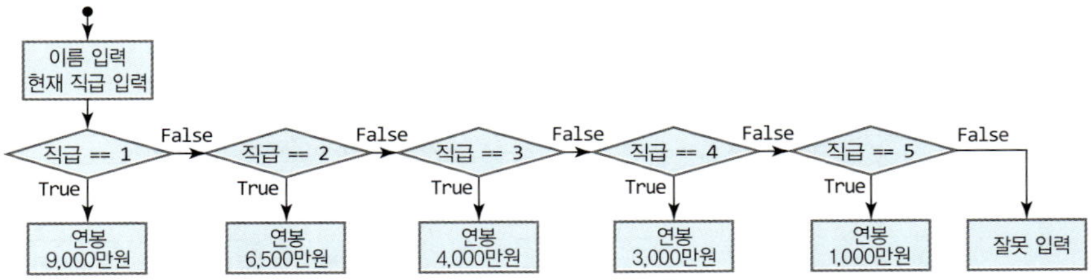

8 다음 요구사항에 따라 프로그램을 작성해보자.

| 요구사항 |

우리나라의 성인 남자들은 군 복무 의무를 지고 있다. 군 복무 면제에는 다양한 사유가 있는데, 그중 키의 특정 조건에 대해서도 군 면제가 가능하다.
만약 키가 140cm 이하면 6급 병역 면제 대상자이고, 141cm 이상 145cm 이하면 5급 제 2 국민역 대상자이다. 또한, 146 이상 158 이하면 4급 보충역으로 공익근무 대상자이고, 그 이상이면 현역병 대상자이다.
성인이 된 민철이가 신체검사를 받아보았는데, 현재 키가 156cm라고 한다. 민철이가 군 복무 면제를 받을 수 있을지 여부를 프로그램을 작성하여 알아보자.

| 문제 해결 알고리즘 |

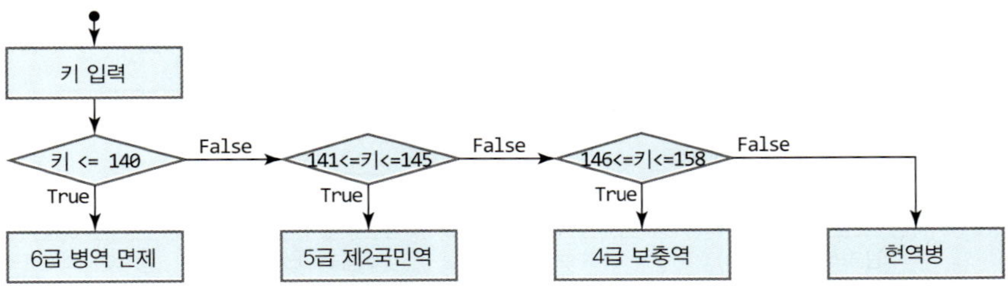

9 다음 요구사항에 따라 프로그램을 작성해보자.

| 요구사항 |

우리나라의 성인 남자들은 군 복무 의무를 지고 있다. 군 복무 면제에는 다양한 사유가 있는데, 그중 몸무게의 특정 조건에 대해서도 군 면제가 가능하다.
몸무게와 키에 비례한 BMI 지수에 따라 군 복무 면제 등급이 나뉘는데, 20 이상 24.9 이하면 병역 면제 몸무게 1급, 18.5 이상 19.9 이하면 2급, 16 이상 18.4 이하이거나 30 이상 34.9 이하면 3급, 그 외에는 4급이다. 철수의 키는 180cm이고, 몸무게는 56kg이라고 할 때, 철수의 군 복무 면제 여부와 몸무게 등급을 알아보자.

| 문제 해결 알고리즘 |

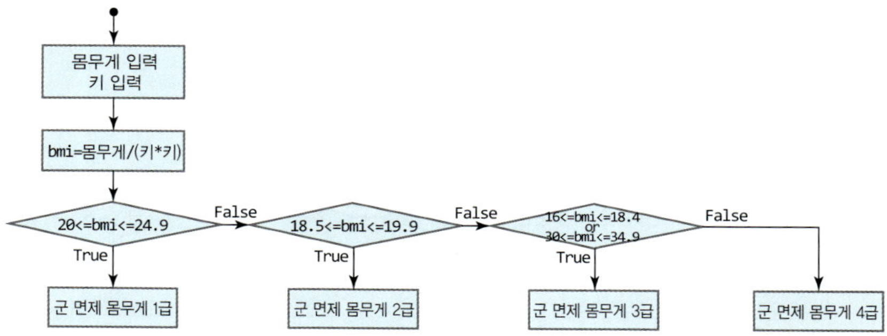

10 다음 요구사항에 따라 프로그램을 작성해보자.

| 요구사항 |

백화점에서 한 달 동안 이벤트를 진행한다. 구매 고객들에게 성별, 나이별로 적립 금액을 다르게 지급하려 한다. 남자는 나이에 상관없이 기존 적립 금액의 2배를, 여자는 20대 미만은 1.5배, 20대는 2배, 30대 이상은 3배를 적립해주려 한다. 한 구매 고객의 성별은 여성이고, 나이는 25살이다. 이 고객이 적립금액을 얼마나 더 받을 수 있을지 프로그램을 통해서 구해보자.

| 문제 해결 알고리즘 |

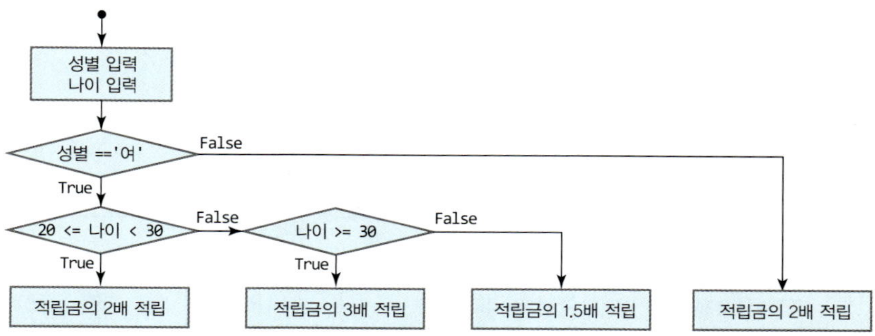

11 다음 요구사항에 따라 프로그램을 작성해보자.

| 요구사항 |

두 개의 양의 정수를 입력받아, 어떤 것이 큰 수인지 판별하고, 그 큰 수가 짝수인지도 판별하는 프로그램을 작성해보자.

| 문제 해결 알고리즘 |

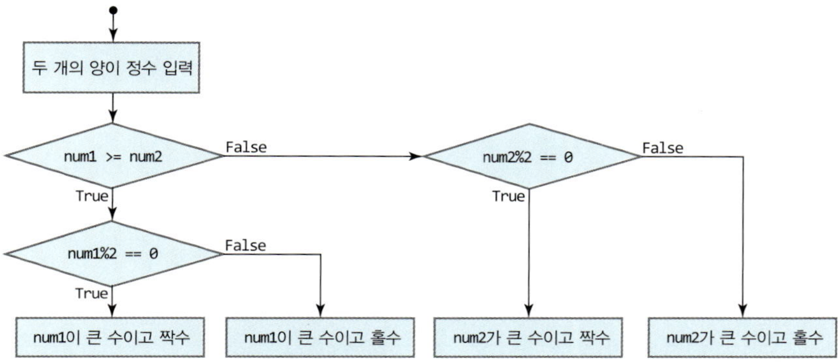

12 다음 요구사항에 따라 프로그램을 작성해보자.

| 요구사항 |

세 변을 입력하면 삼각형이 성립하는지, 성립한다면 어떤 삼각형인지 판단해주는 프로그램이다. 가장 긴 변보다 나머지 두 변의 합이 작거나 같다면 삼각형이 아니고, 세 변의 길이가 같다면 정삼각형이고, 두 변의 길이가 같다면 이등변삼각형이고, 가장 긴 변의 제곱이 나머지 변의 제곱의 합과 같다면 직각삼각형이고, 위의 조건이 성립하지 않으면 일반삼각형이다. 프로그램을 작성해보자.

| 문제 해결 알고리즘 |

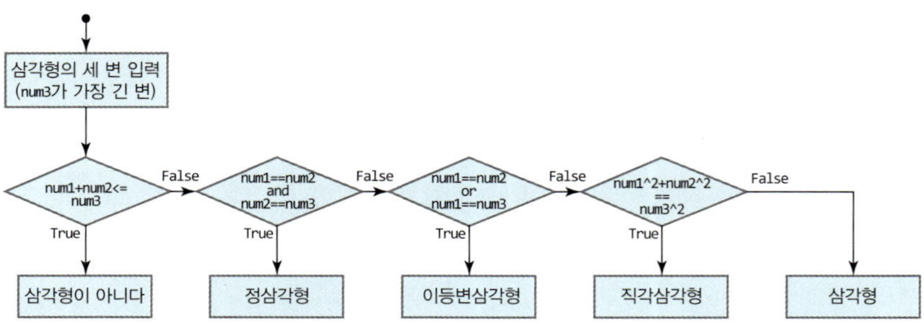

[중급 문제]

13 다음 실행문이 잘못된 이유를 적어보자.

```
point = int(input('점수 입력 : '))

   if point >= 90 :
   print('A')
   elif point >= 80 :
   print('B')
   elif point >= 70 :
   print('C')
   else :
   print('D')
```

14 다음 요구사항에 따라 프로그램을 작성해보자.

| 요구사항 |

학교에서 장학금을 지급하려 하는데 다음 조건을 만족해야 한다.

- 최소 1학기 이상 수료해야 한다.
- 8학기를 넘으면 성적이 좋아도 장학금을 받을 수 없다.
- 4.0 이상이면 전액 장학금, 3.5 이상이면 50% 장학금,
- 3.0 이상이면 30% 장학금, 그 이하이면 받을 수 없다.

길동이가 현재 4학기 수료 중이고, 평균 학점이 3.30이라면, 얼마만큼의 장학금을 받을 수 있는지 프로그램을 통해 확인해보자.

| 문제 해결 알고리즘 |

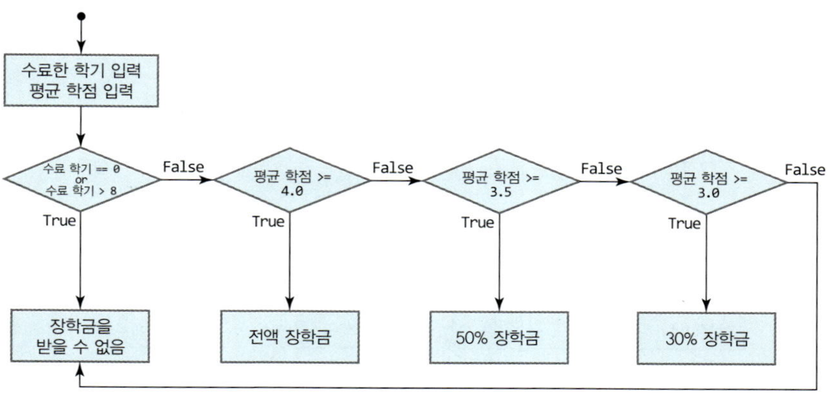

15 다음 요구사항에 따라 프로그램을 작성해보자.

| 요구사항 |

회사 내 한 부서의 출근 시간은 아침 9시 30분까지이다. 정시 출근인지 지각인지 판단하는 프로그램은 다음 요구사항을 만족시켜야 한다.

- 시와 분을 따로 입력받아야 한다.
- 9시 30분을 초과하면 지각이다.

민지가 9시 31분에 출근했다고 할 때, 지각인지 아닌지 판단하여보자.

| 문제 해결 알고리즘 |

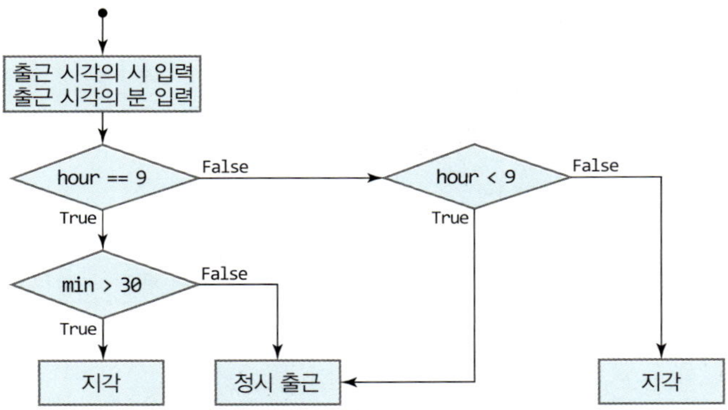

16 다음 요구사항에 따라 프로그램을 작성해보자.

| 요구사항 |

세 개의 양의 정수를 입력받아, 가장 큰 수만 출력하는 프로그램을 작성해보자.

| 문제 해결 알고리즘 |

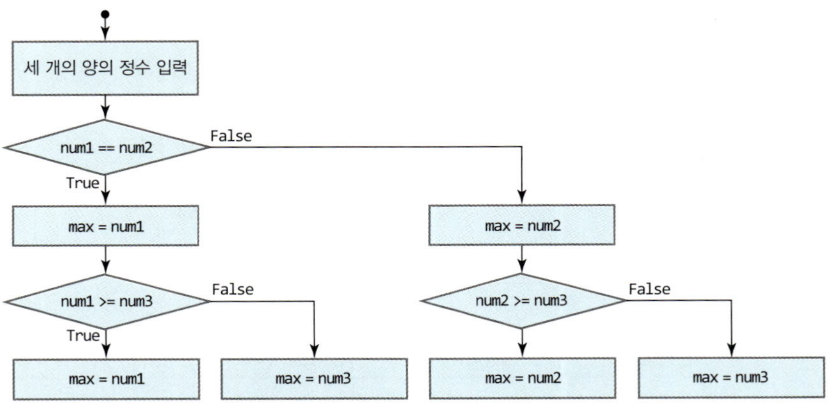

17 다음 요구사항에 따라 프로그램을 작성해보자.

| 요구사항 |

두 개의 양의 정수를 입력받아 합이 짝수이자 3의 배수인지를 구하는 프로그램을 작성해보자.

| 문제 해결 알고리즘 |

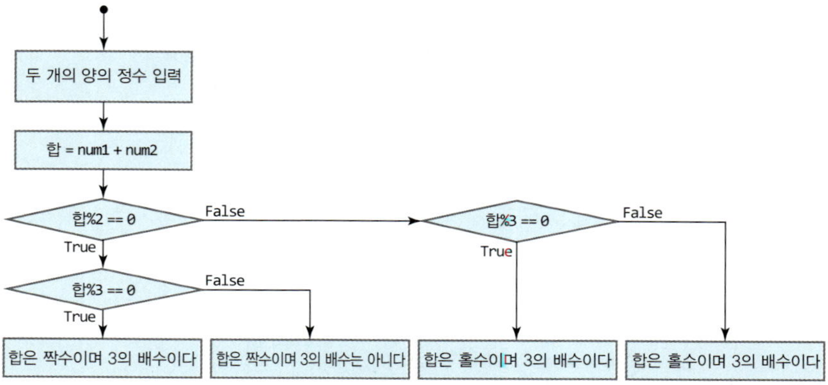

18 다음 요구사항에 따라 프로그램을 작성해보자.

| 요구사항 |

1부터 10까지의 정수 중 행운의 숫자로 여겨지는 7과 한국인이 좋아하는 숫자 3이 있다. 1부터 10까지의 정수 중 본인이 생각하는 두 수를 입력 후, 맞췄는지 틀렸는지를 출력하는 프로그램을 작성하려 한다. 둘 다 맞췄으면 둘 다 맞췄다고 출력, 하나만 맞췄으면 어떤 것을 맞췄는지 출력, 둘 다 틀렸으면 둘 다 틀렸다고 출력해야 한다.

| 문제 해결 알고리즘 |

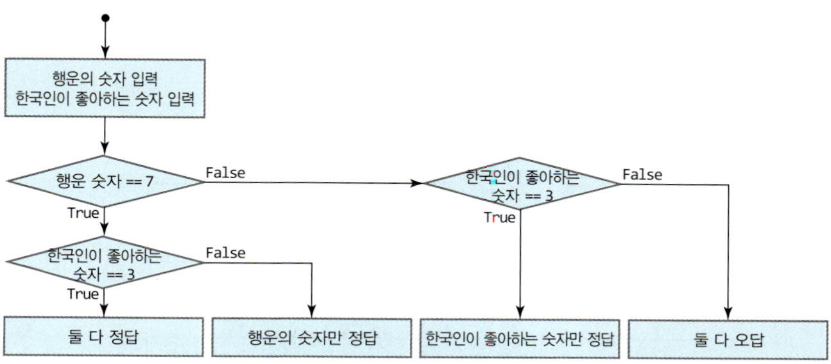

19 다음 요구사항에 따라 프로그램을 작성해보자.

| 요구사항 |

'사랑해'라는 문장이 있다. 이 문장을 다른 나라 언어로 입력하면, 어느 나라 말인지 알려주는 프로그램을 만들려고 한다.

- I love you: 영어
- Aishiteru: 일본어
- Wo ai ni: 중국어
- Ti amo: 이탈리아어
- Te qiero: 스페인어
- Ich liebe dich: 독일어

이 외의 다른 나라 언어가 입력되면 잘 모르겠다고 출력하는 프로그램을 작성해보자.

| 문제 해결 알고리즘 |

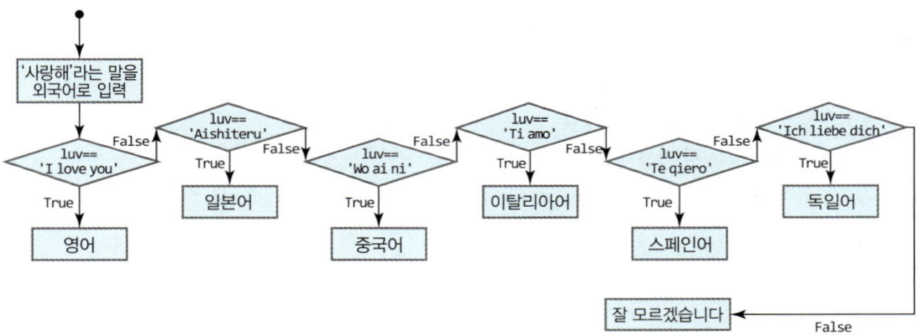

20 다음 요구사항에 따라 프로그램을 작성해보자.

| 요구사항 |

세 개의 양의 정수를 입력받아 가장 작은 수를 출력하는 프로그램을 작성해보자.

| 문제 해결 알고리즘 |

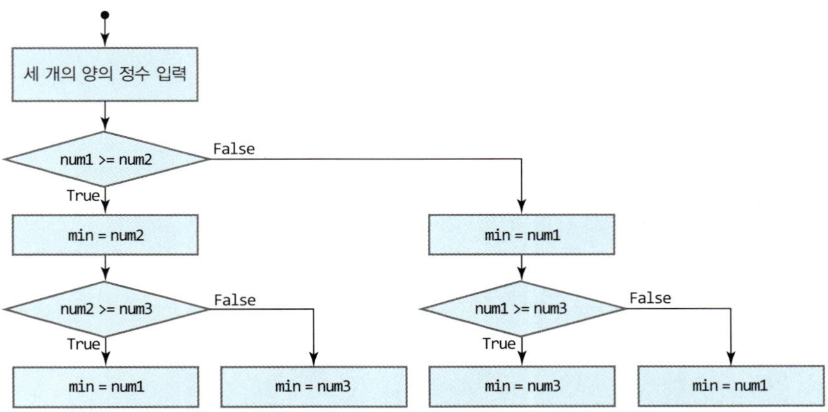

[고급 문제]

21 다음 요구사항에 따라 프로그램을 작성해보자.

| 요구사항 |

세 개의 양의 정수를 입력받아 그 합이 짝수이면 가장 큰 수를 출력하고, 홀수이면 그냥 그 합을 출력하는 프로그램을 만들어보자.

| 문제 해결 알고리즘 |

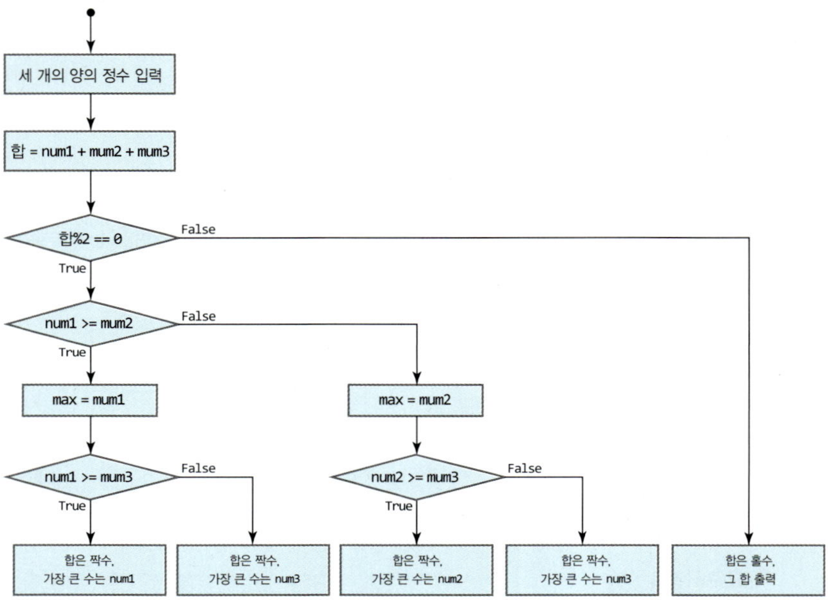

22 다음 요구사항에 따라 프로그램을 작성해보자.

| 요구사항 |

두 점 사이의 거리를 구하려고 한다. 다음 요구사항을 만족시키는 프로그램을 만들어 보자.

- 두 점의 x, y좌표를 각각 입력 받는다.
- 두 점 사이의 거리를 구하는 공식은 $\sqrt{(x1-x2)^2-(y1+y2)^2}$ 이다. ($x1>x2,\ y1>y2$ 라고 가정)
- √는 (~)**0.5로 표현한다.

| 문제 해결 알고리즘 |

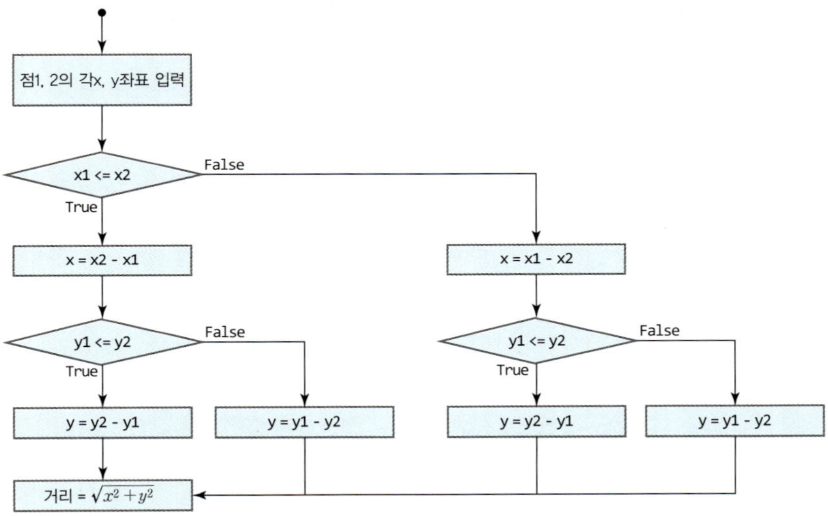

23 다음 요구사항에 따라 프로그램을 작성해보자.

| 요구사항 |

한 항공사에서 제시한 유럽 4개국 편도 비행기 표 가격이다. 출국 1달 전에 예약하면 3%를, 1달 반 전에 예약하면 5%를 할인해준다. 각 국가별 정가는 영국 70만 원, 프랑스 67만 원, 독일 63만 원, 그리스 60만 원이다. 수미가 이번 여름에 프랑스로 여행을 가려고 한다. 출국 1달 반 전인 지금, 수미의 편도 비행기 표 가격을 알아볼 수 있는 프로그램을 만들어보자.

| 문제 해결 알고리즘 |

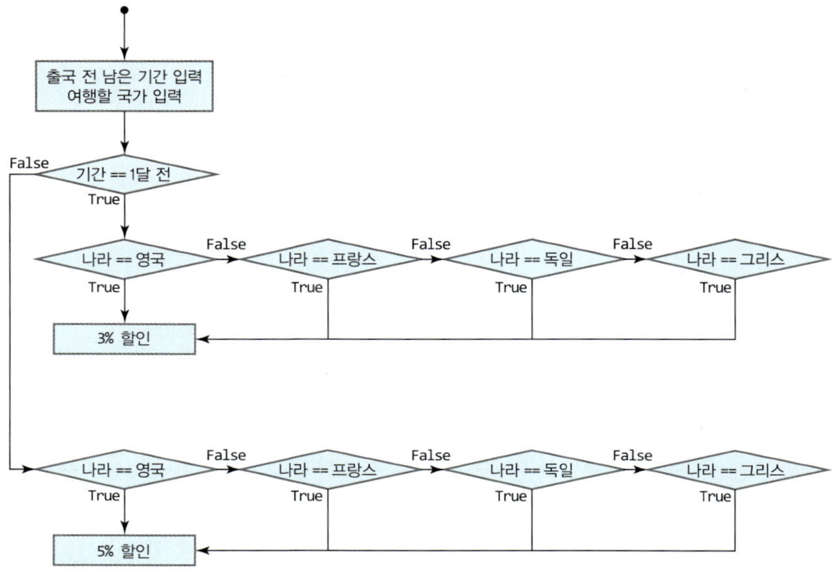

CHAPTER 07

구성이 다른 자료형 (list형)

7.1 list형(list type)

7.2 list형의 index

7.3 list형의 연산

같은 목적의 유사한 구성 요소(element)들을 하나로 묶어 처리함으로써 훨씬 관리가 수월해진다.

07 구성이 다른 자료형(list형)

단원개요

1. list형에 대해 학습한다.
2. list형을 활용할 수 있는 연산에 대해 학습한다.

7.1 list형(list type)

우리는 일상생활에서 리스트(list)를 작성하여 관리하는 것에 익숙해져 있다. 물건을 구매할 때는 구매 list, 시험 준비를 할 때는 과목 list, 작업을 위해서는 To-Do list를 작성한다.

같은 목적의 유사 항목들이 있을 때 각각을 변수로 선언하면 변수의 수도 많아질 것이고, 그 변수들에게 동일한 연산 등을 실시하면 프로그램도 길어지고 복잡해질 것이다. 예를 들어, 한 반 60명 학생의 영어 성적을 저장하여 평균을 구한다고 생각해 보면 60개의 변수가 만들어지고, 60개의 변수들을 더하는 연산이 이루어져야 한다.

이런 복잡함을 단순화하기 위해 파이썬에서는 list라는 자료형을 제공한다. 동일한 목적을 갖는 유사한 항목들을 묶어서 하나의 list형의 변수로 선언한다. list형 변수를 만들 때는 대괄호([ ])로 감싸주고 안에 들어가는 원소(element)들은 쉼표(,)를 통해 서로 구분한다.

〈표 7-1〉 list형

[ ]	list형의 기호

```
variable_name = [element_1, element_2, ...]
```

[그림 7-1] list 선언 방법

list의 예를 들어보면, [1, 2, 3]은 int형으로 이루어진 list, 계절을 나타내는 list인 ['spring', 'summer', 'fall', 'winter']는 string형으로 이루어진 list이다.

```
num_list = [1, 2, 3]
string_list = ['spring', 'summer', 'fall', 'winter']
```

list의 원소는 대개의 경우 같은 목적의 유사 항목을 위해 동일 형의 자료들로 구성되지만, 서로 다른 형인 경우도 허용한다. 서로 다른 형의 항목을 가진 list의 예는 다음과 같다. 내가 좋아하는 것이라는 list를 생각해보면, '봄', 'Lucky', 숫자 7, '장미' 등 여러 형의 원소들이 있을 수 있다. ['봄', 'lucky', 7, '장미']은 여러 형이 섞여 있는 list이다.

```
favorite_list = ['봄', 'lucky', '7', '장미']
```

주의 list의 원소

list의 원소로 또 다른 list도 허용한다.

여러 가지 형식의 list를 실습해보자.

```
>>> a = [10, 40, 70]
>>> b = ['Lee suji', 'Park sangmin', 'Po']
>>> c = [10, 20, 'Ha nuri', 'Choi']
>>> d = [10, 30, ['abc', 'every']]
```

a는 int형을 원소로 갖는 list이다.

b는 string형만을 원소로 갖는 list이다.

c는 int형과 string형을 함께 원소값으로 가진 list이다.

d는 int형 list를 함께 원소값으로 가진 list이다.

파이썬에서는 원소가 없는 list도 허용된다.

```
>>> e = []
```

e는 아무것도 포함하지 않는 빈 list([])를 표현한 것이다.

이를 통해 list 내에는 어떠한 자료형도 포함할 수 있다는 것을 알게 된다.

예제 7-1 list의 활용

| 요구사항 |

각종 list를 임의로 생성하여 출력해보자.

- string형만 가지고 있는 list
- int형만 가지는 list
- 빈 list

| 프로그램 |

```
>>> names = ['', 'Lee suji', 'Ha nuri']
>>> numbers = [2, 26, 511, 2589]
>>> an_Empty_list = []
>>> print(names, numbers, an_Empty_list)
['Park sangmin', 'Lee suji', 'Ha nuri'] [2, 26, 511, 2589] []
>>>
```

7.2 list형의 index

list 내의 각 원소는 index를 통해 개별적으로 다루어진다. string형과 같이 list형의 경우에도 index는 원소가 배열된 순서를 나타내며 항상 '0' 번째 요소부터 순서가 매겨진다. list형과 string형이 가지는 공통점은 index를 가지는 것이다.

> **주의** list형과 집합
>
> list형은 집합의 개념과 유사하지만, index를 통해 접근할 수 있다는 점에서 차이가 있다.

예제를 통해 list형의 index에 대해 살펴보자.

〈표 7-2〉 index 반환

list_name[index]	list에서 index에 해당하는 원소(element)값을 반환함

```
season = ['spring', 'summer', 'fall', 'winter']
```

	spring	summer	fall	winter
index:	0	1	2	3

[그림 7-2] list의 index 구조

[그림 7-2]는 'spring', 'summer', 'fall', 'winter'를 원소로 갖는 list season의 index 구조를 표현하고 있다. season에서 'spring'을 호출하려면 0번 index 위치에 있는 원소를 호출하면 되고 'summer'를 호출하기 위해선 1번 index 위치에 있는 원소를 호출하면 된다.

```
>>> season = ['spring', 'summer', 'fall', 'winter']
>>> season[0]
'spring'
>>> season[1]
'summer'
>>>
```

예제 7-2 index를 이용하여 원소에 접근하기

| 요구사항 |

1부터 15까지 숫자 중 홀수만 오름차순으로 정렬된 list odd = [1, 3, 5, 7, 9 ,11, 13, 15]가 있다. 이 홀수 중 첫 번째 값과 다섯 번째 값을 탐색해보자.

| 프로그램 |

```
>>> odd = [1, 3, 5, 7, 9 ,11, 13, 15]
>>> odd[0]
1
>>> odd[4]
9
>>>
```

참고 list형의 index 값

list형의 index에 음수 값을 넣을 수도 있다.
list형인 변수 a=[1, 2, 3, 4]가 주어졌을 때, a[-1] 값을 확인해보면 4가 나온다. a[0]=1, a[1]=2, a[2]=3, a[3]=4로 index 값이 1씩 증가하면 오른쪽으로 한 칸씩 이동하듯이 a[-1]=4, a[-2]=3, a[-3]=2, a[-4]=1로 index 값이 음수로 가더라도 왼쪽으로 한 칸씩 이동한다. 단, list의 길이를 넘어서면 안 된다. 이 예제에서는 4칸을 넘어설 수 없다.

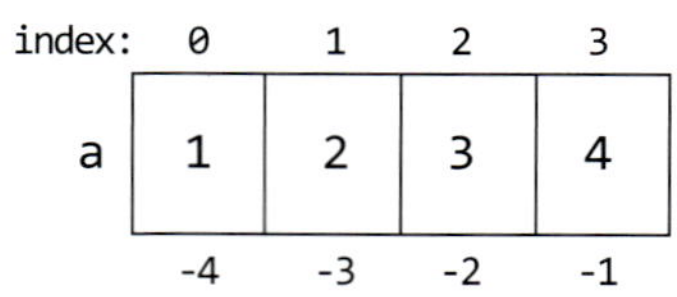

[그림 7-3] list의 index 구조(index가 음수일 때)

list형의 원소에 접근할 때 int형의 index를 쓸 수도 있지만, 덧셈, 뺄셈, 곱셈, 나머지의 연산을 사용할 수도 있다. 이 때 연산의 결괏값은 반드시 list형이 되어야 한다. 결괏값이 list형이기 때문에 int형 index를 사용한 것과 같은 효과를 나타내는 것이다.

예를 들어, list_ex[7−6]은 list_ex[1]과 같다. 변수를 사용한 경우에도 마찬가지이다.

> **주의** list형의 index에 사용하는 연산자
>
> index에 나눗셈 연산은 허용되지 않는다. 그러나 '%'는 나머지를 반환하는 연산자로 결괏값이 정수이기 때문에 가능하다.

〈표 7-3〉 index 연산자 응용

list_name[int_a θ int_b]	int_a θ int_b의 연산결과가 index가 됨 list형은 index에 해당하는 원소(element)값을 반환함 θ는 연산자를 의미함, θ = { +, −, *, % }

예제 7-3 index 응용: 원소에 접근하기 1

| 요구사항 |

다음 결과 값을 확인해보자.

```
list_ex = [5, 9, 301, 714, 3776, 9614]
high = 5
low = 3
```

- list_ex[3+2]
- list_ex[high−low]
- list_ex[2*2]
- list_ex[5%4]

| 테스트 |

```
>>> list_ex=[5, 9, 301, 714, 3776, 9614]
>>> high=5
>>> high=3
>>> list_ex[3+2]
9614
>>> list_ex[high-low]
301
```

```
>>> list_ex[2*2]
3776
>>> list_ex[5%4]
9
```

예제 7-4 index의 연산 응용: 원소에 접근하기 2

| 요구사항 |

다음 결과 값을 확인해보자.

```
numlist = [0, 10, 20, 30, 40, 50, 60, 70, 80, 90]
temp = 3
```

- numlist에서 temp 값보다 3배 큰 값 index로 할 경우
- numlist에서 temp 값을 2로 나눴을 때의 나머지를 index로 할 경우
- numlist에서 temp 값을 5만큼 증가시킨 값을 index로 할 경우

| 테스트 |

```
>>> numlist = [0, 10, 20, 30, 40, 50, 60, 70, 80, 90]
>>> temp = 3
>>> numlist[temp*3]                # 1)
90
>>> numlist[temp%2]                # 2)
10
>>> numlist[temp+5]                # 3)
80
>>>
```

■ list의 구성요소 확인

〈표 7-4〉 in/not in 키워드

in	list의 원소(element)인가를 확인하는 연산자
not in	list의 원소(element)가 아닌 원소(element)를 확인하는 연산자

```
'element' in list_name
```

[그림 7-4] in/not in 사용 방법

'in', 'not in' 키워드의 왼쪽에는 확인하고자 하는 원소가 오고, 그 원소가 오른쪽에 있는 list_name의 원소가 맞는지 확인한 후 'True' 혹은 'False'를 결괏값으로 반환한다.

예제 7-5 list형에서의 in과 not in 1

| 요구사항 |

12의 약수로 이루어진 list가 aliquotpart = [1, 2, 3, 4, 6, 12] 인 경우

- 1이 12의 약수인지 알아보자.
- 5가 12의 약수인지 알아보자.

| 프로그램 |

```
>>> aliquotpart = [1, 2, 3, 4, 6, 12]
>>> 1 in aliquotpart
True
>>> 5 in aliquotpart
False
```

예제 7-6 list형에서의 in과 not in 2

| 요구사항 |

연구실에 있는 학생들의 이름으로 이루어진 list
names = ['Lee suji', 'Park sangmin', 'Ha nuri']인 경우

- 'Lee suji' 학생이 연구실에 소속되어 있는지 알아보자.
- 'Hong gildong' 학생이 연구실에 소속되어 있는지 알아보자.

| 프로그램 |

```
>>> names = ['Lee suji', 'Park sangmin', 'Ha nuri']
>>> 'Lee suji' in names
True
>>> 'Hong gildong' in names
False
>>>
```

■ list형 길이 계산

많은 양의 원소를 가지고 있는 list형의 경우 len() 함수를 사용하면 원소의 개수를 파악할 수 있다. len() 함수는 해당 list의 원소 개수를 int형의 숫자로 반환한다.

〈표 7-5〉 len() 함수

len(list or list_name)	list형의 길이(원소의 개수)를 반환하는 함수

예제 7-7 list형의 원소 개수 파악하기

| 요구사항 |

원소의 개수가 5개 이내인 list를 만들려고 한다.
예제로 numlist [5, 9, 301, 714]는 통과할 수 있는지 알아보는 프로그램을 작성해보자.

| 프로그램 |

```
numlist = [5, 9, 301, 714]
if len(numlist) <= 5 :
   print('Pass')
else :
   print('Fail')
```

주의 list의 원소 개수

list의 원소가 또 다른 list형인 경우, 원소로 포함된 list는 하나의 원소로 간주한다.
예를 들어서, list ['Lee suji', 9, ['Park sangmin', 'Ha nuri'], [5, 301, 714]]의 길이는 4이다.

```
>>> len(['Lee suji', 9, ['Park sangmin', 'Ha nuri'], [5, 301, 714]])
4
```

['Park sangmin', 'Ha nuri'], [5, 301, 714]는 각각 하나의 원소로 취급되었다.

예제 7-8 list의 원소 개수 파악하기

| 요구사항 |

len() 함수를 활용하여 다음 list의 길이를 알아보자.

- [['Lee suji', 9], ['Park sangmin', 'Ha nuri'], 5, 301, 714]

| 프로그램 |

```
>>> len([['Lee suji', 9], ['Park sangmin', 'Ha nuri'], 5, 301, 714])
5
>>>
```

실습문제 7-1 특정 단어와 원소 개수를 조건으로 하는 예제

| 요구사항 |

영어단어 시험문제 출제를 위해 다음과 같이 예비 list 3개를 만들었다.

- list_ex1 = ['risk', 'issue', 'test', 'maintenance', 'maturity']
- list_ex2 = ['security', 'plan', 'design', 'systematic', 'safety']
- list_ex3 = ['maintenance', 'verification', 'validation']

위 세 가지의 예비시험 list 중 하나를 골라, 영어단어 시험문제를 출제하려 한다. 선정 조건은 'maintenance'라는 단어를 포함해야 하고, 영어단어 개수가 최소 5개 이상이어야 한다. 시험 문제로 쓰일 수 있는 list를 찾아내는 프로그램을 작성해보자.

| 문제 해결 알고리즘 |

- 'maintenance'라는 단어를 포함해야 한다. → 'maintenance' in list
- 영어단어 개수가 5개 이상이어야 한다. → len(list) >= 5
- 조건1과 조건2가 and로 연결되어야 한다. → (조건1) and (조건2)

| 프로그램 |

```
list_ex1 = ['risk', 'issue', 'test', 'maintenance', 'maturity']
list_ex2 = ['security', 'plan', 'design', 'systematic', 'safety']
list_ex3 = ['maintenance', 'verification', 'validation']

if ('maintenance' in list_ex1) and (len(list_ex1) >= 5) :
    print('list_ex1 will be tested')
elif ('maintenance' in list_ex2) and (len(list_ex2) >= 5) :
    print('list_ex2 will be tested')
elif ('maintenance' in list_ex3) and (len(list_ex3) >= 5) :
    print('list_ex3 will be tested')
else :
    print('There is no available test list')
```

| 테스트 |

```
>>>
list_ex1 will be tested
>>>
```

퀴즈 7-1 다음 프로그램의 결과를 예상해보자.

```
>>> list1 = ['a', 'b', ['c','d'], 1, [2,3], 'e']
>>> len(list1)
(     )
>>> ['b'] in list1
(     )
>>> ['c','d'] in list1
(     )
>>> 'a' in list1
(     )
```

7.3 list형의 연산

7.3.1 list형 간의 연산자 : '+'와 '*'

list형들 사이에 '+'의 의미는 두 list형들을 합하여 새로운 list형을 생성하는 것이다. 예를 들어, ['Mon', 'Tue', 'Wed'] + ['Thur', 'Fri']의 결과는 두 list가 합쳐진 ['Mon', 'Tue', 'Wed', 'Thur', 'Fri']가 된다.

또 list형 간에 '*'을 이용하면 곱한 수만큼의 list형이 반복해서 추가된 새로운 list형을 만들 수 있다. ['ha', 'ha', 'ha'] *3의 의미는 ['ha', 'ha', 'ha', 'ha', 'ha', 'ha', 'ha', 'ha', 'ha']가 된다.

〈표 7-6〉 list형 연산

list_name + list_name	여러 개의 list형을 하나의 list형으로 병합하는 연산
list_name * number	주어진 숫자만큼 list형을 반복하는 연산

예제 7-9 list형의 연산 : +

| 요구사항 |

int_num_a는 0~3까지의 정수 int_num_a=[0, 1, 2, 3],
int_num_b는 4~6까지의 정수 int_num_b=[4, 5, 6] 인 경우
int_num_c에 int_num_a와 int_num_b에 속한 원소를 합쳐서 넣어 보자.

| 프로그램 |

```
>>> int_num_a = [0, 1, 2, 3]
>>> int_num_b = [4, 5, 6]
>>> int_num_c = int_num_a + int_num_b
>>> int_num_c
[0, 1, 2, 3, 4, 5, 6]
```

예제 7-10 list형의 연산 : *

| 요구사항 |

int_num=[2, 4, 5] 인 경우
int_num 을 3번 반복해서 넣어 보자.

| 프로그램 |

```
>>> int_num = [2, 4, 5]
>>> int_num = int_num * 3
>>> int_num
[2, 4, 5, 2, 4, 5, 2, 4, 5]
```

퀴즈7-2 다음과 같이 작성된 프로그램의 빈칸을 채워 넣어보자.

```
>>> list_odd = [1,3,5,7,9]
>>> list_even = [2,4,6,8,10]
>>> list_odd[-3]
(  )
>>> list_even[1+3]
(  )
>>> (                    )
[1, 3, 5, 7, 9, 2, 4, 6, 8, 10]
>>> (                    )
[1, 3, 5, 7, 9, 1, 3, 5, 7, 9]
```

7.3.2 list형의 일부분 추출 : Slice

list형에서는 list 내의 지정한 index 부분에 해당하는 원소를 따로 추출할 수 있다. string형에서 배운 것처럼 이러한 작업을 'slice'라고 한다.

요일을 나타내는 list 변수를 a_week = ['Mon', 'Tue', 'Wed', 'Thur', 'Fri', 'Sat', 'Sun']라고 할 때, 주중 요일만 추출하고 싶으면, weekday = a_week[0:5]로 추출할 수 있다. 주의할 점은 index1 : index2 로 표현할 때 index1은 slice에 포함이 되나, index2는 slice에 포함이 되지 않는다.

〈표 7-7〉 slice 연산 1

list_name[index1 : index2]	index1이상, index2미만(index2-1)인 범위의 부분list를 생성하는 연산 index1값은 포함되고, index2값은 포함되지 않음

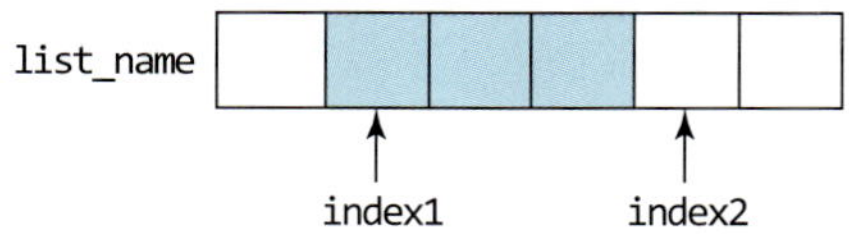

〈표 7-8〉 slice 연산 2

list_name[:]	모든 범위의 list를 생성하는 연산

〈표 7-9〉 slice 연산 3

list_name[: index2]	index2 미만(index2-1)인 범위의 부분list를 생성하는 연산

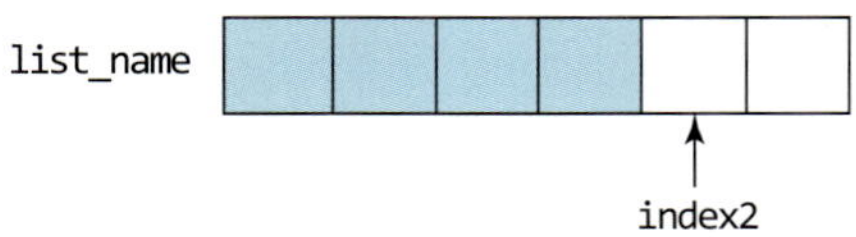

〈표 7-10〉 slice 연산 4

list_name[index1 :]	index1 이상 범위의 부분list를 생성하는 연산

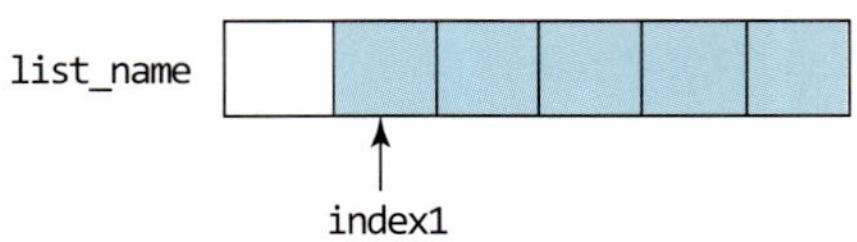

참고 index가 음수인 경우

slice 연산을 위한 index가 음수일 경우, index는 끝에서부터 차례대로 센다. 예를 들어, list_name[-5:-2]인 경우 아래의 그림과 같이 연산한다. 이 때, index1은 index2보다 작아야 정상적인 연산이 가능하다.

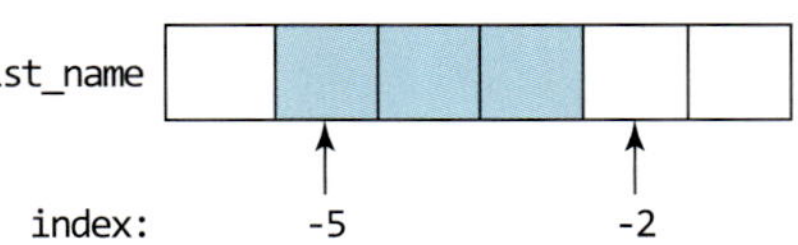

[그림 7-5] slice 연산 (index 〈 0)

예제 7-11 list형 slice

| 요구사항 |

spell = ['h', 'a', 'n', 'd', 'i', 'c', 'r', 'a', 'f', 't']인 경우 다음 문제들의 결과를 예상해보고 직접 확인해보자.

- spell[1:5]의 결과는?
- spell[:]의 결과는?
- spell[:4]의 결과는?
- spell[5:]의 결과는?
- spell[:2]+spell[9:]의 결과는?

| 테스트 |

```
>>> spell = ['h','a','n','d','i','c','r','a','f','t']
>>> spell[1:5]
['a', 'n', 'd', 'i']
>>> spell[:]
['h', 'a', 'n', 'd', 'i', 'c', 'r', 'a', 'f', 't']
>>> spell[:4]
['h', 'a', 'n', 'd']
>>> spell[5:]
['c', 'r', 'a', 'f', 't']
>>> spell[:2]+spell[9:]
['h', 'a', 't']
```

퀴즈 7-3 아래의 실행문에 대한 결과가 올바른지 O/X로 표시해보자.

```
>>> list1 = [1,2,3,4,5,6,7,8,9]
>>> list1[:3]
[1, 2, 3]              (   )
>>> list1[0:3]
[2, 3]                 (   )
>>> list1[3:5]
[4, 5]                 (   )
>>> list1[3:]
[4, 5, 6, 7, 8, 9]     (   )
>>> list1[3:999]
[4, 5, 6, 7, 8, 9, 10, ..]   (   )
```

7.3.3 list형 원소 변경

list형을 사용하다보면 list의 원소를 바꾸어야 하는 경우가 생긴다. 예를 들어, 좋아하는 색깔들의 list인 favorite_color = ['Red', 'Black'] 가 있다. 그런데 더 이상 검은색이 좋지 않고 흰색이 좋아지면 favorite_color = ['Red', 'White']로 바뀌어야 한다. 그렇다면 favorite_color[1] = 'White'라는 문장을 사용하면 된다.

〈표 7-11〉 list형 원소 변경

list_name[index] = new_element	list에서 index에 해당하는 원소(element)를 새로운 원소(new_element)로 교체함

예제 7-12 list형 원소 변경

| 요구사항 |

spell = ['s', 'w', 'e', 'e', 't']일 때

- list spell을 ['s', 'w', 'e', 'e', 't']로 바꾸어 보자.
- 앞에서 바꾼 list를 ['s', 'w', 'e', 'a', 'r']로 바꾸어 보자.

| 테스트 |

```
>>> spell=['s', 'w', 'e', 'e', 't']
>>> spell[3]='a'
>>> spell
['s', 'w', 'e', 'a', 't']
>>> spell[4]='r'
>>> spell
['s', 'w', 'e', 'a', 'r']
```

list의 내용을 변경할 때, slice를 이용하는 방법도 있다. 이수지가 좋아하는 계절은 주로 봄과 가을이다. 그래서 이수지가 좋아하는 계절에 해당되는 월을 list로 표현하자면, Leesuji_favorite = ['April', 'May', 'Sep', 'Oct', 'Nov'] 가 된다. 강민우는 봄은 좋고, 가을보다는 여름을 더 좋아한다. 그래서 'Sep', 'Oct', 'Nov'를 'Jun', 'July', 'Aug'로 바꾸고 싶다.

```
Kangminwoo_favorite = Lee suji_favorite
Kangminwoo_favorite[2:5] = ['Jun', 'July', 'Aug']
```

위의 내용과 같이 slice를 이용하여 변경한다.

〈표 7-12〉 slice 연산을 이용한 원소 교체

list_name[index1 : index2] = [element1, element2 , ..]	list에서 [index1 : index2] 의 범위에 해당하는 원소(element)들을 [element1, element2 , ..] 로 교체함
list_name[index1 :] = [element1, element2 , ..]	list에서 index1 이상의 범위에 해당하는 모든 원소(element)들을 [element1, element2 , ..] 로 교체함
list_name[: index2] = [element1, element2 , ..]	list에서 index2 미만의 범위에 해당하는 모든 원소(element)들을 [element1, element2 , ..] 로 교체함

예제 7-13 list형 원소의 갱신

| 요구사항 |

spell = ['m', 'a', 'r', 'c', 'h']일 때

- spell list를 ['m', 'u', 'l', 'c', 'h']로 바꾸어 보자.
- spell list를 ['m', 'a', 'r', 's']로 바꾸어 보자.
- spell list를 ['v', 'e', 'n', 'u', 's']로 바꾸어 보자.

| 테스트 |

```
>>> spell=['m', 'a', 'r', 'c', 'h']
>>> spell
['m', 'a', 'r', 'c', 'h']
>>> spell[1:3]=['u', 'l']
>>> spell
['m', 'u', 'l', 'c', 'h']
>>> spell[1:]=['a' , 'r' , 's']
>>> spell
['m', 'a', 'r', 's']
>>> spell[:3]=['v', 'e', 'n', 'u']
>>> spell
['v', 'e', 'n', 'u', 's']
```

실습문제 7-2 list형 연산 및 갱신

| 요구사항 |

'r'과 'e'의 알파벳으로 구성된 list

spell_re = ['r', 'e']

serve의 스펠링인 's', 'e', 'r', 'v', 'e'로 구성된 list

spell_serve = ['s', 'e', 'r', 'v', 'e']

- 위의 두 list를 사용하여 'reserve'의 스펠링으로 구성된 list spell_reserve를 만들어보자.
- 위의 수행 결과로 생성된 spell_reserve를 'observe'의 스펠링으로 구성된 list로 변경해보자.

| 테스트 |

```
>>> spell_re = ['r', 'e']
>>> spell_serve = ['s', 'e', 'r', 'v', 'e']
>>> spell_reserve = spell_re + spell_serve
>>> spell_reserve
['r', 'e', 's', 'e', 'r', 'v', 'e']

>>> spell_reserve[0:2] = ['o', 'b']
>>> spell_reserve
['o', 'b', 's', 'e', 'r', 'v', 'e']
```

퀴즈 7-4 다음 결과에 알맞도록 빈칸에 알맞은 값을 채워 보자.

```
>>> string = ['a', 'b', 'c', 'd', 'e', 'f']
>>> (          )
['a', 'b', 'c']
>>> (          )
['c', 'd', 'e']
>>> (          )
['b', 'c']
```

참고 시퀀스(sequence)형

이번 7장에서 list형을 학습하고 활용하는 데 있어서 앞서 학습한 4장의 string형과 비슷하다고 느꼈을 것이다. index를 사용하는 것과 len() 함수, +와 slice 연산 등은 이미 string형을 활용하면서 사용했던 것들이다. 이처럼 string형과 list형을 활용하는 방법이 비슷한 이유는 string형과 list형 모두 시퀀스(sequence)형이기 때문이다.

시퀀스형이란, 여러 원소가 순서가 있게 나열된 것이다. 그래서 string과 list는 아래 표와 같이 동일한 함수와 연산을 사용할 수 있다.

〈표 7-13〉 시퀀스형의 활용

Operation	string ex) s = 'hello', w ='!'	list ex) s = [1,2,3,4], w = [5,6]
Length	len(s) = 5	len(s) = 4
Select	s[0] = 'h'	s[0] = 1
Slice	s[1:4] = 'ell' s[1:] = 'ello'	s[1:4] = [2, 3, 4] s[1:] = [2, 3, 4]
Concatenation	s + w = 'hello!'	s + w = [1, 2, 3, 4, 5, 6]
Minimum Value	min(s) = 'e'	min(s) = 1
Maximum Value	max(s) = 'o'	max(s) = 4

이처럼 string형과 list형 모두 시퀀스형이라는 점에서 비슷하지만, 그 둘 사이에는 차이가 있다. 문자열은 문자만을 원소로 가질 수 있지만, list형은 문자 외에 다른 값을 원소로 가질 수 있다. 또한, string형은 원소들의 수정이 불가능지만, list형은 원소들의 수정이 가능하다.

요약

- list형을 활용하면 같은 목적의 유사한 원소(element)들을 각각의 변수로 선언하는 것보다 효율적이다.
- list형은 string형의 구조와 같은 index 구조이며 index를 이용하여 원소에 쉽게 접근할 수 있다.
- 연산자를 이용하여 list형을 활용할 수 있다.
- slice 연산을 이용하여 list형을 활용할 수 있다.

연습문제

[기본 문제]

1 다음 프로그램의 결과를 예상해보자.

```
list1 = ['n', 'e', 'w', 'l', 'i', 's', 't']
list2 = ['n', 'e', 'w', 's', 't', 'r', 'i', 'n', 'g']
list_new = list1[:3] + list2[6:]
print(list_new)
```

2 다음 실행문의 결과는 무엇인가?

```
>>> title = ['P','r','o','g','r','a','m','m','i','n','g']
>>> title [:7]
```

3 words라는 list 안에 happy, love, I, am, You라는 단어가 차례대로 들어가 있다. 이 단어들로 문장을 만들어 보자.

4 철수, 영희, 수지, 수정, 길동, 영철 총 6명의 학생이 학원의 같은 반이다. 수정이가 친구와 놀러 간다고 학원 수업에 빠졌고, 수정이의 엄마는 수정이가 왔는지 오지 않았는지 확인 전화를 걸어 본다. 수정이가 있는지 없는지를 in을 이용해 알아보자.

5 다음 요구사항을 보고 프로그램을 작성해보자.

| 요구사항 |

로또는 6개의 숫자를 입력해야 한다.
List1=[1, 2, 3, 6, 7]이라 할 때, 통과할 수 있는지 알아보는 프로그램을 작성해보자.

6 word=['h', 'i', 'm', 'y', 'n', 'a', 'm', 'e', 'i', 's']의 list가 있다. 여기서 단어 하나를 추출해보자.

7 list인 introduce에는 '내', '이', '름', '은', '수', '지', '야'라는 요소들이 들어가 있다. 여기서 이름인 수지를 민수로 바꾸어보자.

8 다음 요구사항을 만족하는 프로그램을 만들어 보자.

| 요구사항 |

winner=['박민아', '정민호', '김철수', '이영희', '손수정']

위의 list는 어떤 공모전의 수상자 명단이다.
1) 정수지가 수상했는지 확인하라.
2) 김철수가 수상하지 못했는지 확인하라.
3) 박민아가 수상했는지 확인하라.
4) 전은진이 수상하지 못했는지 확인하라.

9 phone이라는 list 하나를 선언 후, 수지, 민지, 철수, 미소의 번호를 저장하려 해보자.

10 다음 요구사항을 만족하는 프로그램을 작성해보자.

| 요구사항 |

score라는 list 안에 학생 별로 점수를 저장한다. Peter는 100점, john은 0점, mina는 55점, tim은 75점, cony는 95점이다. 이때, tim의 점수를 조회해보자.

[중급 문제]

11 다음 요구사항을 보고 프로그램을 작성해보자.

> **| 요구사항 |**
>
> 문자로만 이루어진 리스트 string=['happy', 'love', 'dog', 'cat']와 숫자로만 이루어진 리스트 num=[1, 2, 6, 3, 9, 5]와 공백 리스트 empty=[]와 숫자와 문자가 섞인 리스트 mix=[4, 0, 'hi', 1, 'sun', 'x']가 있다.
>
> 이 리스트들의 전체 요소 개수를 구하는 프로그램을 작성해보자.

12 str_b라는 리스트에는 boy, is가 있고, str_g라는 리스트에는 girl, is가 있다. str_bad에는 bad가 있고, str_good에는 good이 있다. str_b와 str_bad를 합치고, str_g와 str_good를 합쳐서 각각 출력해보자.

13 spell이라는 list 안에는 'j', 'e', 's', 'u', 's'가 들어있다. 이 중, 뒤의 's', 'u', 's'부분을 'l', 'l', 'y'로 바꾸려 한다. slice를 사용하여 바꾸어 보자.

14 season의 list 안에는 spring, summer, fall, winter의 사계절이 요소로 들어가 있다. 수연이는 겨울을 너무 좋아해서 season을 2번 반복시켰고, 두 번째로 반복된 부분은 모두 winter로 바꾸었다. 위에 맞게 프로그램을 작성해보자.

15 word라는 list 안에 I, like, You, He, her, love, hate, dog라는 단어가 차례로 들어가 있다. 이 요소로 문장을 만들어 보자.

16 다음 요구사항을 만족하는 프로그램을 작성해보자.

> **| 요구사항 |**
>
> 상담 요일을 무작위(랜덤)로 정하는 프로그램이다. week라는 list 안에 월과 일이 무작위로 들어가 있고, 사용자가 0부터 6까지의 숫자를 아무거나 입력하면 그에 맞는 요일이 출력되면서 상담 요일이 정해지는 것이다.

17 다음 요구사항을 만족하는 프로그램을 작성해보자.

| 요구사항 |

find_word라는 list 안에 technology라는 단어가 요소로 들어가 있다.

find_word = ['t', 'e', 'c', 'h', 'n', 'o', 'l', 'o', 'g', 'y']

이 list 안에서 찾을 수 있는 단어를 찾아보자. 단, 찾은 각 단어는 word라는 리스트에 번호를 매겨 저장한다.

18 현재 전화번호부 안에 min, jin, jay, ken, ain의 번호가 저장되어 있다. jake와 jin의 번호가 있는지 조회한 후, 있다면 번호를 출력해보자.

[고급 문제]

19 다음 요구사항을 보고 프로그램을 작성해보자.

| 요구사항 |

0부터 5까지의 숫자 중 하나를 골라 입력하면 오늘의 운세를 알려주는 포춘쿠키와 비슷한 프로그램이다. list인 goodsay안에는 happy, love, sad, hot, angry, fortunate가 들어있다. 숫자를 골라 입력하면 오늘의 운세를 알려주는 프로그램을 작성해보자.

| 문제 해결 알고리즘 |

num → 0부터 5까지의 숫자를 하나만 입력 받아 저장한다.
goodsay[num]하여 출력한다.

20 다음 요구사항을 보고 프로그램을 작성해보자.

| 요구사항 |

팀을 이뤄서 참가할 수 있는 어떤 공모전이 있다. 팀원은 최소 1명부터 3명까지 구성할 수 있다. 이 공모전에 참가한 한 팀을 보면 민지, 경희, 상구, 철수, 지민으로 구성되어 있는 팀이 있다. 이 팀의 팀원 수를 구하고, 3명보다 많으면 구성원을 줄이라고 출력하는 프로그램을 작성해보자.

| 문제 해결 알고리즘 |

if 팀원 >= 3 → 구성원은 최대 3명까지입니다. 줄이세요.

21 수학 시험을 5회 응시한 후 점수를 각각 90점, 75점, 30점, 100점, 85점을 받았다. 이 점수들을 각각 score라는 list 안에 저장했고, list의 성격을 이용해 평균을 구해보자.

22 다음 요구사항을 만족하는 프로그램을 작성해보자.

| 요구사항 |

피아노 건반인 도부터 시까지 piano라는 list에 저장해 놓았다. 다장조의 1도 화음은 도미솔, 4도 화음은 파라도, 5도 화음은 솔시레이다. 이를 출력하는 프로그램을 작성해보자. 또한, 학교종이 땡땡땡의 솔솔라라솔솔미 부분도 school_bell이라는 list에 저장해서 출력해보자.

CHAPTER 08

효과적인 자료형 (tuple형, set형, dictionary형)

8.1 tuple형

8.2 set형

8.3 dictionary형

■ 파이썬에서는 자료를 효과적으로 관리 및 활용할 수 있는 자료형을 제공하고 있다.

08 효과적인 자료형(tuple형, set형, dictionary형)

단원개요

1. tuple형의 특징을 파악하고 활용해보자.
2. set형의 특징을 파악하고 활용해보자.
3. dictionary형의 특징을 파악하고 활용해보자.

8.1 tuple형

8.1.1 tuple형의 생성

list형을 사용하다 보면, 종종 원소를 변경할 수 없게 만들어야 하는 경우가 있다. 그러한 경우에는 tuple형을 사용하면 편리하다. 예를 들면, 1년을 나타내는 자료형 a_month의 원소들은 January부터 December까지의 월로 구성된다. 이 원소들은 변경되어서는 안 된다. 마찬가지로 일주일의 요일들로 구성되는 자료형 a_day의 원소들은 Monday부터 Sunday까지의 일들로 표현한다. 이 원소들 역시 변경되어서는 안 된다. 그러므로 a_year와 a_day는 list형을 사용할 수 없다. 이런 경우에는 tuple형을 사용한다.

```
a_month = ('Jan', 'Feb', 'Mar', 'April', 'May', 'Jun', 'July', 'Aug', 'Sep', 'Oct', 'Nov', 'Dec')
a_day = ('Mon', 'Tue', 'Wed', 'Thu', 'Fri', 'Sat', 'Sun')
```

위의 두 tuple형 모두 원소가 바뀌거나 누락되면 그 tuple형이 표현하고자 하는 것을 표현할 수 없다. 또한, tuple형은 원소의 순서가 바뀌어서는 안 되는 경우에도 유용하다. 그 예로 1등부터 3등의 메달 색깔을 나타내는 tuple형을 살펴보자.

```
medal=('Gold', 'Silver', 'Bronze')
```

이 tuple형은 원소들의 순서가 바뀌어서는 안 된다.

tuple형은 원소가 고정되어 있어 실수로 혹은 의도적으로 변경되는 상황을 방지해주기 때문에 유용하게 사용할 수 있다.

tuple형과 list형은 구조와 사용이 거의 동일하다. list형과 마찬가지로 tuple형은 같은 목적의 유사한 원소(element)들을 묶어서 tuple형 변수로 선언한다. tuple형이 갖는 가장 큰 차이점은 원소가 고정이라는 것이다. 일단 tuple형 변수가 만들어지면, 원소의 생성, 추가, 삭제, 갱신 그리고 순서의 변화 등의 수정을 일절 허용하지 않는다.

tuple형을 생성할 때는 소괄호(( ))로 감싸주고 안에 들어가는 원소들은 쉼표(,)를 통해 구분한다.

〈표 8-1〉 tuple형

( )	tuple형의 기호

```
Variable_name = (element_1, element_2...)
```

[그림 8-1] tuple형 선언

tuple형의 원소는 숫자, 문자열, list, tuple 등 모든 자료형이 될 수 있다. 원소의 구성이 모두 같은 자료형으로 이루어져도 되고 서로 다른 자료형을 혼용하는 것도 가능하다. 또한 원소가 하나도 없는 빈 tuple형도 생성이 가능하다. tuple형의 예는 다음과 같이 들 수 있다.

- 동일한 자료형을 원소로 갖는 tuple 예 : (1,2), ('one', 'two', three', 'four')
- 혼용 자료형을 원소로 갖는 tuple 예 : (1, 2, [1,2], [2, 3, 4], ('W','M'))
- 빈 tuple : ()

변수로 할당하여 tuple형을 생성하는 예를 살펴보자.

```
>>>months = ('Jan', 'Feb', ..., 'Dec')
>>>months
('Jan', 'Feb', ..., 'Dec')
>>>days = ('Mon', 'Tue' ... 'Sun')
>>>days
('Mon', 'Tue' ... 'Sun')
```

tuple형의 생성은 주어진 string형과 list형을 기반으로도 이루어질 수도 있다.

〈표 8-2〉 tuple 생성

tuple(　　)	string형과 list형 기반의 tuple 생성

[string형으로부터 tuple형을 생성하는 예]

```
>>> string_march = 'March'
>>> string_march
'March'
>>> tuple_march = tuple(string_march)
>>> tuple_march
('M', 'a', 'r', 'c', 'h')
```

[list형으로부터 tuple형을 생성하는 예]

```
>>> list_spring = ['March', 'April', 'May']
>>> list_spring
['March', 'April', 'May']
>>> list_spring[2]
'May'
>>> tuple_spring = tuple(list_spring)
>>> tuple_spring
('March', 'April', 'May')
>>> tuple_spring[2]
'May'
```

주의 하나의 원소를 갖는 tuple

하나의 element를 가지는 tuple을 표현할 때는 반드시 쉼표(,)를 같이 포함하여야 한다.

```
tuple_name = ( element1, )
```

```
>>> t = (1)
>>> t
1
```

(a)

```
>>> t = (1,)
>>> t
(1,)
```

(b)

(a)의 경우에는 t에 1이라는 정숫값이 들어가게 된다.

(b)처럼 쉼표(,)를 포함한 경우에만 t가 tuple로 생성된다.

8.1.2 tuple형의 index 구조

tuple형은 list형과 같이, index 구조로 되어있다. [그림 8-2]에서 보듯이 index는 0부터 시작한다. 특정 원소에 접근하기 위해서는 index를 활용해야 한다. tuple_t = (1, 2, 3, 4, 5, 6, 7)을 예로 들어서 살펴보자.

tuple_t의 구조는 [그림 8-2]와 같다.

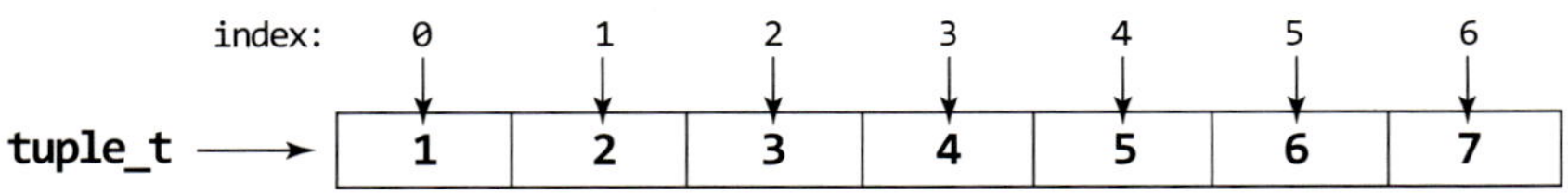

[그림 8-2] tuple의 구조

tuple_t의 원소 중 3에 접근하기 위해서는 index 값 2를 적용한다.

```
>>> t[2]
3
```

이처럼 tuple형은 list형과 동일한 내부 구조와 index 방식을 가지고 있다. 단, list형과 달리 고정된 정보를 가지기 때문에 한 번 정의되면 변경이 허용되지 않는다. 다음은 프로그램 상에서 tuple형을 수정하였을 때의 결과이다. t1의 3번 원소를 변경하면 에러 메시지가 출력됨을 볼 수 있다.

```
>>> t1 = ('valentine', 2, 14, 'gift')

>>> t1[2] = 'c'
Traceback (most recent call last):
  File "<pyshell#42>", line 1, in <module>
    t1[2] = 'c'
TypeError: 'tuple' object does not support item assignment
```

8.1.3 tuple의 연산

tuple형은 list형과 같이 원소로 구성되어있고 index 구조이기 때문에 tuple형에도 slice 기능, 병합(+), 반복(*) 연산이 가능하다. 다음은 tuple형을 생성하여 slice, 병합, 반복을 실행한 것이다. 우선 'valentine', 2, 14, 'gift'을 원소로 갖는 tuple t1을 생성한다.

```
>>> t1 = ('valentine', 2, 14, 'gift')
```

다음은 tuple형의 slice 사용 예제이다.

```
>>> t1[1:2]
(2, )
```

t1의 1번 index 자리의 원소부터 2번 index 전의 원소까지 slice 기능으로 출력된다. 즉, 이 경우에는 t1[1] 하나만 해당되기 때문에 하나의 원소만 출력된다. 또 다른 예를 살펴보자.

```
>>> t2 = ('love', )
>>> t2[0]
'love'
>>> t2[0:]
('love',)
```

t2[0]은 0번 index 자리의 원소를 출력하는 것이고 t2[0:]은 t2의 0번 자리의 원소부터 끝까지 slice 기능으로 출력된다. t2의 원소가 하나뿐이기 때문에 원소 하나만이 출력된다. tuple형의 병합 예를 살펴보자.

```
>>> t1 + t2
('valentine', 2, 14, 'gift', 'love')
```

위의 예제를 통해 '+' 기호로 t1과 t2가 병합된 것을 볼 수 있다. tuple형의 반복의 예를 살펴보자.

```
>>> print(t1*2)
('valentine', 2, 14, 'gift', 'valentine', 2, 14, 'gift')
>>> print(t2*3)
('love', 'love', 'love')
```

위의 예제들을 통해 '*2'인 경우는 두 번 반복, '*3'인 경우는 세 번 반복됨을 알 수 있다. 또한 list형을 이용할 때 활용했던 len() 함수 역시 tuple형에서 사용이 가능하다.

위의 함수들을 활용한 예제를 살펴보자. 두 개의 tuple t1과 t2를 생성해보자. t1은 (1, 2, 3, 5, 7, 11)을 원소로 갖고 t2는 ('love', 'power', 'peace')를 원소로 갖는다.

```
>>> t1 = (1, 2, 3, 5, 7, 11)
>>> t2 = ('love', 'power', 'peace')
```

len() 함수로 tuple t1, t2의 길이(크기)를 구할 수 있다.

```
>>> len(t1)
 6
>>> len(t2)
 3
```

참고 list형과 tuple형을 비교

〈표 8-2〉는 list형과 tuple형을 비교하여 공통점과 차이점을 나타낸 것이다.

〈표 8-3〉 list형과 tuple형 비교

	list형	tuple형
공통점	원소로 구성	
	시퀀스 형 (list의 연산과 비슷함. ex: slice, indexing)	
차이점	대괄호 [ ]로 표기 ex) list = [1,2,3]	소괄호 ( )로 표기 ex) tuple=(1,2,3)
	원소 삽입, 삭제, 교체, 수정 가능	원소 삽입, 삭제, 교체, 수정 불가능

예제 8-1 tuple형과 list형의 비교

| 요구사항 |

홍길동, 이수지, 박상민이 은행 업무를 보기 위해 은행에 왔다. 홍길동, 이수지, 박상민 순으로 번호표 1, 2, 3이 배부되었다. 번호표 2번의 차례가 되었을 때, 하누리가 은행 업무를 보려고 한다. 하누리로 대체할 수 있는가? 이 상황을 tuple과 list를 사용하여 프로그래밍해보자.

| 문제 해결 알고리즘 |

- 홍길동, 이수지, 박상민을 원소로 갖는 list와 tuple 생성
- 이수지가 지정되어있는 index의 원소를 하누리로 변경 → index = 1

| 프로그램 |

```
# list 프로그램
awaiter_l=['Hong gildong', 'Lee suji', 'Park sangmin']
awaiter_l[1]='Ha nuri'

# tuple 프로그램
awaiter_l=('Hong gildong', 'Lee suji', 'Park sangmin')
awaiter_l(1)='Ha nuri'
SyntaxError: can't assign to function
```

| 테스트 |

```
# list 프로그램
>>> awaiter_l
>>> [Hong gildong', 'Ha nuri', 'Park sangmin']

# tuple 테스트
>>> awaiter_l
>>> ('Hong gildong', 'Lee suji', 'Park sangmin')
```

실습문제 8-1 tuple형과 list형의 비교

| 요구사항 |

한 중학교에서는 평소 영어, 수학, 과학, 사회 이 4가지 과목을 시험을 본다. 하지만 올해에만 수학시험을 과제로 대체하기로 하였다. 이때, 수학 과목만 '과제'로 대체한 리스트를 출력하는 프로그램을 작성해보자. 단, 원래 과목 목록은 변하지 않는다.

| 문제 해결 알고리즘 |

- 영어, 수학, 과학, 사회의 과목을 tuple로 작성한다.

| 프로그램 |

```
test=('영어', '수학', '과학', '사회')
thisyear_test = list(test)
thisyear_test[1]='과제'
```

| 테스트 |

```
>>>thisyear_test
['영어', '과제', '수학', '사회']
>>>test
('영어', '수학', '과학', '사회')
```

퀴즈 8-1 다음 요구사항에 따라 프로그램을 작성해보자.

| 요구사항 |

아래의 string형과 list형으로부터 tuple을 생성하여라.

```
str_red = 'Red'
list_color = ['Red', 'Yellow', 'Orange']
```

8.2 set형

8.2.1 set형의 생성

집합을 이용하면 많은 자료를 분리하고 활용하는데 편리하다. set형은 집합에 관련된 것들을 쉽게 처리하기 위해 만들어진 자료형이다. 수학에서 배운 집합과 마찬가지로 원소들 간에 순서가 없으며, 원소의 중복을 허용하지 않는다.

set형을 생성할 때는 중괄호({ })로 감싸주고 안에 들어가는 원소들을 쉼표(,)를 통해 구분한다.

〈표 8-4〉 set형

{ }	set의 기호

```
Variable_name = {element_1, element_2...}
```

[그림 8-3] set선언

set형의 원소는 int형, float형, string형, list형, type형 등 모든 자료형이 될 수 있다. 원소의 구성이 모두 같은 자료형으로 이루어져도 되고 서로 다른 자료형을 혼용하는 것도 가능하다. 또한 원소가 하나도 없는 set형도 생성할 수 있다.

set형의 예는 다음과 같이 들 수 있다.

- 동일한 자료형을 원소로 갖는 set 예 : {'I','you','she','he'}, {[1,2], [3,4] }
- 혼용 자료형을 원소로 갖는 set 예 : {('spring','summer','fall','winter'), 1, 2, 3, 4}
- 빈 set : {}

다음은 변수로 할당하여 set형을 생성하는 예제이다.

```
odd_num = {1, 3, 5, 7}
fruit = {'apple', 'banana', 'peach'}
```

set형의 생성은 string형과 list형, tuple형을 기반으로도 이루어질 수도 있다.

```
>>> set_hello = set('hello')
>>> set_hello
{'o','h','e','l'}

>>> set_number = set([1,2,3,4,5])
>>> set_number
{2,1,3,4,5}
```

> **주의** set형의 특징
>
> 여기서 우리는 set형의 중요한 특징 두 가지를 파악할 수 있다.
>
> 첫째, set형은 중복을 허용하지 않는다.
>
> 둘째, set형은 순서가 없다.
>
> 이러한 set형의 중복을 허용하지 않는 특징은 자료형의 중복을 제거하기 위한 필터 역할로 종종 사용되기도 한다. set형에서 중요한 것은 어떠한 원소가 존재하는지에 대한 여부이다.

예제를 통해 할당 set의 특징을 확인해보자. color_list를 생성하고 set을 이용하여 중복된 내용을 지워보자.

```
>>> color_list = ['red','blue','red','green','pink','blue','black']
>>> color_list
['red', 'blue', 'red', 'green', 'pink', 'blue', 'black']
>>> color_set = set(color_list)
>>> color_set
{'blue', 'red', 'green', 'pink', 'black'}
>>>
```

8.2.2 set형의 함수 및 연산자 사용

앞서 학습한 list형이나 tuple형처럼, set형도 여러 원소들로 이루어져 있으므로 그 원소들을 활용할 수 있는 함수들이 필요하다. set형에서도 len() 함수와 같은 함수들을 사용할 수 있다. 1, 2, 3, 4, 5를 원소로 갖는 set_number와 'one', 'two', 'three'를 원소로 갖는 set_word에 적용해보겠다.

```
set_number = {1, 2, 3, 4, 5}
set_word = {'one', 'two', 'three'}
```

- len() 함수로 set의 길이(크기)를 구할 수 있다.

```
>>> len(set_number)
 5
>>> len(set_word)
 3
```

set은 집합과 관련된 자료형이다. 수학에서 사용하는 교집합, 합집합, 차집합과 같은 집합 연산들을 사용할 수 있다. 또한, 특정 원소가 set에 포함되어있는지 확인할 수 있다.

```
s1 = {0,1,2,3,4}
s2 = {3,4,5,6,7}
```

- set의 교집합 연산 : &

```
>>> s1 & s2
{3, 4}
```

- set의 합집합 연산 : |

```
>>> s1 | s2
{0, 1, 2, 3, 4, 5, 6, 7}
```

- set의 차집합 연산 : -

```
>>> s1 – s2
{0, 1, 2}
```

- 특정 원소가 set에 있는지 확인하는 연산 : in

```
>>> s1 = set{'red','yellow','green','blue'}
>>> 'red' in s1
>>> True
>>> 'white' in s1
>>> False
```

주의

list나 tuple에서 사용하였던 indexing이나 slice 연산은 set에서 사용할 수 없다. set은 index 구조가 아니며 원소들의 순서가 지정되어있지 않기 때문에 indexing이나 slice를 사용할 수 없다. 만일 set에서 indexing으로 접근하려면 list형이나 tuple형으로 변환 후 가능하다.

예제 8-2 set 연산

| 요구사항 |

냉장고에 딸기, 바나나, 오렌지, 사과가 있다. 과일들의 set을 생성하고 다음 문항을 해결해보자.

- 냉장고에 바나나가 있는지 확인하라.
- 과일들 중 바나나를 먹고 멜론을 사와서 냉장고에 넣었을 때, 남아있는 과일은 무엇인가?
- 냉장고에 남아 있는 과일 개수는 몇 개인가?

| 문제 해결 알고리즘 |

- 냉장고에 들어있는 과일 set생성

  `fruit = {'strawberry', 'banana', 'orange', 'apple' }`

- 냉장고에 바나나가 있는지 확인해보자.
- 바나나를 제거하고 멜론을 추가해보자.
- set의 크기를 확인해보자.

| 프로그램 |

```
fruit = {'strawberry', 'banana', 'orange', 'apple' }
existence = 'banana' in fruit        #(1)
fruit.remove('banana')               #(2)
fruit.add('melon')
number_fruit = len(fruit)   #(3)
```

| 테스트 |

```
# (1)
>>> existence
True
>>>
# (2)
```

```
>>> fruit
{ 'strawberry', 'apple', 'melon', 'orange' }
>>>
# (3)
>>> print('냉장고에 남아있는 과일' , number_fruit), '개')
냉장고에 남아있는 과일 4 개
>>>
```

예제 8-3 set형 연산

| 요구사항 |

어떤 회사의 사원으로 홍길동, 이수지, 박상민, 강민우, 하누리가 있다. 그 중 지각을 한 사원은 홍길동, 이수지, 박상민이다. 결근을 한 사원은 박상민, 하누리이다. 다음 문항을 해결해보자.

- 지각과 결근을 한 번도 하지 않은 사원에게 보너스 급여를 줄 때, 보너스 급여를 받는 사원은 누구인가?
- 지각과 결근을 모두 한 사원에게 야근을 시키려 할 때, 야근을 할 사원은 누구인가?

| 문제 해결 알고리즘 |

사원, 지각한 사원, 결근한 사원의 set 생성

- 보너스 급여를 받을 사원
  → 지각과 결근 둘 중 하나라도 한 사람들의 set을 생성한다.
  → 전체 사원 set에서 지각과 결근 중 하나라도 한 사람들 제거(차집합)한다.

- 야근을 해야 하는 사원
  → 지각을 한 사원 set과 결근을 한 사원 set의 교집합을 확인한다.

| 프로그램 |

```
company = {'Hong gildong', 'Lee suji', 'Park sangmin', 'Kang minwoo', 'Ha nuri' }
late = {'Hong gildong', 'Lee suji', 'Park sangmin'}
absent = { 'Park sangmin', 'Ha nuri' }
late_absent = late I absent
bonus = company - late_absent    #(1)
overtime = late & absent #(2)
```

| 테스트 |

```
# (1)
>>> bonus
>>> {'Kang minwoo'}
# (2)
>>> overtime = late & absent
>>> {'Park sangmin' }
```

8.3 dictionary형

8.3.1 dictionary형 생성

dictionary는 단어 뜻 그대로 사전과 비슷한 형식의 자료형이다. 예를 들어, 영어단어 'apple'의 한글 뜻을 알고자 영한사전을 찾을 때를 생각해보자. 우리는 'apple'이라는 단어를 찾은 후 그에 해당하는 한글 단어의 뜻을 보고, '사과'임을 알 수 있다.

이처럼 영한사전을 찾아볼 때와 마찬가지로 dictionary에선 그 원소들이 한 쌍의 key와 value로 나타난다. 예를 들면, 우리가 찾고자 했던 값 'apple'이 key가 되고, 그에 매칭되는 뜻인 '사과'가 value가 된다. 즉, dictionary형의 원소는 단어와 뜻이 한 쌍으로 이루어져 있는 것처럼 key와 value가 한 쌍으로 이루어져 있다.

dictionary형을 생성할 때는 중괄호({ })로 감싸주고 안에 들어가는 원소들은 쉼표(,)를 통해 구분한다. 원소는 key와 value로 구성되며, 콜론(:)으로 나누어 표기한다.

```
d = {apple : 사과}
```

key	value
apple	사과

[그림 8-4] key가 apple이고 value인 사과

〈표 8-4〉 dictionary형

{key1:value1, key2:value2, ..}	dictionary의 요소는 한 쌍의 key : value로 표현

dictionary형은 앞에서 보았듯 key 값을 통해 value를 찾는 구조이다. 그러므로 key 값이 유실되거나 변경될 경우 해당하는 value 값을 찾는 것이 어려워질 수 있다. 이러한 이유 때문에 dictionary형의 key가 될 수 있는 자료형은 '변경할 수 없는 자료형'만 가능하다. 때문에 아래와 같이 값의 변경이 가능한 자료형인 list형과 dictionary형은 사용할 수 없다.

```
>>> Price = {['떡볶이', '김밥']:'3000원', ['라면', '만두']:'4000원'}
Traceback (most recent call last):
  File "<pyshell#8>", line 1, in <module>
    Price = {['떡볶이', '김밥']:'3000원', ['라면', '만두']:'4000원'}
TypeError: unhashable type: 'list'
```

아래와 같이 값의 변경이 불가능한 tuple은 key 값으로 사용할 수 있다.

```
>>> price = {('떡볶이', '김밥'):'3000원', ('라면', '만두'):'4000원'}
>>> price
{('라면', '만두'):'4000원' ('떡볶이', '김밥'):'3000원'}
```

dictionary형의 value 값으로는 string형, list형, tuple형 등 모든 자료형을 사용할 수 있다. dictionary 원소의 value 값은 할당문에 의해 변경된다.

```
>>> price = {'오뎅':'2000원', '떡볶이':'3000원'}
>>> price['오뎅'] = '1000원'
>>> price
{'오뎅':'2000원', '떡볶이':'3000원'}
```

위의 예는 key 값이 '오뎅'이고 value 값이 2,000원인 원소와 key 값이 '떡볶이'이고

value 값이 3,000원인 원소로 구성된 price형 dictionary에서 오뎅 값이 1,000원으로 바뀌는 것을 보여준다.

> **참고** dictionary형의 key 값
>
> dictionary형을 생성할 때 주의해야 할 사항은 key는 고유한 값이므로 중복되는 값을 설정해 놓으면 하나를 제외한 나머지의 것들은 된다는 점이다. dictionary를 생성할 때 중복되는 값이 존재하면, 한 쌍을 제외하고 나머지 중복되는 쌍은 제거된다. 그러나 남겨진 한 쌍과 제거되는 쌍이 무엇인지를 예측할 수 없다. [그림 8-5]와 같이 동일한 key 값이 존재할 경우 1:'a'라는 쌍이 제거된다. 그러므로 중복되는 key를 사용해선 안 된다.
>
> ```
> >>> a = {1:'a', 1:'b'}
> >>> a
> {1: 'b'}
> ```
>
> [그림 8-5] 중복되는 key 값을 가진 dictionary

앞서 배운 list형, tuple형은 index 구조이고 index를 이용하여 원소를 참조하였다. 하지만 dictionary형의 구조는 index 값이 아닌 key 값에 의해 value를 찾는다. 앞서 배운 list형, tuple형과 dictionary형의 차이를 아래의 그림을 보며 비교해보자.

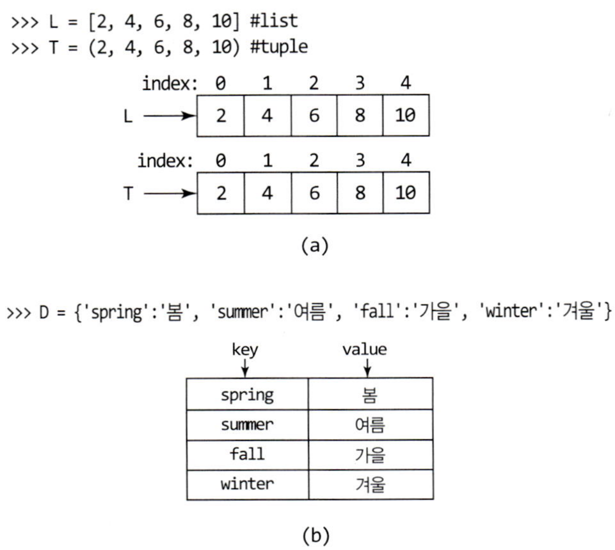

[그림 8-6] list형과 tuple형 구조와 dictionary형 구조 비교

만약 list형이나 tuple형에서 원하는 값을 찾고 싶다면 index 0~4번 까지의 값을 모두 확인해 봐야 한다. 하지만 dictionary형에서는 index 값이 아닌 key 값으로 value를 찾을 수 있다. 예를 들어 L[1]=4처럼 list는 index와 대응되지만 D['spring']='봄'과 같이 dictionary는 key값과 대응된다.

또한 dictionary형은 set형과 마찬가지로 index로 운용되지 않기 때문에 원소들의 출력 순서가 정해져 있지 않다. 때문에 dictionary를 생성하고 다시 호출 하였을 때, 사용자가 생성하였던 순서대로 출력되지 않는다.

```
>>> number = {1:'one', 2:'two', 3:'three', 4:'four', 5:'five'}
>>> number
{2:'two', 1:'one', 4:'four', 3:'three', 5:'five'}
```

dictionary형도 다른 자료형인 list형, set형과 마찬가지로 새로운 원소를 추가하고 기존에 정의되었던 원소를 삭제할 수 있다.

〈표 8-5〉 dictionary형에 새로운 항목을 추가하는 방법

d[key] = value	key와 value 쌍 추가

```
>>> price = { '떡볶이' : '삼천 원' }
>>> price
{ '떡볶이' : '삼천 원' }
>>> price['오뎅'] = '이천 원'            #추가하기
>>> price
{ '떡볶이' : '삼천 원', '오뎅' : '이천 원' }
```

〈표 8-6〉 dictionary형에 존재하는 원소를 삭제하는 함수

del d[key]	key와 결합된 구성원소 삭제

```
>>> food = { '분식':['떡볶이', '호떡'], '중식':['짜장면', '탕수육'] }
>>> food
{ '중식': ['짜장면', '탕수육'], '분식': ['떡볶이', '순대'] }
>>> del food['중식']    #삭제하기
>>> food
{ '분식': ['떡볶이', '순대'] }
```

실습문제 8-2 dictionary 예제

어느 커피숍에는 메뉴가 4가지 있다. Americano, Cafe latte, Green Tea latte, Mocha latte 각 메뉴의 가격은 2000원, 2500원, 3000원, 3500이다. 이 목록을 dictionary로 작성해보고 Americano와 Vanila latte가 있는지 없는지 확인해보자.

| 문제 해결 알고리즘 |

- dictionary로 메뉴를 정의한다.
- in을 이용하여 메뉴에 있는지 없는지 출력한다.

| 프로그램 |

```
menu = ("Americano":2000, "Cafe latte":2500, "Green Tea latte":3000, "Mocha
latte":3500)
print('Americano' in menu.keys())
print('Vanila latte' in menu.keys)
```

| 테스트 |

dictionary는 순서가 없으므로, 결과가 다르게 나올 수 있다.

```
True
False
```

퀴즈 8-2 다음 요구사항에 따라 프로그램을 작성해보자.

| 요구사항 |

어느 문구점에서는 여러 문구를 판다. 연필은 200원, 펜은 800원, 지우개는 500원, 자는 300원이다. 이 목록을 dictionary를 이용하여 작성해보고 가격만 list로 출력해보자.

요약

- tuple형은 list형의 구조와 사용이 거의 동일하다는 공통점이 있으나, 한 번 생성되면 원소의 변경이 불가능하다는 차이점이 있다.
- set형은 집합과 관련된 자료형이다.
- dictionary형은 key와 value가 한 쌍을 이루는 원소로 이루어진 자료형이다.

연습문제

[기본 문제]

1 아래의 예시를 보고 list형과 tuple형 중 선택하여 각각 빈칸을 채워보자.

> 홈페이지에서 정보 수정 및 추가를 위해 사용할 수 있는 자료형은 (　　)이고, 해킹으로 인한 정보 수정을 막기 위해 사용할 수 있는 자료형은 (　　)이다.

2 list형과 tuple형은 index 구조이기 때문에 (　　　　)과 (　　　　)이 가능하다.

3 맞으면 ○, 틀리면 ×를 표시해보자.

[O, X문제]

- \>>>tuple = ('Hello', 'My', 'name', 'is', '예슬')
  \>>>tuple[4] = '지수'
  위의 프로그램을 실행했을 경우,
  tuple의 원솟값은 ('Hello', 'My', 'name', 'is', '지수')이다. ( )
- tuple에서도 list와 같이 min() 함수, max() 함수를 사용할 수 있다. ( )
- tuple에서는 삽입, 삭제는 불가하나 원소의 순서 교체는 가능하다. ( )
- \>>>arr = (35, 45, 2, 10, 11)
  \>>>arr[3]+arr[1]
  위의 프로그램의 결과 값은 (10, 45)이다. ( )

4 다음은 주어진 list에서 중복된 원소를 제거하는 프로그램이다. 괄호 안에 들어갈 내용을 채워보자.

```
animal_list = ['dog', 'pig', 'tiger', 'eagle', 'cat', 'dog', 'pig', 'lion']
animal_set = (        )(animal_list)
new_animal_list = list(animal_set)
```

5 dictionary형은 (　　)와 (　　)가 한 쌍을 이루는 원소로 구성되어 있다.

[중급 문제]

6 arr=(1, 2, 3)이 선언되었다고 할 때, arr[1]과 arr[2]를 바꾼 list인 brr를 생성하기 위한 프로그램을 작성해보자. (단, brr는 직접적인 숫자 입력 방식의 원소 할당 불가).

7 어느 교실 학생들의 수학 점수는 10, 9, 9, 6, 7, 6, 8, 9이다. 이 학생들이 어떤 점수를 받았는지 확인할 수 있는 프로그램을 작성해보자.

8 아래의 색칠한 그림 영역에 해당하는 원소를 추출하는 프로그램을 작성해보자.

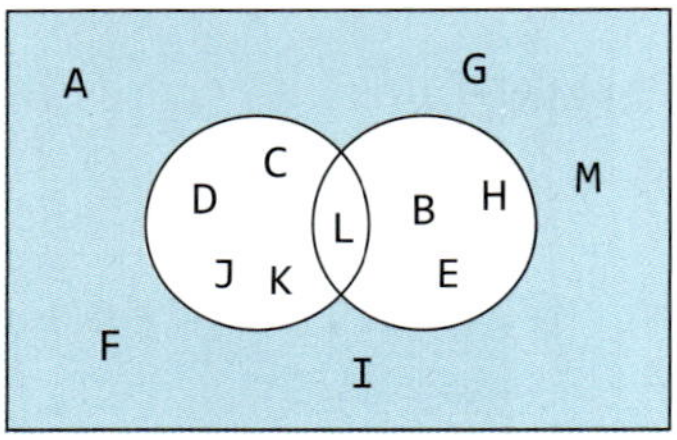

9 어느 커피숍에는 메뉴가 4가지 있다. Americano, Cafe latte, Green Tea latte, Mocha latte 각 메뉴의 가격은 2,000원, 2,500원, 3,000원, 3,500원이다. 이 목록을 dictionary로 작성해보고 Americano와 Vanila latte가 있는지 없는지 확인해보자.

10 어느 식당의 메뉴와 가격은 돈가스 5,000원, 생선가스 5,500원, 우동 2,500원, 초밥 세트 9,000원이다. 이 메뉴들을 dictionary를 이용하여 작성해보고 각각의 메뉴와 가격을 순차적으로 출력하는 프로그램을 작성해보자.

11 집합 A={4,3,2,7,8,10,1,9}와 집합 B={0,1,3,5,6,8,9,10,4}가 있다. 이때, 집합 A가 집합 B의 부분집합인지 확인하고 아닐 경우 이 두 집합의 합집합을 구하는 프로그램을 작성해보자.

[고급 문제]

13 영수의 집에 과일이 아래 표와 같이 있을 때, 5개 이하인 과일은 5개가 되도록 사려고 할 때, 사야 할 과일과 그에 드는 각각의 비용과 총비용을 출력하는 프로그램을 작성해보자.

과일	가격	개수
배	2,000원	3
사과	1,500원	5
딸기	1,800원	2
참외	2,300원	5

14 한 판매 회사에서는 판매 실적 점수와 고객 평가 점수를 통해 우수 제품을 선발하고자 한다. 아래와 같이 결과가 나왔을 때, 판매 실적 점수가 4 이상이고 고객 평가 점수가 4 이상인 제품은 우수 제품이 되고, 두 점수 모두 4 미만인 제품은 판매중지 목록에 들어가게 된다. 이때, 우수 제품을 출력하고 로션이 판매 중지에 해당하는지 판단하는 프로그램을 작성해보자.

제품	판매실적	고객평가
비누	3	2
칫솔	5	4
샴푸	2	1
치약	4	4
로션	5	3

15 어느 문구점에서 판매하는 연필은 200원, 펜은 800원, 지우개는 500원, 자는 300원이다. 이 목록을 dictionary형을 이용하여 작성해보고 가격만 list형으로 출력해보자.

09 CHAPTER

같은 작업 여러 번 반복하기(반복문)

9.1 while문

9.2 for문

9.3 조건문과 반복문의 혼용

- 동일한 작업을 여러 번 수행해야 하는 경우에는 반복문을 사용할 수 있다.

09 같은 작업 여러 번 반복하기(반복문)

단원개요

1. while문에 대해 학습한다.
2. for문에 대해 학습한다.

1장에서 우리는 컴퓨터가 계산을 매우 빠르게 한다는 사실을 배웠다. 1부터 1,000까지 아니, 100,000까지 더하는 문제가 있다고 할 때 우리에게는 어렵지만, 컴퓨터에는 너무 쉬운 문제다. 1부터 10까지 더해서 변수 sum에 넣어보자. 가장 쉬운 방법은 길게 연산식을 쓰는 것이다.

```
sum = 1 + 2 + 3 + … + 10
```

10개의 숫자 정도라면, 연산식으로 쓰는 것도 참을 만하다. 하지만 1부터 100까지 더하는 것으로 바꾸어 보자.

```
sum = 1 + 2 + …. + 98 + 99 + 100
```

100개의 숫자와 99개의 연산자로 구성된 연산식을 일일이 적기에는 너무 많고 길다. 실수할 확률도 높다, 하물며 10,000이라고 생각해 보자. 상상하기도 싫다.

프로그래밍에서는 이런 문제를 변수와 조건문, 반복문을 활용하여 쉽게 해결한다. 변수로는 반복의 횟수를 위한 count와 반복 과정에서 합을 나타내는 sum을 사용하자.

```
count = 1
sum = 0
while count <= 10000 :
    sum = sum + count
    count = count + 1

print (sum)
```

이렇게 6문장만 적으면 1부터 10,000까지의 값을 바로 계산해 준다. 그 원리를 살펴보자. 일단 1부터 10까지 더하는 반복문을 살펴보면 다음과 같다. 변수 count에는 초깃값으로 0을 할당한다. 그리고 반복의 횟수를 나타내기 위해 매번 1씩 증가한다. 변수 sum은 매번 반복문에서의 합을 나타낸다.

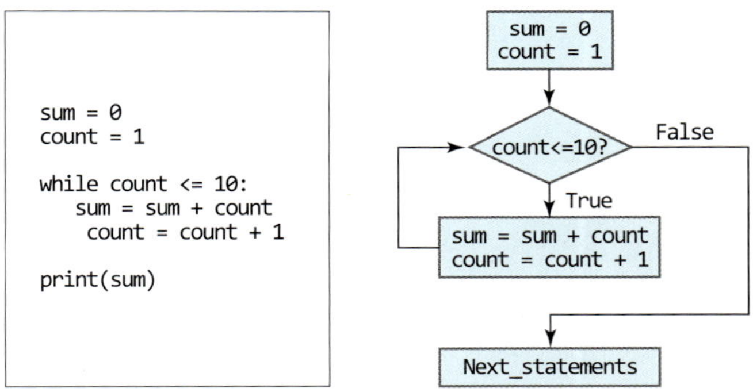

[그림 9-1] 반복문의 순서도

위 프로그램의 실행 단계별로 변숫값의 변화와 조건문의 결과를 확인해 보면 다음과 같다.

〈표 9-1〉 변숫값의 변화에 따른 실행문의 결과

순서	sum	count	count <= 10?
1	0	1	True
2	0 + 1 = 1	2	True
3	1 + 2 = 3	3	True
4	3 + 3 = 6	4	True
5	6 + 4 = 10	5	True
6	10 + 5 = 15	6	True
7	15 + 6 = 21	7	True
8	21 + 7 = 28	8	True
9	28 + 8 = 36	9	True
10	36 + 9 = 45	10	True
11	45 + 10 = 55	11	False

11번째 순서에서 순환문을 빠져나오게 된다. 그때의 sum 값은 55이다.

9.1 while문

while문은 특정 조건을 만족하는 동안 반복을 계속 수행한다.

〈표 9-2〉 while문의 표기 방법

while 조건 : True_statements	조건에 만족하는 동안 True_statements를 반복적으로 수행

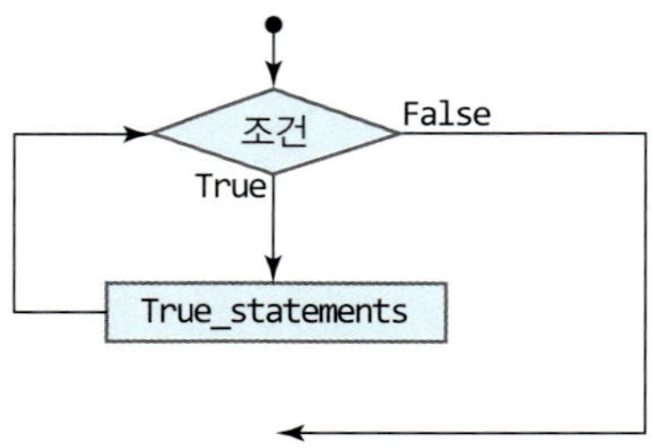

[그림 9-2] while문의 형태

while문의 조건을 만족하는 동안 True_statements를 수행한다. 'Nice to Meet You!!'를 5번 출력하는 프로그램을 만든다고 생각해보자. print문을 5회 써서 만들 수도 있다.

```
print ('Nice to Meet You!!')
print ('Nice to Meet You!!')
print ('Nice to Meet You!!')
print ('Nice to Meet You!!')
print ('Nice to Meet You!!')
```

하지만, while문을 사용하면 더 쉽게 작성할 수 있다. 반복 횟수를 저장하는 변수 count에 초깃값으로 1을 주고, count의 값이 5가 될 때까지 출력하도록 하면 된다.

```
count = 1
while (count <= 5) :
    print('Nice to Meet You!!')
    count = count + 1
```

퀴즈 9-1 다음의 프로그램의 실행 결과를 예측하여 보자.

(a)

```
num = 0
while (num <= 10) :
    num = num + 2
    print (num)
```

(b)

```
num = 1
while (num < 10) :
    print (num * num)
    num = num + 1
```

(c)

```
count = 1
while (count <= 5) :
    print ('ha!')
    count = count + 1
```

실습문제 9-1 while 문

| 요구사항 |

1부터 시작해 사용자가 입력한 값까지 모든 정수를 더하는 프로그램을 만들어보자.

- 입력 값으로 20을 넣어서 1부터 20까지의 합을 출력해보자.
- 입력 값으로 30을 넣어서 1부터 30까지의 합을 출력해보자.

| 문제 해결 알고리즘 |

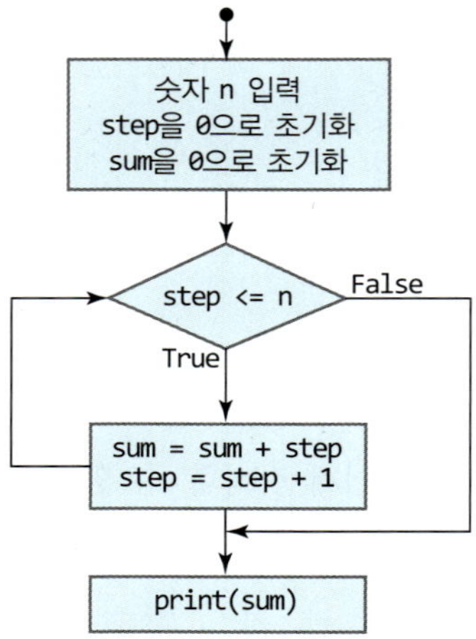

| 프로그램 |

```
n = int(input('enter the number : '))
step = 0
sum = 0

while (step <= n) :
    sum += step
    step += 1
print(sum)
```

| 테스트 |

```
>>>
enter the number : 20
210
>>>
>>>
enter the number : 30
465
>>>
```

퀴즈 9-2 다음의 프로그램의 실행 결과를 예측하여 보자.

| 프로그램 |

```
n = 5
step = 0
sum = 2
while (step <= n) :
    sum += step
    step += 1
print(sum)
```

예제 9-1 while 문

| 요구사항 |

다음은 오믈렛 재료의 일부분으로 구성된 list이다.

```
omlet = ['egg', 'meat', 'onion', 'carrot']
```

omlet에 들어있는 모든 재료를 한 번씩 출력해주는 프로그램을 작성해보자.

| 문제 해결 알고리즘 |

omlet의 원소 개수를 파악하여 omlet[0]부터 omlet[원소 개수−1]까지 해당 값을 출력한다.

- omlet의 원소 개수 구하기
  → len(omlet)
- omlet[0]부터 omlet[원소 개수−1]까지 출력

```
      omlet[0]    .......    omlet[4−1]
          ↓                      ↓
omlet = ['egg', 'meat', 'onion', 'carrot']
```

| 프로그램 |

```
omlet = ['egg', 'meat', 'onion', 'carrot']
index = 0
while index < len(omlet):
    ingredient = omlet[index]
    print(ingredient)
    index = index + 1
```

| 테스트 |

```
>>>
egg
meat
onion
carrot
>>>
```

참고 무한 루프

while문의 조건식이 항상 참인 경우를 상상해 보면, 반복문이 끝나지 않고 계속 수행된다는 것을 알 수 있다. 이런 경우를 무한 루프라고 한다. (반복문을 루프(Loop)라고도 한다.) 예를 들면, x의 초깃값이 10이고, 10부터 1까지의 값을 출력하는 프로그램을 작성하려고 했는데, 조건식을 잘못 적어서 다음과 같이 했다고 생각해보자.

```
while x < 10 :
    print (x)
    x = x -1
```

이때 조건식은 항상 10보다 작으므로 항상 참이다. 그러므로 루프에서 빠져나오지 못한다. 이를 무한 루프라고 한다. 아래와 같이 조건문에 'True'를 넣고 프로그램을 실행하면 무한히 'infinite loop' 라는 문장을 출력하게 된다.

| 프로그램 |

```
while (True):
    print('infinite loop')
```

| 결과 |

```
>>>
infinite loop
infinite loop
infinite loop
infinite loop
infinite loop
infinite loop
infinite loop
infinite loop
```

참고 while문의 break문 사용

while(True) 구조를 사용해야만 하는 경우, 무한 루프를 빠져나오는 방법이 있어야 한다. break문은 반복을 강제로 중단시키는 역할을 한다. 사용자가 원하는 시점에 break문을 넣어주면, 해당 위치에서 강제로 code_block의 반복을 중단시킬 수 있다.

〈표 9-3〉 변수 값의 변화에 따른 실행문의 결과

while 조건 :
    True_statments
(break) 조건 :
    break
	조건에 만족하는 동안 True_statments를 반복적으로 수행하다가 break문이 수행되면 반복을 중단하고 while문을 빠져나감

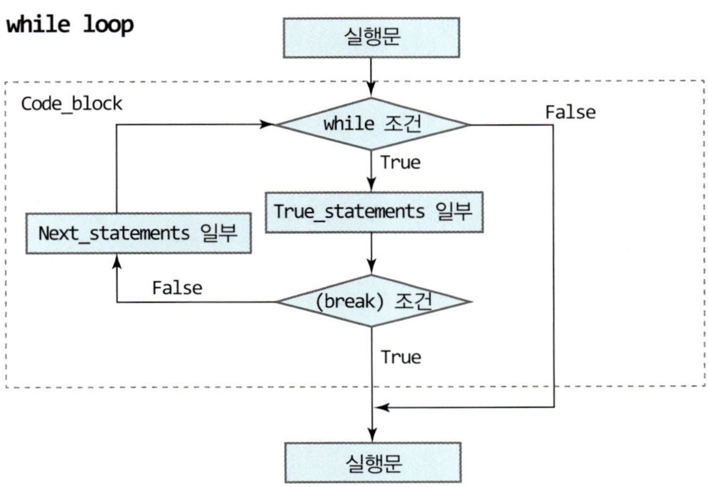

[그림 9-3] while문의 break 사용

예제 9-2 while문의 무한 루프와 break 사용

| 요구사항 |

사용자가 입력한 정수 n이 홀수인지 짝수인지를 판별하는 프로그램을 만들고자 한다. 단, 0 값을 입력하면 프로그램을 종료한다.

| 문제 해결 알고리즘 |

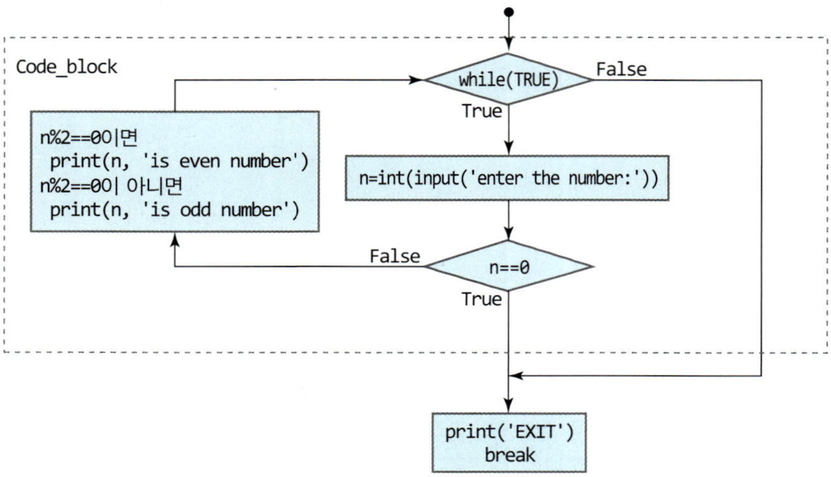

| 프로그램 |

```
while(True) :
    n = int(input('enter the number : '))
    if n == 0 :
        print('EXIT')
        break
    elif n%2 == 0 :
        print(n, 'is even number')
    else :
        print(n, 'is odd number')
```

| 테스트 |

```
>>>
enter the number : 2
2 is even number
enter the number : 3
3 is odd number
enter the number : 4
4 is even number
enter the number : 5
5 is odd number
enter the number : 0
EXIT
>>>
```

실습문제 9-2 while 문

| 요구사항 |

아래의 조건을 만족하는 n 값을 구하기 위한 프로그램을 작성해보자.

- 1부터 n까지의 합이 1000보다 크다.
- n은 위 조건을 만족하는 수 중 가장 작은 값이다.

| 문제 해결 알고리즘 |

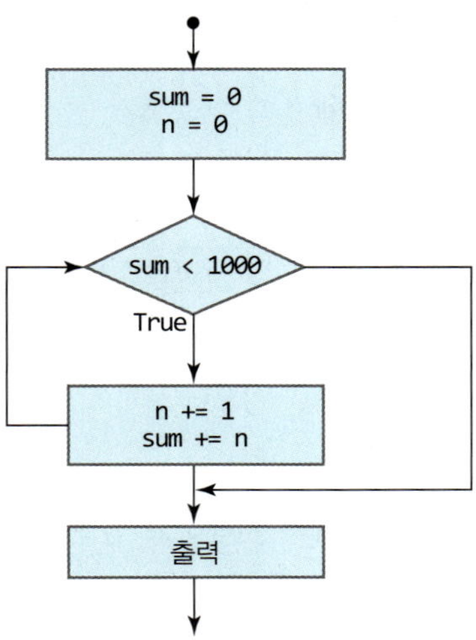

| 프로그램 |

```
sum = 0
n = 0

while sum < 1000 :
   n += 1
   sum += n
print('n : ',n)
```

| 테스트 |

```
>>>
n : 45
>>>
```

퀴즈 9-3 다음 요구사항을 만족할 수 있도록 프로그램의 내용을 수정해보자.

| 요구사항 |

다음 프로그램은 무한루프를 포함하고 있다. 숫자 '0'이 입력되면 무한루프가 중단되도록 수정해 보자.

| 프로그램 |

```
while(True) :
   n = int(input('Enter the number : '))
   print(n)
```

9.2 for문

for문은 시작값과 종료값 등으로 범위를 지정하고 반복을 수행한다. 그러므로, 반복의 횟수나 범위를 미리 알고 있을 때에는 for문을 사용하는 것이 바람직하다.

예를 들면, list 내의 모든 원소에 대해서 반복을 수행한다든가, 문자열의 모든 문자,

혹은 특정 범위에 해당하는 모든 값 등과 같이 반복 횟수를 미리 지정할 수 있는 경우에는 for 문이 적당하다.

〈표 9-2〉 for문의 표기 방법

for item in sequence: True_statements	sequence 내의 item 각각에 대해서 True_statements를 반복적으로 수행

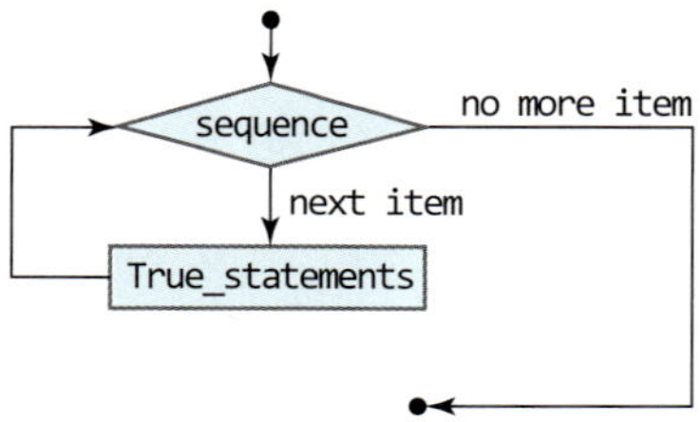

[그림 9-4] for문의 형태

9.2.1 range() 함수를 활용한 for문

▪ range() 함수

for문에서 특정 범위를 지정하도록 도와주는 range() 함수가 있다.

〈표 9-3〉 range() 함수

range([start,]stop[, step])	start부터 step만큼씩 증가/감소하여 stop전까지 범위를 지정하는 함수

range() 함수를 통한 범위는 start 값은 포함하지만, stop 값은 포함되지 않음을 주의해야 한다. 예를 들어 range(1, 9, 2)는 1부터 시작하여 2만큼씩 증가하여 9까지의 범위를 의미하는데, 1, 3, 5, 7, 9가 아니라, 1, 3, 5, 7이 답이다. 즉 9는 빠진다.

또 다른 예제를 들어보자. 0부터 10까지 1씩 증가하는 list를 만들고 싶을 때는

```
>>> list(range(10))
[0, 1, 2, … ,9]
>>> list(range(11))
[0, 1, 2, … ,10]
```

로 적어야 한다.

range() 함수를 사용할 때는, 다음과 같은 사항을 주의해야 한다.

1. start와 stop에는 정수(int형)만 쓸 수 있다.
2. start와 step은 생략할 수 있다.
   start가 생략되는 경우 start 값은 0이라고 간주한다.
3. step은 0일 수 없다.
   step이 생략되는 경우 step 값은 1이라고 간주한다.
4. stop은 생략될 수 없다.

예를 들어, range(5)라고 쓰는 경우엔 start와 step은 생략되었고, stop 값만 5라고 명시되어 있다고 생각하면 된다. 생략된 start는 0, step은 1로 간주한다. 결과는 0부터 1만큼씩 증가하여 5전까지의 범위 즉 0, 1, 2, 3, 4를 나타낸다. 하지만 range(5, 10)의 경우 start가 5, step은 생략되어 1로 간주, stop은 10으로 보기 때문에 5, 6, 7, 8, 9를 의미한다.

참고

1. range() 함수는 음수를 사용할 수 있으나 이 책에선 다루지 않는다. 예를 들어, range(−10,−20,−2)는 −10, −12, −14, −16, −18을 의미한다.
2. range() 함수의 범위지정이 올바르게 되지 않으면 아무것도 의미하지 않는다. 예를 들어, range(10,5,1)은 start 10을 step 1씩 증가하여 stop인 5가 되는 것이 불가능하므로 아무 것도 의미하지 않는다. 이를 list형으로 나타내면 []인 공집합으로 실행된다.

퀴즈 9-4 괄호 안에 들어갈 내용을 넣어보자.

```
1. list(        ) = [1, 4, 7, 10, 13, 16, 19]
2. list(        ) = [30, 23, 16, 9, 2]
3. 0부터 90까지 8씩 증가하는 수열
       -> list(        )
4. 0부터 10까지 1씩 증가하는 수열
       -> list(        )
```

■ range() 함수를 활용한 for문

range() 범위의 모든 값들 각각에 대해 반복을 수행하고 싶을 때 사용할 수 있다.

〈표 9-4〉 range()를 활용한 for문

for variable in range(num): True_statements	range 범위 내의 variable 각각에 대해서 True_statements를 반복적으로 수행

예를 들어, 0부터 10까지 모든 값에 대해 출력을 하려 할 때는 range() 함수를 활용한 for문을 사용하면 다음과 같이 간단하게 표현할 수 있다.

```
>>> for count in range(11):
    print(count)
```

반복문을 사용해 "loop"란 문구를 5번 출력하는 프로그램을 작성해보면 아래와 같다.

```
>>> for number in range(5):
    print('loop')
```

예제 9-3 range()을 활용한 for문

| 요구사항 |

"You did a good job!"이라는 문자열을 사용자로부터 입력받은 반복 횟수만큼 출력하는 프로그램을 작성해보자.

| 문제 해결 알고리즘 |

- 사용자로부터 반복할 횟수를 입력받는다.
  ```
  repeat_num=int(input('Enter the number of times to repeat: '))
  ```
- 입력받은 횟수만큼 'You did a good job!'을 출력한다.

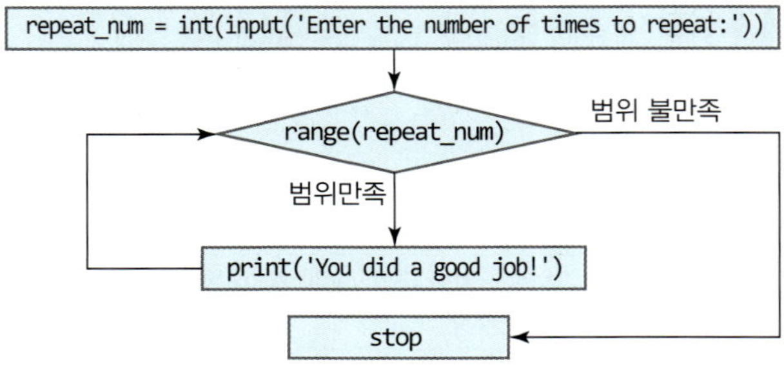

| 프로그램 |

```
repeat_num=int(input('Enter the number of times to repeat: '))
for i in range(repeat_num):
   print('You did a good job!')
```

| 테스트 |

```
>>>
Enter the number of times to repeat: 3
You did a good job!
You did a good job!
You did a good job!
>>>
```

퀴즈 9-5 테스트 결과가 나오도록 프로그램을 채워보자.

| 프로그램 |

```
for number in range( ):
   print(     )
```

| 테스트 |

```
0
1
2
```

참고 while문과 for문의 상호 변환

for문과 while문은 사용자의 편의에 따라 선택해서 사용할 수 있고 서로 변환이 가능하다. 예를 들어, while문을 활용하여 0부터 100까지의 모든 수를 합한 값인 sum을 출력하는 프로그램이 있다.

| 프로그램 |

```
count = 0
sum = 0
while count <= 100 :
    sum = sum + count
    count = count + 1
print (sum)
```

위의 프로그램을 for 문을 사용하여 변환하면 다음과 같다.

| 프로그램 |

```
sum = 0
for count in range(101) :
    sum = sum + count
print (sum)
```

참고 while문과 for문을 사용하는 경우

파이썬에서는 반복문으로 while문과 for문을 제공하고 있다.

물론, while문으로 작성된 문장은 for문으로 변경할 수 있고, 마찬가지로 for문으로 작성된 문장도 while문으로 변경할 수 있다. 굳이 사용하는 경우를 구분한다면 반복의 횟수를 미리 지정할 수 있는 경우 또는 범위를 알고 있는 경우에는 for문을 사용하고, 그렇지 않고 조건식에 의존하는 경우에는 while문을 사용한다.

(1) 반복의 횟수를 조건식에 의존하는 경우에는 While문

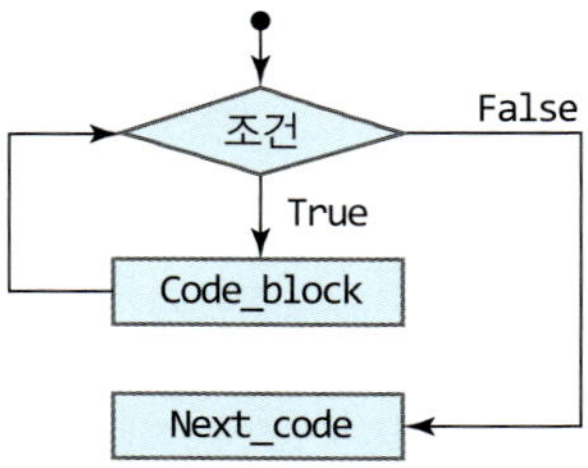

반복의 횟수나 범위를 알 수 없을 때 사용
Infinite Loop 활용 가능

[그림 9-5] while문 순서도

(2) 반복의 횟수나 범위를 미리 알고 있을 경우에는 for문

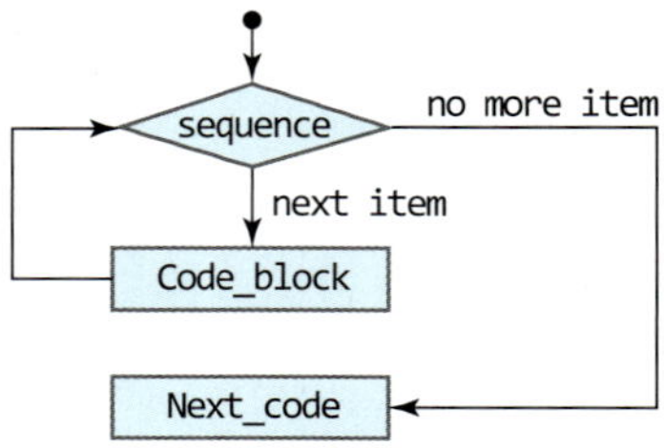

반복의 횟수나 범위를 미리 알 때 편리함

[그림 9-6] for문 순서도

9.2.2 list를 활용한 for문

list의 원소들에 대해 특정한 코드를 반복 수행할 수도 있다.

〈표 9-5〉 list를 활용한 for문

for variable in list: True_statements	list 범위 내의 variable 각각에 대해서 True_statements를 반복적으로 수행

예를 들어, ['dog', 'cat', 'bird']로 구성된 animal이라는 list가 있다. 이 list의 모든 원소 각각에 대해 'I love'라는 문장을 앞쪽에 추가하여 출력하고 싶을 때, list를 활용한 for문을 사용하면 편리하다.

| 프로그램 |

```
animal = ['dog', 'cat', 'bird']
for element in animal:
    print('I love ' + element)
```

| 테스트 |

```
I love dog
I love cat
I love bird
>>>
```

예제 9-4 list를 활용한 for문

| 요구사항 |

names=['Hong gildong', 'Lee suji', 'Kang minwoo']일 때, names의 모든 element에게 힘내라는 메시지인 'Cheer up'을 한 번씩 출력하는 프로그램을 작성해보자.

| 문제 해결 알고리즘 |

names list 범위 내에서 'Cheer up' 문장과 각각의 element 그리고 '!'를 출력한다.

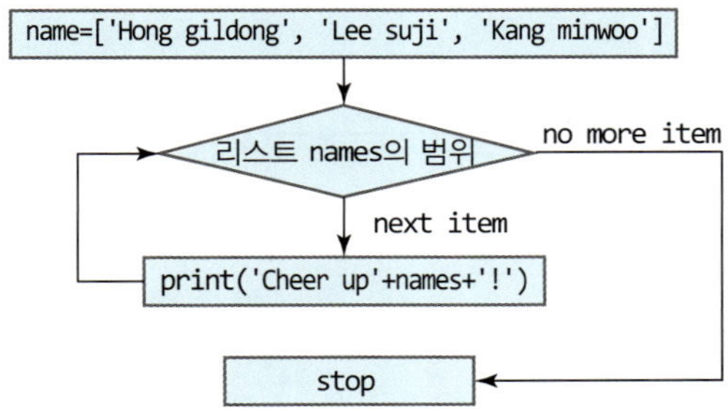

| 프로그램 |

```
for names in ['Hong gildong', 'Lee suji', 'Kang minwoo']:
   print('Cheer up' + names + '!')
```

| 테스트 |

```
>>>
Cheer up Hong gildong!
Cheer up Lee suji!
Cheer up Kang minwoo!
>>>
```

예제 9-5 list를 활용한 for문

| 요구사항 |

names=['Hong gildong', 'Lee suji', 'Kang minwoo'] 일 때 list의 index와 원소를 함께 출력해주는 프로그램을 작성해보자.

| 문제 해결 알고리즘 |

names list 범위 내에서 각각의 index와 원소를 출력한다.

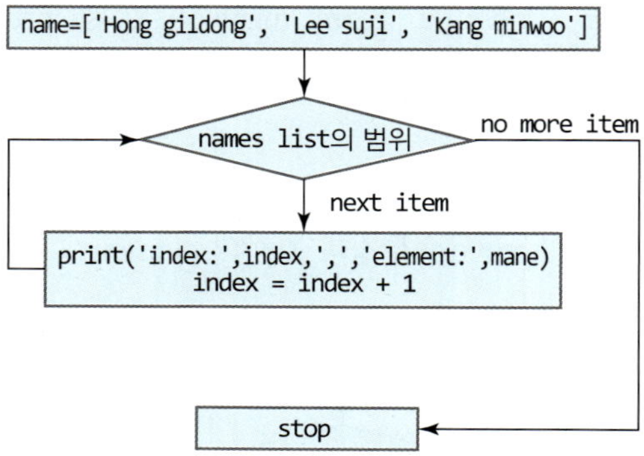

| 프로그램 |

```
names=['Hong gildong', 'Lee suji', 'Kang minwoo']
index=0
for name in names:
   print('index:',index,',','element:',name)
   index=index+1
```

| 테스트 |

```
>>>
index: 0 , element: Hong gildong
index: 1 , element: Lee suji
index: 2 , element: Kang minwoo
>>>
```

참고

반복문의 동작의 흐름을 이해하기 위해 for문의 동작 순서에 따른 상태를 살펴보자.

```
names=['Hong gildong', 'Lee suji', 'Kang minwoo']
index=0
for name in names:
   print('index:', index, ',', 'element:', name)
   index = index + 1
```

예제를 수행하면 다음과 같은 동작 순서를 보인다.

line	name	index	comment
1	-	-	list 생성 ['Hong gildong', 'Lee suji', 'Kang minwoo']
2	-	0	
3	'Hong gildong'	0	loop에서 sequence의 첫 번째 element 접근
4	'Hong gildong'	0	index: 0, element: Hong gildong 출력
5	'Hong gildong'	1	1=0+1
3	'Lee suji'	1	loop에서 sequence의 두 번째 element 접근
4	'Lee suji'	1	index: 1, element: Lee suji 출력
5	'Lee suji'	2	2=1+1
3	'Kang minwoo'	2	loop에서 sequence의 세 번째 element 접근
4	'Kang minwoo'	2	index: 2, element: Kang minwoo 출력
5	'Kang minwoo'	3	3=2+1
3	'Kang minwoo'	3	sequence의 끝, loop의 끝

코드의 첫 번째 줄에서 names라는 list를 생성한다. 두 번째 줄에서는 list의 index를 담을 변수 index_num 변수를 생성하고 0으로 초기화 한다. 세 번째 줄에서 for문을 시작한다. name에는 list의 첫 번째 원소인 'Hong gildong'이 할당된다. 네 번째 줄에서는 현재 list의 index 값을 담은 index_num 값과 현재 for문에서 사용되는 list의 원소를 담은 name의 값을 화면에 출력한다.

다음 for문을 수행하게 되면 index는 다음을 가리키게 될 것이므로 마지막 줄에서 index_num 값을 1만큼 증가시킨다. 이 과정을 names의 원소가 전부 수행할 때까지 반복된다.

실습문제 9-3 list를 활용한 for문

| 요구사항 |

word_list = ['scramble', 'kindly', 'do', 'learn'] 일 때, list의 모든 원소에 접두사 un-을 붙여 정반대의 뜻을 가진 list로 변경해보자.

| 문제 해결 알고리즘 |

- list word_list의 각각의 원소에 un을 붙인다. → word_list = 'un' + suffix
- 바뀐 word_list를 출력한다. → print(word_list)

| 프로그램 |

```
word_list = ['scramble', 'kindly', 'do', 'learn']
index = 0

for suffix in word_list :
    word_list[index] = 'un' + suffix
    index += 1
print(word_list)
```

| 테스트 |

```
>>>
['unscramble', 'unkindly', 'undo', 'unlearn']
>>>
```

9.2.3 문자열을 활용한 for문

문자열의 모든 문자(Spelling)에 대해 특정한 코드를 반복 수행할 수도 있다. string형의 문자열을 이용한 for문의 형태는 아래와 같다.

〈표 9-6〉 문자열을 활용한 for문

for character in 'string': True_statements	문자열 범위 내의 character 각각에 대해서 True_statements를 반복적으로 수행

예를 들어 'string'이라는 문자열의 모든 스펠링을 각각 출력하고 싶을 때 문자열을 활용한 for문을 사용하면 편리하다.

```
>>> for    spelling in 'string':
           print(spelling)


s
t
r
i
n
g
```

'Python' 이라는 문자열을 사용해 string 내의 spell 각각을 연속적으로 출력해주는 프로그램을 작성해보자.

```
>>> for    letter in 'Python':
           print('Current Letter :', letter)


>>>
Current Letter : P
Current Letter : y
Current Letter : t
Current Letter : h
Current Letter : o
Current Letter : n
>>>
```

실습문제 9-4 문자열을 활용한 for문

| 요구사항 |

1번째 알파벳부터 5번째 알파벳까지 알파벳 순으로 구성된 문자열 'abcde'를 사용하여 다음과 같은 출력 결과를 나타내는 프로그램을 작성해보자.

| 출력 결과 |

1번째 알파벳은 a

2번째 알파벳은 b

3번째 알파벳은 c

4번째 알파벳은 d
5번째 알파벳은 e

| 문제 해결 알고리즘 |

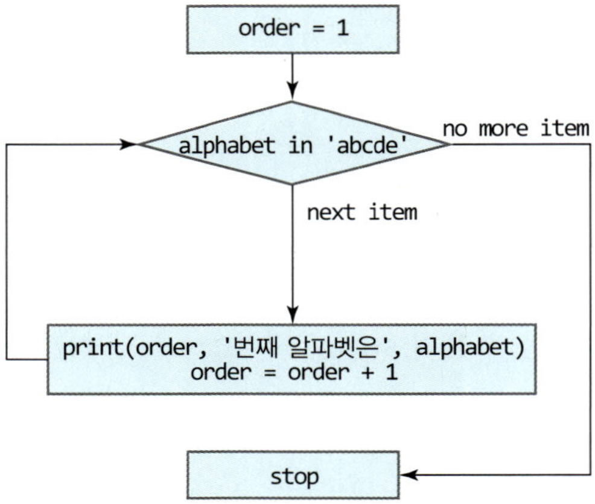

| 프로그램 |

```
order = 1
for alphabet in 'abcde' :
   print(order,'번째 알파벳은', alphabet)
   order += 1
```

| 테스트 |

```
>>>
1번째 알파벳은 a
2번째 알파벳은 b
3번째 알파벳은 c
4번째 알파벳은 d
5번째 알파벳은 e
>>>
```

퀴즈 9-6 다음 프로그램의 실행 결과를 예측해보자.

| 프로그램 |

```
for spelling in 'PYTHON_SPELLING':
    print(spelling + '*')
```

| 테스트 |

주의

기본적으로 반복문은 정수 범위 내에서 동작한다. range() 함수의 입력 값은 int형임을 유의하자. 즉, 범위를 입력받는 경우 형 변환을 반드시 해주어야 한다.

```
repeat_num=input('Enter the number of times to repeat: ')
    → repeat_num은 string형

repeat_num=int(input('Enter the number of times to repeat: '))
    → repeat_num은 int형
```

실습문제 9-5 입력 값을 활용한 for문

| 요구사항 |

사용자가 입력한 정수의 팩토리얼 값을 출력하는 프로그램을 만들고자 한다. 입력 값을 n으로 가정했을 때, n!=1×2×3× …… ×n−1×n의 연산이 가능해야 한다.

| 문제 해결 알고리즘 |

- 사용자로부터 숫자를 입력받는다. → n = int(input('enter the number : '))
- 입력받은 수의 팩토리얼 값을 구하여 출력한다.

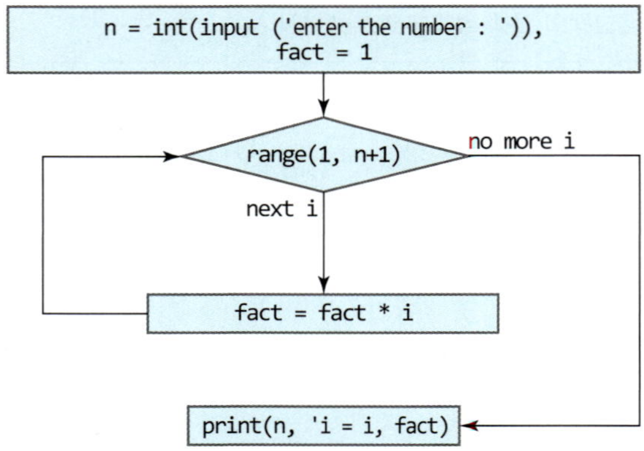

| 프로그램 |

```
n = int(input('enter the number : '))
fact = 1
for i in range(1,n+1) :
   fact *= i
print(n, '! = ', fact)
```

| 테스트 |

```
>>>
enter the number : 5
5 ! = 120
>>>
```

참고 for문의 break 사용

while문에서 배웠듯이, for문에서도 반복문에서 발생하는 무한 반복을 제어하기 위해 break를 사용한다. break는 sequence가 존재하더라도 사용자가 원하는 시점에 강제적으로 반복을 중단한다.

〈표 9-7〉 for문의 break문 사용

for item in sequence:
    True_statements
(break) 조건 :
    break
	sequence 내의 item에 대해서 True_statements를 반복적으로 수행하다가 break가 수행되면 반복을 중단하고 for문을 빠져나감

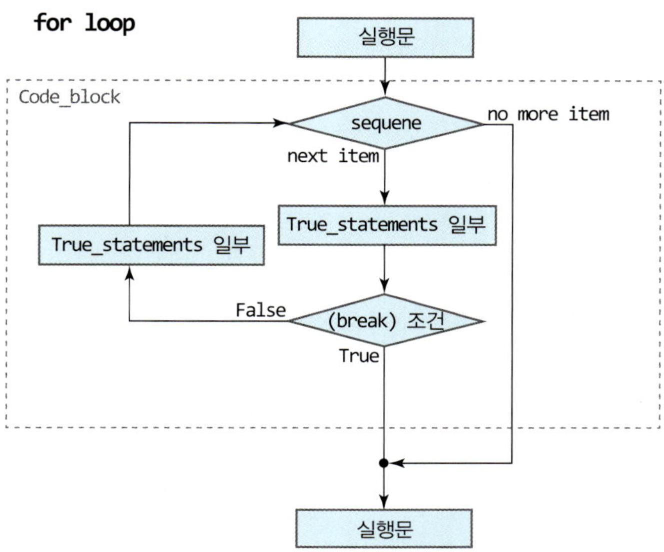

[그림 9-7] for문의 break문 작동 흐름

9.3 조건문과 반복문의 혼용

반복문과 조건문을 함께 사용하는 경우도 있다. 조건에 해당하는 경우에만 반복문을 수행하거나, 반복문내에서 조건의 결과에 따라 실행문이 달라질 때 조건문을 활용한다.

〈표 9-8〉 반복문 안에 조건문이 들어있는 경우

구문	설명

for variable in range(num):
    if 조건 :
        True_statements
	range 범위 내의 variable 각각에 대해서 조건문의 조건을 확인한 후, 조건이 참일 경우 True_statements를 수행함

예를 들어, 50 미만의 숫자 중 5의 배수만을 출력하고 싶을 때 if문을 사용하여 다음과 같이 프로그램을 만들 수 있다.

| 프로그램 |

```
for number in range(50):
    if number % 5 == 0:
        print(number)
```

| 테스트 |

```
0
5
10
15
20
25
30
35
40
45
```

예제 9-6 조건문과 반복문의 혼용

| 요구사항 |

10부터 19까지의 정수가 있을 때 짝수만 출력하는 프로그램을 작성해보자.

| 문제 해결 알고리즘 |

- 10부터 19까지의 범위를 지정한다. → range(10, 20)
- 지정된 범위 내에서 짝수를 구한다. 이때, 2로 나누었을 때 나머지가 0인 수로 짝수를 구할 수 있다.

| 프로그램 |

```
for num in range(10, 20):
    if num % 2 == 0:
        print(num, 'is a even number')
```

| 테스트 |

```
>>>
10 is a even number
12 is a even number
14 is a even number
16 is a even number
18 is a even number
>>>
```

실습문제 9-6 조건문과 반복문의 혼용

| 요구사항 |

string형과 int형으로 구성된 list mixlist = ['apple', 5, 'banana', 'grape', 3, 8, 6, 'melon'] 일 때, mixlist의 각 element의 형이 string형인지 int형인지 판별해 출력하는 프로그램을 작성해보자.

| 문제 해결 알고리즘 |

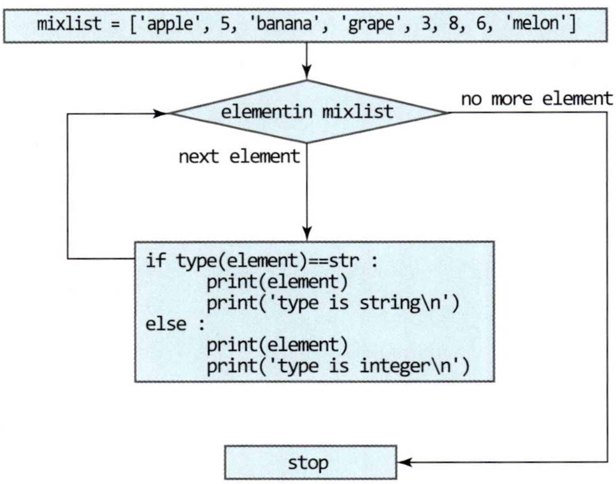

| 프로그램 |

```
mixlist = ['apple', 5, 'banana', 'grape', 3, 8, 6, 'melon']

for element in mixlist :
    if type(element) == str :
        print(element)
        print('type is string')
    else :
        print(element)
        print('type is integer\n')
```

| 테스트 |

```
>>>
apple
type is string

5
type is integer

banana
type is integer

grape
type is string

3
type is integer

8
type is integer

6
type is integer

melon
type is string
>>>
```

퀴즈 9-7 다음의 프로그램의 실행 결과를 예측해보자.

| 프로그램 |

```
for num in range(10, 20):
    if (num%2 == 0) and (num%3 == 0):
        print('6 x', num/6, '=', num )
```

참고 반복문의 중첩

조건문과 마찬가지로 반복문 또한 중첩이 가능하다. 하나의 for문 혹은 하나의 while문으로는 해결되지 않는 문제가 발생할 시 이를 해결하고자 중첩된 반복(Nested for statements)을 사용한다. 예를 들어, 구구단과 같은 프로그램을 작성하고 싶다면 for문이나 while문만으로는 구현이 불가능하다.

〈표 9-9〉 for문 중첩

for item1 in sequence1:
    True_statements1
    for item2 in sequence2:
        True_statements2
	sequence1 내의 item1 각각에 대해서 True_statements1과 다음 for문을 반복적으로 수행
	sequence2 내의 item2 각각에 대해서 True_statements2를 반복적으로 수행

〈표 9-10〉 while문 중첩

while 조건1 :
    True_statements1
    while 조건2 :
        True_statements2
	조건1을 만족할 경우 True_statements1과 다음 while문을 반복적으로 수행
	조건2를 만족할 경우 True_statements2를 반복적으로 수행

요약

- while문은 특정 조건을 만족하는 동안 코드를 계속해서 수행하는 반복문이다.
- while문의 조건이 계속해서 참일 때, 계속해서 코드가 수행되는 것을 무한 루프라고 한다. 이때, break를 사용하여 무한루프에서 빠져나올 수 있다.
- for문은 반복의 횟수나 범위를 미리 알고 있을 경우에 사용하는 것이 효과적인 반복문이다.
- 조건에 해당하는 경우에만 반복문을 수행하거나, 반복문 내에서 조건의 결과에 따라 실행문이 달라질 때에 조건문과 반복문을 혼용한다.

연습문제

[기본 문제]

1 반복의 횟수를 미리 지정할 수 있는 경우 또는 범위를 알고 있는 경우에는 (   )을, 그렇지 않고 반복의 횟수를 조건식에 의존하는 경우에는 (   )을 사용한다.

2 다음 프로그램 중 잘못된 부분을 찾아보자.

| 요구사항 |

1부터 10까지의 총합을 구하는 프로그램을 작성한다.

| 프로그램 |

```
count = 1
while count <=10 :
    sum = sum + count
    count = count + 1
```

3 다음의 요구사항에 따라 프로그램을 작성해보자.

| 요구사항 |

range() 함수를 사용하여 1부터 10까지 모든 정수를 더한 결과를 출력하는 프로그램을 작성해보자.

| 테스트 |

```
>>>
55
>>>
```

4 다음의 요구사항에 따라 프로그램을 작성해보자.

| 요구사항 |

10부터 20 사이에 홀수를 출력하는 프로그램을 for문을 이용하여 작성해보자.

| 테스트 |

```
>>>
11 is a odd number
13 is a odd number
15 is a odd number
17 is a odd number
19 is a odd number
>>>
```

5 다음의 요구사항에 따라 프로그램을 작성해보자.

| 요구사항 |

for문과 while문의 중첩을 사용하여 아래의 결과에 적합하도록 프로그램을 작성해보자.

| 테스트 |

```
>>>
*
**
***
****
*****
>>>
```

6 다음 요구사항에 따라 프로그램을 작성해보자.

| 요구사항 |

“10번 찍어 안 넘어가는 나무 없다.”라는 속담이 있다. 이 속담을 반복문 중 while문을 이용하여 구현해보자.

| 테스트 |

```
>>>
나무를 1 번 찍었다.
나무를 2 번 찍었다.
나무를 3 번 찍었다.
나무를 4 번 찍었다.
나무를 5 번 찍었다.
나무를 6 번 찍었다.
나무를 7 번 찍었다.
나무를 8 번 찍었다.
나무를 9 번 찍었다.
나무를 10 번 찍었다.
나무가 넘어갔다.
>>>
```

7 다음의 요구사항에 따라 프로그램을 작성해보자.

| 요구사항 |

30 이하의 정수를 입력하면 입력한 정수보다 큰 수부터 30까지의 모든 정수를 출력하는 프로그램을 for문을 이용하여 작성해보자.

| 테스트 |

```
>>>
Enter the even number (1~30) : 20
22
24
26
28
30
>>>
```

8 다음의 요구사항에 따라 프로그램을 작성해보자.

| 요구사항 |

한 층과 다음 층 사이에 8개의 계단이 있는 건물이 있다. 이때, 1층에서 2층으로 한 계단씩 올라가는 프로그램을 while문으로 구현해보자.

| 테스트 |

```
>>>
계단을 1 칸 올라갔습니다.
계단을 2 칸 올라갔습니다.
계단을 3 칸 올라갔습니다.
계단을 4 칸 올라갔습니다.
계단을 5 칸 올라갔습니다.
계단을 6 칸 올라갔습니다.
계단을 7 칸 올라갔습니다.
계단을 8 칸 올라갔습니다.
다음 층에 도착 하였습니다.
>>>
```

9 다음의 요구사항에 따라 프로그램을 작성해보자.

| 요구사항 |

10이상의 정수를 입력하면 그 수의 약수를 출력해주는 프로그램이다.
for문을 이용해 작성해보자.

| 테스트 |

```
>>>
10이상의 정수 입력: 25
25 의 약수
1
5
25
>>>
```

10 다음의 요구사항에 따라 프로그램을 작성해보자.

| 요구사항 |

양의 정수들의 덧셈을 수행하려한다. 더하고자 하는 숫자들 입력 후, 0을 입력하면 입력은 종료가 되고 앞서 입력한 숫자들을 더하여 출력하는 프로그램을 while문을 이용해 작성해보자.

| 테스트 |

```
>>>
덧셈을 하고 싶은 양의 정수들을 입력하세요. 0 입력 시 종료.
2
5
6
11
14
0
총 합은  38 입니다.
>>>
```

[중급 문제]

11 다음의 요구사항에 따라 프로그램을 작성해보자.

| 요구사항 |

리스트에 학생들의 점수를 입력하여 리스트 번호순으로 '합격' 또는 '불합격'을 통보하는 프로그램을 작성해보자.

| 테스트 |

```
>>>
1 번 학생 통과
2 번 학생은 불합격입니다.
3 번 학생은 불합격입니다.
4 번 학생은 불합격입니다.
5 번 학생 통과
6 번 학생 통과
>>>
```

12 다음의 요구사항에 따라 프로그램을 작성해보자.

| 요구사항 |

리스트에 학생들의 점수를 입력하여 리스트 번호순으로 '합격' 또는 '불합격'을 통보하는 프로그램을 작성해보자.

| 테스트 |

```
>>>
Enter the odd number : 11
36
>>>
```

13 다음의 요구사항에 따라 프로그램을 작성해보자.

| 요구사항 |

리스트를 원소로 갖는 리스트의 각 원소들의 합을 구하는 프로그램을 while문을 이용하여 작성해보자.

a = [(1, 3), (3, 5), (7, 9), (13, 15)]

| 테스트 |

```
>>>
4
12
20
28
>>>
```

14 다음의 요구사항에 따라 프로그램을 작성해보자.

| 요구사항 |

딸기, 사과, 바나나, 수박, 포도 순서대로 과일을 냉장고에 넣었다. 최근에 넣은 순서대로 과일을 꺼내는 프로그램을 for문을 이용하여 작성해보자.

| 테스트 |

```
>>>
grape, watermelon, banana, apple, strawberry
>>>
```

15 다음의 요구사항에 따라 프로그램을 작성해보자.

| 요구사항 |

수를 입력받아 그 수가 짝수인지 홀수인지 판별하는 프로그램을 작성해보자.

- while문의 무한루프를 사용하여라.
- 0을 입력하면 EXIT을 출력하고, break문을 사용하여 무한루프에서 탈출하여라.
- 5, 3, 2의 숫자를 각각 입력하여 결과가 제대로 출력되는지 살펴보아라.

| 테스트 |

```
>>>
Enter the number : 5
5 is odd number
Enter the number : 3
3 is odd number
Enter the number : 2
2 is even number
>>>
```

16 다음의 요구사항에 따라 프로그램을 작성해보자.

| 요구사항 |

수를 입력받아 그 수가 소수인지 판별하는 프로그램을 작성해보자.

- while문의 무한루프를 사용하여라.
- 0을 입력하면 EXIT을 출력하고, break문을 사용하여 무한루프에서 탈출하여라.
- 10, 12, 17, 29, 0의 숫자를 각각 입력하여 결과가 제대로 출력되는지 살펴보아라.

| 테스트 |

```
>>>
Enter the number : 10
10은 소수가 아닙니다.
Enter the number : 12
12은 소수가 아닙니다.
Enter the number : 17
17은 소수입니다.
Enter the number : 29
29은 소수입니다.
Enter the number : 0
EXIT
>>>
```

17 다음의 요구사항에 따라 프로그램을 작성해보자.

| 요구사항 |

사용자에게 양의 정수 n을 입력 받아 1부터 n까지 짝수들의 합을 구하고자 한다.
for문을 사용해서 구해보자.

| 테스트 |

```
>>>
자연수 입력: 8
짝수 합:  20
>>>
```

18 다음의 요구사항에 따라 프로그램을 작성해보자.

| 요구사항 |

사용자에게 양의 정수 n을 입력 받아 1부터 n까지 홀수들의 합을 구하고자 한다.
for문을 사용해서 구해보자.

| 테스트 |

```
>>>
자연수 입력: 9
홀수 합:  25
>>>
```

[고급 문제]

19 2단부터 9단까지 구구단을 출력하는 프로그램을 작성해보자.

(1) for문을 이용하기
(2) while문을 이용하기

| 테스트 |

```
>>>
2단 : 2  4  6  8  10  12  14  16  18
3단 : 3  6  9  12  15  18  21  24  27
4단 : 4  8  12  16  20  24  28  32  36
5단 : 5  10  15  20  25  30  35  40  45
6단 : 6  12  18  24  30  36  42  48  54
7단 : 7  14  21  28  35  42  49  56  63
8단 : 8  16  24  32  40  48  56  64  72
9단 : 9  18  27  36  45  54  63  72  81
>>>
```

20 다음의 요구사항에 따라 프로그램을 작성해보자.

| 요구사항 |

테스트와 같이 출력되도록 for문을 이용하여 프로그램을 작성하여라.

| 테스트 |

```
>>>
*

* * *

* * * * *

* * * * * * *

* * * * * * * * *
>>>
```

21 다음의 요구사항에 따라 프로그램을 작성해보자.

| 요구사항 |

시험을 치른 후, 맞은 개수를 알려주는 프로그램이다. 사용자의 이름과 문제의 개수를 입력하고, 문제를 맞혔는지 아닌지를 입력하면 맞은 개수를 출력해준다.
for문을 이용해서 프로그램을 작성해보자.

| 테스트 |

```
>>>
이름: 수진
문제 개수: 6
***********************************
1 번 문제를 해결했나요?(y/n):
y
2 번 문제를 해결했나요?(y/n):
y
3 번 문제를 해결했나요?(y/n):
n
4 번 문제를 해결했나요?(y/n):
y
5 번 문제를 해결했나요?(y/n):
y
6 번 문제를 해결했나요?(y/n):
n
***********************************
수진 학생, 총  4 문제를 해결했습니다.
>>>
```

22 다음의 요구사항에 따라 프로그램을 작성해보자.

| 요구사항 |

공을 일정 높이에서 던졌을 때, 원래의 높이의 1/2만큼 튀어 오른다고 한다.
그러다가 높이가 0.00001m보다 낮으면 튀어 오르지 않는다.
while문을 이용해서 다음 프로그램을 작성해보자.

| 테스트 |

```
>>>
높이를 입력하세요(m): 30
공이 튀긴 횟수는  21 회입니다.
>>>
```

10

CHAPTER

특정 작업을 수행하는 함수

10.1 함수 소개

10.2 함수의 정의와 호출

규모가 크고 복잡한 문제를 해결하는 방법은 전체를 작고 간단한 문제들로 나누어서 작업하는 것이다. 그렇게 하면 전체는 작은 문제들의 합으로 구성된다.

10 특정 작업을 수행하는 함수

단원개요

1. 문제 해결에서 큰 작업을 작은 작업으로 나누는 방법을 익힌다.
2. 특정 작업을 담당하는 함수의 선언 방법을 배운다.
3. 함수를 활용하는 방법을 실습한다.

10.1 함수 소개

우리가 해결해야 하는 문제들의 범위가 더 커지고 복잡해지면, 그 문제를 해결하기 위해 작성해야 하는 프로그램도 커진다. 앞에서 배운 조건문이 많아지고, 반복문도 여러 개가 포함될 것이다. 그렇게 되면 그 프로그램을 정확하게 작성하는 작업이 만만치 않게 복잡해지고 힘들어진다.

이런 문제를 해결하는 방법은 전체 프로그램을 작고 간단한 프로그램들로 나누어서 작업하는 것이다. 이 작고 간단한 프로그램들을 '함수'라고 부른다. 그렇게 되면 전체 프로그램은 작고 간단한 프로그램인 함수들의 집합으로 구성된다.

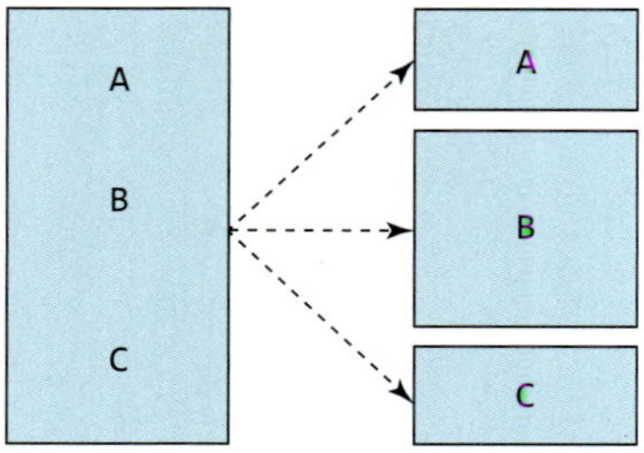

[그림 10-1] 간단한 프로그램(함수)으로 나누어지는 전체 프로그램

예를 들어, 만년 달력 프로그램을 작성한다고 가정해 보자. 사용자로부터 원하는 년과 월을 입력으로 받아서 달력으로 출력해야 하는 문제이다. 이 문제를 풀기 위해서는 크게 3가지 작업이 필요하다.

(1) **입력 작업:** 사용자로부터 원하는 년과 월의 입력을 받는다. 사용자가 입력해야 하는 형식을 정해야 하고, 그 입력이 맞는지 검증해야 한다. 만약에 0월이나 13월 같은 잘못된 입력을 하면 다시 정정하도록 메시지를 보낸다.
(2) **처리 작업:** 주어진 입력을 기반으로 해당 월의 1일이 무슨 요일인지를 결정해야 한다. 중간에 윤년 여부를 결정해야 하는 과정도 포함된다.
(3) **출력 작업:** 배경 모습, 글씨 모양, 글씨 크기, 색 등의 출력 양식을 결정하고 해당하는 달을 1주일 단위로 출력한다.

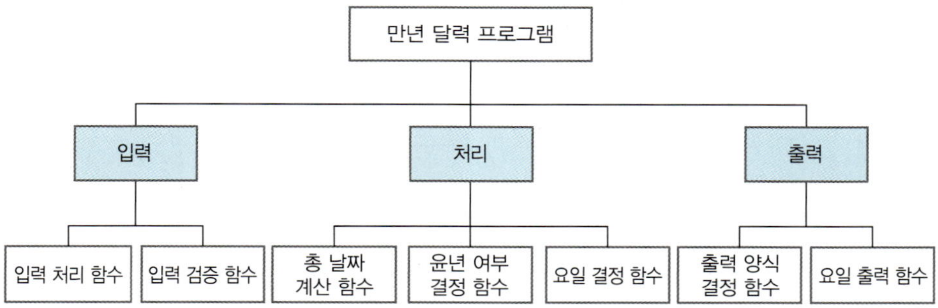

[그림 10-2] 만년 달력

각 세부 작업들은 크기와 복잡한 정도에 따라서 더 작게 혹은 더 크게 나눌 수도 있다. 이렇게 작은 단위인 함수로 나누어 보면 큰 문제도 쉽게 이해가 되고 전체적인 완성도를 점검할 때도 훨씬 용이함을 알 수 있다.

함수를 나눌 때는 앞의 예제처럼 특수 목적을 할당하는 것이 바람직하다. 특수 임무를 수행하는 함수는 한 번 만들어 두면, 후에 지속해서 재사용이 가능하므로 프로그램의 효율성을 높일 수 있다. 그래서 일반적으로 많이 쓰이는 작업을 프로그래밍 언어에서는 미리 파악해서 함수로 제공하고 있다. 우리가 앞에서 사용해온 len() 함수, input() 함수, print() 함수와 같은 함수가 그 예이다.

조금 쉬운 문제를 한번 풀어 보자. 문제의 요구사항은 '삼각형의 세 변을 입력으로 받아 정삼각형, 이등변삼각형의 여부를 알려주는 것'이다.

알고리즘을 생각해 보면, 입력을 받아서 삼각형의 요건이 되는지 확인하고, 정삼각형, 이등변삼각형 여부를 확인하면 된다. 이때, 우리는 입력 함수와 출력 함수 이외에 3개의 함수를 생각해볼 수 있다.

(1) 삼각형 요건 확인 함수: is_triangle() 함수
(2) 정삼각형 여부 확인 함수: is_regular() 함수
(3) 이등변삼각형 여부 확인 함수: is_isosceles() 함수

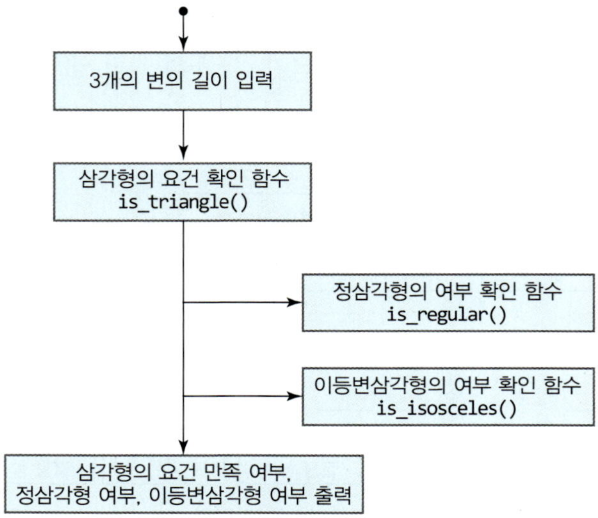

[그림 10-3] 문제 해결 알고리즘

이 함수들을 사용하여 알고리즘을 만들면 매우 간단하다.

(1) 3변의 값을 읽는다.
    if ! is_triangle()
        출력 삼각형이 아님. 다시 입력하시오.
(2) if is_regular()
        출력 정삼각형
    elif is_isosceles()
        출력 이등변삼각형
    else
        출력 정삼각형도, 이등변삼각형도 아님

10.2 함수의 정의와 호출

파이썬에서 함수를 정의하고 호출하는 방법에 대해 살펴보자. 알고리즘에서 파악한 함수들은 정의가 되어야만 호출할 수 있다. 함수 정의는 함수가 하는 일을 정의하는 것이고, 함수 호출은 정의된 함수를 사용하는 것이다.

함수의 정의와 호출은 return문을 통해 값을 반환하는 함수인지, return문이 없는 함수인지에 따라 달라진다. 우선은 return문이 있는 함수의 정의와 호출을 먼저 살펴보자. 지금까지 우리가 다루었던 함수는 이 그룹에 해당된다.

10.2.1 return문을 통해 값을 반환하는 함수(Value Returning Functions)

return문을 통해 값을 반환하는 함수는 수학에서의 함수와 유사하다.

참고 프로그래밍에서의 함수

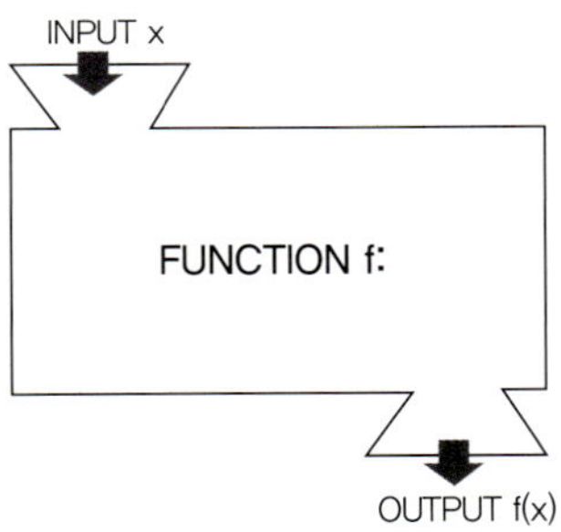

[그림 10-4] 그림으로 표현한 함수

프로그래밍에서 함수는 수학의 함수에서 그 개념을 가져온 것처럼 보인다. 각 함수는 주어진 특정한 목적의 연산을 수행한다. 즉, 적정한 값을 입력값으로 주면, 함수는 주어진 연산을 수행하고 출력 값을 돌려준다. 예를 들어, $f(x)=x^2+x+1$ 라는 함수가 있다. 이때, x에 2라는 값을 대입한다면 $f(2)=2^2+2+1=7$ 이라는 결과를 도출해 낼 것이다.

– 수학함수 –

$f(x)=x^2+x+1$

$f(5)$

$= 25 + 5 + 1$

$= 31$

〈표 10-1〉 return문이 있는 함수 정의

def FunctionName(n1, n2, …) : Statements return ResultValue	함수 이름이 FunctionName 이라는 함수를 정의함 괄호 안의 인자(parameters)인 n1, n2, … 을 입력값으로 받아 Statements을 수행하고 그의 결괏값인 ResultValue을 반환(return문) 한 후, 함수를 종료함

함수 정의의 구성 요소인 함수 이름과 인자, return문에 대한 주의사항은 다음과 같다.

〈표 10-2〉 함수 정의 시 주의 사항

함수 이름 (Function Name)	· 함수가 수행하는 작업을 요약하는 의미 있는 이름을 사용하는 것이 좋다. · 함수 이름 작성 시 변수 이름 작성 규칙을 지켜야 한다. - 맨 처음 단어는 문자로 작성한다. - 문자, 숫자, _(Under bar)로 이루어진 이름을 사용한다. - 키워드에 있는 이름은 사용할 수 없다. (예) if, while, def 등
인자 (Parameters)	· 인자는 여러 개 사용할 수 있다. · 인자를 사용하지 않을 수도 있다. 이때는 인자를 생략하고 괄호만 표기한다.
return문	· 결괏값을 반환해주는 문장이다. · return문을 수행하면 함수가 종료된다. · return 뒤에는 값, 수식 또는 변수 등이 사용될 수 있다. · 값을 반환하지 않고, 작업만 수행하는 함수도 있다. 이때는 return문 전부를 생략한다.

위와 같은 방법으로 함수를 정의할 수 있는데, 이때 기억해야 할 중요한 사항은 함수를 정의하는 것과 함수를 수행하는 것은 다르다는 것이다. 함수의 수행은 함수를 정의한 후에 함수 호출을 통해 이루어진다.

〈표 10-3〉 return문이 있는 함수의 호출

result = FunctionName()	함수 이름이 FunctionName 이라는 함수를 호출하여 함수가 반환하는 값인 ResultValue를 저장할 변수(result)를 지정하여 저장함

다음은 이름이 average인 함수의 정의문이다.

```
def average(num1, num2):
    result = (num1 + num2)/2
    return result
```

괄호 안의 인자인 num1, num2 를 입력값으로 받아 result = (num1 + num2)/2을 수행하고, 그 결괏값 result을 반환 한 후, 함수를 종료한다. 함수 호출은 함수명과 입력 변수를 지정함으로써 이루어진다. 위 예의 함수 호출은 다음과 같다.

```
mid = avearge(10, 20)
print (mid)
```

return이 있는 함수는 결괏값으로 대체되기 때문에, 다음과 같이 연산식에서도 사용할 수 있다. 실행문의 결과, goal은 average(2,4)*2의 값인 3*2=6의 값을 갖게 된다.

```
goal = average(2, 4) * 2 = 3 * 2
```

예제 10-1 return문이 있는 함수 정의 및 호출 1

| 요구사항 |

직육면체의 부피를 구하는 함수를 정의하고 호출해 보자.

| 문제 해결 알고리즘 |

- 부피를 구하는 공식은 가로×세로×높이다. → volume=width×length×height

| 프로그램 |

```
def calculate_volume (width, length, height):
    result = width x length x height
    return result
```

| 테스트 |

```
>>> volOfBox = calculate_volume(4, 4, 5)
>>> print (VolOfBox)
```

예제 10-2 return문이 있는 함수 정의 및 호출 2

| 요구사항 |

수학함수 $f(x)=x^2+x+1$를 함수로 정의하고, f(5)를 구해보시오.

| 문제 해결 알고리즘 |

result = x * x + x + 1

| 프로그램 |

```
def f(x):
    result = (x * x) + x + 1
    return result
```

| 테스트 |

```
>>> ans = f(5)
>>> print (ans)
31
```

실습문제 10-1 return문이 있는 함수 정의 및 호출 1

| 요구사항 |

int형 숫자 1개를 인자로 입력받아, 그 인자보다 3이 큰 값을 반환하는 함수를 정의해 보자.

| 문제 해결 알고리즘 |

① 함수 이름은 increase_3, 인자는 number → def increase_3(number):
② number에 3을 더한 결괏값인 result 구하기 → result = number + 3
③ 실행의 결괏값인 result를 반환한다. → return result

| 프로그램 |

```
def increase_3(number) :        ①
    result = number + 3         ②
    return result               ③
```

정의된 함수는 아래와 같이 함수의 이름과 인자를 사용해서 호출한다.
값이 3인 n1, 값이 4인 n2, 값이 5인 n3을 각각 인자로 넣어 함수를 호출하여 보자.

| 테스트 |

```
>>> n1 = 3
>>> n2 = 4
>>> n3 = 5
>>> increase_3(n1)
6
>>> increase_3(n2)
7
>>> increase_3(n3)
8
>>>
```

실습문제 10-2 return문이 있는 함수 정의 및 호출 2

| 요구사항 |

int형 숫자로 구성된 list를 인자로 입력받아,
list를 구성하는 element의 평균값을 반환하는 함수를 정의해보자.

| 문제 해결 알고리즘 |

① 함수 이름은 list_avg, 인자는 list인 numlist → def list_avg(numlist)
② list의 평균값을 구한다.
  ②-1 list의 모든 element들을 sum에 더한다.
    → for number in numlist:
      sum = sum + number

②-2 모두 더한 값을 list의 길이로 나눈다. → avg = sum/len(numlist)

③ 실행의 결괏값인 avg를 반환한다. → return avg

| 프로그램 |

```
def list_avg(numlist) :          ①

    sum = 0              # 특정한 값을 지정하지 않을 변수는 0으로 초기화해주어야 한다.
    avg = 0
    for number in numlist :      ②-1
        sum += number
    avg = sum/len(numlist)       ②-2

    return avg                   ③
```

예를 들어, 값이 [90, 80, 70, 50, 60]인 math_score를 인자로 넣어 함수를 호출해보자.

| 테스트 |

```
>>>
>>> math_score = [90,80,70,50,60]
>>> list_avg(math_score)
70.0
>>>
```

퀴즈 10-1 다음 요구사항을 만족하는 함수를 정의해보자.

| 요구사항 |

- 두 개의 숫자를 입력받아 두 수의 차를 구하는 함수를 작성한다.
- 함수 이름은 sub_number이다.
- 인자로 number1, number2를 입력받는다.
- 결괏값으로 result를 반환한다.

| 프로그램 |

함수만으로 이루어진 파일을 만들어 저장, 실행하여 IDLE 창에서 함수를 자유롭게 활용할 수 있다.

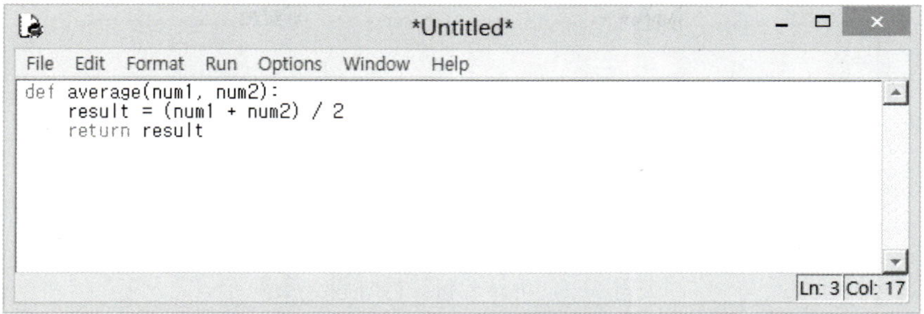

[그림 10-5] 함수 파일로 저장

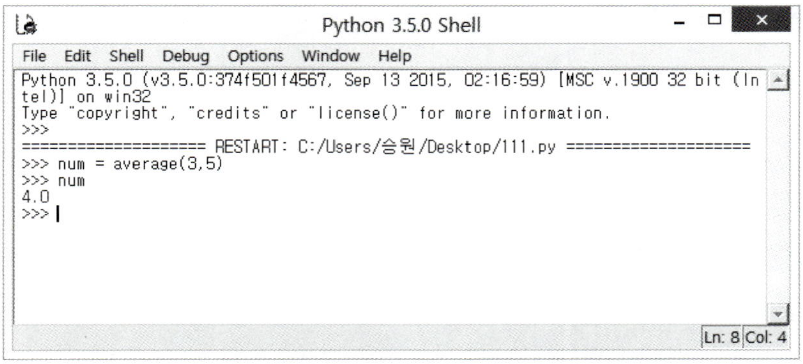

[그림 10-6] IDLE창 통해 함수 호출

함수는 파일로 저장하는 것이 바람직하다. 함수 호출은 같은 파일에서 해도 되고, IDLE에서도 가능하다. 단, 이때는 반드시 함수가 호출되기 전에 미리 정의되어 있어야 한다.

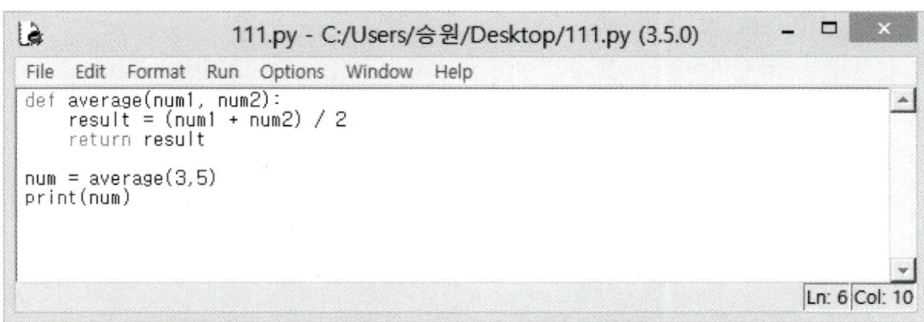

[그림 10-7] 함수 호출을 포함하여 파일로 저장

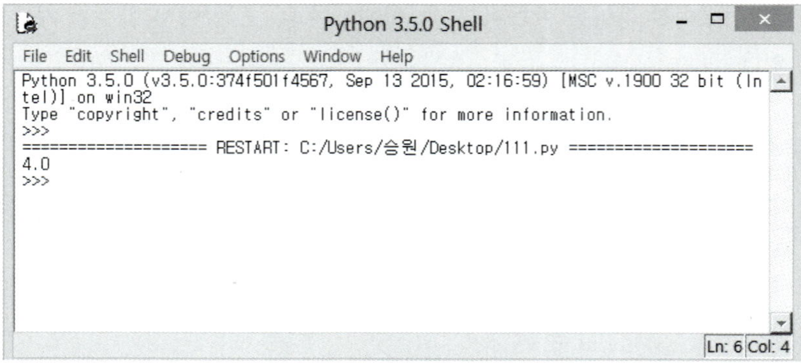

[그림 10-8] 파일 실행을 통해 함수 호출

참고 함수의 동작 원리

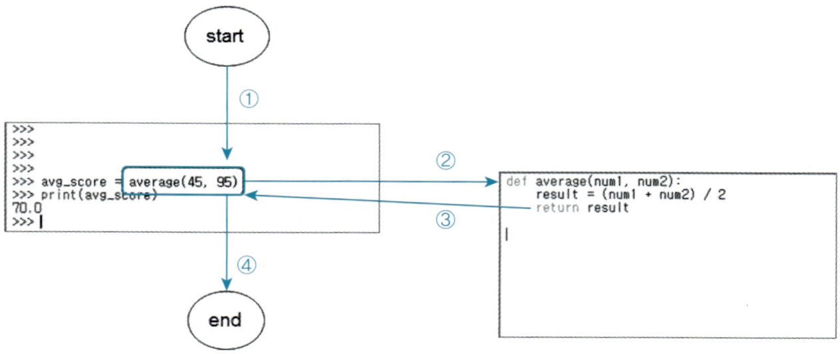

[그림 10-9] 함수의 동작 원리

① 첫 번째 문장부터 실행한다.

② average() 함수를 호출한다.

– average() 함수가 정의되어 있는 파일로 넘어간다.

– average() 함수의 프로그램을 실행한다.

③ 실행의 결괏값인 result를 반환한다.

– 변수 avg_score에 반환된 result 값이 할당된다.

④ 함수의 수행이 끝난 후에는 IDLE창으로 복귀하여 다음 print문을 실행한다.

참고 주석

파이썬으로 프로그래밍할 때, 프로그램의 실행과는 상관없지만 코드의 이해를 위해 코드 사이사이에 설명을 남겨두고 싶을 때가 있다. 주석은 코드와 같이 작성하지만, 실행과는 상관이 없는 특수한 기능이다. 아래의 예제를 살펴보자.

```
totalPrice = productPrice * 1.1
```

위 문장에서 제품 가격에 왜 1.1을 곱했는지 코드만 봐서는 알 수 없다. 이 코드를 작성한 사람도 시간이 지나면 1.1의 의미를 기억하지 못할 수 있다.

```
totalPrice = productPrice * 1.1  #10%의 세금을 추가함
```

이후의 문장은 해석기가 인지하지 않는다. 즉 이 문장은 'totalPrice = productPrice * 1.1'과 동일하게 실행된다. 그러나 # 이후의 설명을 작성함으로써 우리는 왜 1.1을 곱했는지 이해할 수가 있다.
#을 이용해 설명을 추가하는 방법을 주석이라 한다. # 이후에 작성한 문장은 다음 줄로 넘어가기 전까지 해석기는 인지하지 않는다. 즉, 컴퓨터와는 전혀 상관없는 사람만 알아볼 수 있는 문장이다. 위의 방법은 다음처럼 사용할 수도 있다.

```
#10%의 세금을 추가함
totalPrice = productPrice * 1.1
```

만약, 한 줄이 아니라 여러 줄의 주석을 사용해야 한다면 따옴표 3개를 이용해서 작성할 수 있다. 다음의 예제를 살펴보자.

```
"""
모든 제품에는 10%의 세금이 추가되어야 합니다.
부가가치세와 관련된 국내 법규를 지켜야 합니다.
해당 내용은 2015.10.11 부터 적용됩니다.
"""
totalPrice = productPrice * 1.1
```

1번째 줄의 """와 5번째 줄의 """사이의 설명은 주석으로 처리되고, 실제 실행은 'totalPrice = productPrice * 1.1;' 한 문장만 된다. 주석을 사용하면 코드의 이해를 높일 수 있으므로, 필요한 부분에는 작성하는 것이 좋다. 그러나 부정확하거나 불필요한 주석은 오히려 코드의 이해를 떨어뜨릴 수 있으므로 주의하자.

퀴즈 10-2 다음과 같은 요구사항을 만족하는 프로그램을 작성해보자.

| 요구사항 |

다음과 같이 실행하는 프로그램을 따로 함수 파일을 생성하여 다음의 [테스트]와 같이 실행하도록 작성한다.

```
>>> def maxlist(numlist):
    maximum = 0
    for number in numlist:
        if maximum < number:
            maximum = number
    return maximum

>>> math_score = [80, 50, 90, 75, 35]
>>> maxlist(math_score)
80
```

| 파일 |

| 테스트 |

```
>>> math_score = [80, 50, 90, 75, 35]
>>> maxlist(math_score)
80
```

10.2.2 return문이 없는 함수(Non-Value Returning Functions)

함수는 주로 어떤 값을 입력받아서 처리하고 그 결과를 반환하는 구조이다. 하지만 경우에 따라서는 결과를 반환하지 않을 수도 있다. 즉, 결괏값(return 문)이 없는 경우도 있다.

〈표 10-4〉 return 문이 없는 함수 정의

def FunctionName(n1, n2, …) : Statements print ResultValue	함수 이름이 FunctionName 이라는 함수를 정의함 괄호 안의 인자(parameters)인 n1, n2, … 을 입력 값으로 받아 Statements을 수행함. 그 결괏값인 ResultValue을 출력(print) 한 후, 함수를 종료

다음은 앞에서 사용했던 average() 함수를 return문이 없는 함수로 재정의한 예이다.

```
def average(num1, num2):
    result = (num1 + num2)/2
    print result
```

괄호 안의 인자인 num1, num2를 입력값으로 받아 result=(num1+num2)/2을 수행한다. 이번에는 그 결괏값 result를 반환하지 않고(return문을 사용하지 않고), print문을 써서 출력한다. return문 없이 함수를 종료한다.

〈표 10-5〉 return문이 없는 함수의 정의와 호출

FunctionName()	함수 이름이 FunctionName 이라는 함수를 호출 (결괏값이 없으므로, 변수 선언 없이 호출)

return문이 없는 함수의 호출은 함수명으로 끝난다. 함수명이 있는 실행문은 함수의 내용을 수행하고 다음 실행문으로 넘어간다.

다음은 print문을 사용해 결괏값을 바로 화면에 출력하는 mul() 함수이다. 결괏값을 return하지 않더라도 문제가 없는 경우의 함수의 예이다.

| 프로그램 |

```
def mul(num1, num2):
    print('두 수를 곱한 결과 : ', num1 * num2)
```

| 테스트 |

```
>>> mul(4, 15)
두 수를 곱한 결과 :  60
>>>
```

참고 list를 인자로 받고 return문은 존재하지 않는 함수

이 함수는 list의 index를 직접 참조하기 때문에, return문을 쓰지 않더라도 결과에 변화를 줄 수 있는 함수의 예이다. 다음은 list를 인자로 받아, list의 마지막 index에 해당하는 원소는 제거하는 함수이다.

| 프로그램 |

```
def del_last(intlist) :
   # 제거할 마지막 index를 구한다. (list 전체 길이 - 1)
   index = len(intlist) - 1
   # 마지막 index에 해당하는 element를 del문을 사용하여 제거한다.
   del intlist[index]
```

| 테스트 |

```
>>> numlist = [1,2,3,4,5]
>>> del_last(numlist)
>>> numlist
[1, 2, 3, 4]
```

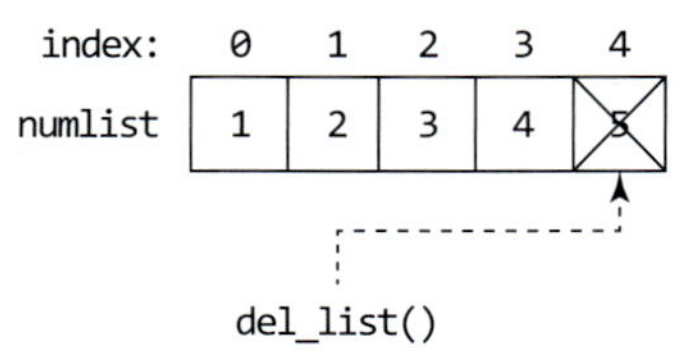

[그림 10-10] 결괏값을 반환하지 않는 함수

참고 인자가 없는 경우

다음은 인자의 존재 유무에 따른 함수들을 확인해보자. 먼저 인자가 존재하는 함수의 예이다.

| 프로그램 |

```
def repeat(n) :
   message = 'Ha'
   return message*n
```

| 테스트 |

```
>>> word = repeat(3)
>>> word
'HaHaHa'
>>>
```

다음은 인자가 존재하지 않는 함수의 예이다. 주의할 점은 인자는 생략하지만 괄호는 생략해서는 안 된다는 것이다.

| 프로그램 |

```
def hello():
    return 'Hello, How are you!'
```

| 테스트 |

```
>>> greeting = hello()
>>> greeting
'Hello, How are you!'
>>>
```

예제 10-3 return문이 없는 함수 정의 및 호출 1

| 요구사항 |

정수를 받아 홀수인지 짝수인지를 출력하는 함수를 return문 없이 정의하고 호출해 보자.

| 문제 해결 알고리즘 |

- if num % 2 == 0 → 짝수

| 프로그램 |

```
def is_even_or_odd(num):
    if num % 2 == 0 :
        print (num, "is even")
    else :
        print (num, "is odd")
```

| 테스트 |

```
>>> is_even_or_odd(5)
5 is odd
>>> is_even_or_odd(8)
8 is even
```

예제 10-4 return문이 없는 함수 정의 및 호출 2

| 요구사항 |

정수와 정수 list를 받아 정수가 리스트의 원소이면, "이미 원소입니다."를, 그렇지 않으면 원소를 list에 추가하고, "원소를 추가하였습니다"를 출력하는 함수를 return문 없이 정의하고 호출해보자.

| 문제 해결 알고리즘 |

- if new_num is in num_list → "이미 원소입니다."
- else, num_list = num_list + [new_num,] → "원소를 추가하였습니다."

| 프로그램 |

```
def list_add(new_num, num_list):
    if (new_num is in num_list) :
        print ("이미 원소입니다.")
    else:
        num_list = num_list + [new_num,]
        print ("원소를 추가하였습니다.")
```

| 테스트 |

```
>>> list_add(5, [1, 3, 5])
>>> list_add(7, [1, 3, 5])
```

실습문제 10-3 return문이 없는 함수 정의하기

| 요구사항 |

수지는 오늘 저녁 메뉴를 고민하다가 동전 던지기를 하여 앞면이 나오면 중국요리를, 뒷면이 나오면 일본요리를 먹기로 결정했다. 동전의 앞/뒷면을 입력하여 무슨 메뉴를 선택할지 결정해주는 프로그램을 return문 없이 작성해보자.

| 문제 해결 알고리즘 |

- if 동전의 면 == '앞' → '중국 요리'
- else → '일본 요리'
- 결정된 요리 출력
  - 동전의 면이 앞면인 경우에는, '중국 요리'로 결정되어 출력된다.
  - 동전의 면이 뒷면인 경우에는, '일본 요리'로 결정되어 출력된다.

| 프로그램 |

```
def dec_food(coin)
if (coin == '앞') :
      print ("중국 요리로 결정되었습니다.")
  else:
      print ("일본 요리로 결정되었습니다.")
```

예를 들어, 동전의 앞면이 나왔을 경우를 인자로 넣어 dec_food 함수를 호출해보자.

| 테스트 |

```
>>>
>>> dec_food('앞')
중국 요리로 결정되었습니다.
>>>
```

퀴즈 10-3 다음 요구사항을 만족하는 함수를 정의해보자.

| 요구사항 |

- 두 개의 문자열을 받아, 두 문자열을 연결하는 함수를 작성한다.
- 함수 이름은 concate_str() 이다.
- 인자로 str1, str2를 입력받는다.
- 결괏값을 출력한다.

| 프로그램 |

연습문제

[기본 문제]

1 괄호 안의 인자(parameters)인 number1, number2를 입력값으로 받아 result=(num1+num2)을 수행하고, 그의 결괏값 result를 반환(return문)한 후 종료하는 이름이 average라는 함수를 정의해보자.

```
def
```

2 다음과 같은 함수가 정의되어 있을 때, 다음 실행문의 결과를 예측해보자.

| 프로그램 |

```
def print_list(num_list):
    for n in num_list:
        if(n != 0):
            print(n)
        else:
            break
```

| 테스트 |

```
>>> print_list([1,2,3,0])
```

3 기억해야 할 중요한 사항은 함수를 정의하는 것과 함수를 수행하는 것은 다르다는 것이다. 함수의 수행은 함수를 (　　)한 후에 함수 (　　)을 통해 이루어진다.

4 다음 요구사항에 맞도록 [프로그램]의 잘못된 부분을 골라내어, [테스트]와 같은 결과가 나오도록 수정해보자.

| 요구사항 |

- 함수의 이름은 print_greeting, 인자는 n으로 정한다.
- 입력받은 n만큼 'Hello, Python'을 출력한다.

| 프로그램 |

```
def print_greeting(n):
    for count in range(n):
        return('Hello, Python')
```

| 테스트 |

```
>>> print_greeting(3)
Hello, Python
Hello, Python
Hello, Python
```

5 다음 요구사항에 맞도록 [프로그램]의 잘못된 부분을 골라내어, [테스트]와 같은 결과가 나오도록 수정해보자.

| 요구사항 |

- 함수의 이름은 sum, 인자는 n으로 정한다.
- 0부터 입력받은 n까지의 총합을 출력한다.

| 프로그램 |

```
def sum(n):
    result = 0
    for count in range(n):
        result = result + count
```

| 테스트 |

```
>>> print(sum(5))
>>> 10
```

[중급 문제]

6 덧셈하는 함수를 작성해 보고, 인자로 3, 5를 넣은 결과를 출력해보자.

| 테스트 |

```
>>>
8
>>>
```

7 사각형의 둘레를 구하는 함수를 작성해 보고, 두 변의 길이가 각각 3과 6인 사각형의 둘레를 출력해보자.

| 테스트 |

```
>>>
18
>>>
```

8 6명의 학생이 시험을 치렀다. 각 시험 점수를 score라는 리스트에 넣고 이에 대해 최고점을 구하는 함수를 for문을 이용해서 작성해보자.

| 테스트 |

```
>>>
 최고 점수는  100 점 입니다.
>>>
```

9 노래방 기계에서 템포를 조정하는 함수를 작성하려 한다. 각 노래의 기본 템포는 0이고 0에서부터 5로 갈수록 빨라진다. 위의 요구사항을 만족하는 프로그램을 작성해보자.

| 테스트 |

```
>>>
 현재 템포는 0입니다. 템포 조정은 0부터 5까지 가능합니다.
 조정하고자 하는 만큼의 크기를 입력: 3
 조정한 후의 템포는  3 입니다.
>>>
```

10 TV 음량의 현재 음량은 3이고, 증가시킬 만큼의 음량을 입력하면 음량이 증가하는 프로그램을 작성해 보자.

| 테스트 |

```
>>>
 현재 음량은 3입니다.
 증가시킬 만큼의 음량을 입력: 4
 증가 후의 음량은  7 입니다.
>>>
```

11 회사의 한 부서에서 출근 여부를 입력하는 프로그램을 만들려고 한다. 출근한 사람이 본인의 이름을 입력하면 출근이 완료되었다고 출력해주는 함수를 작성해 보자.

| 테스트 |

```
>>>
 이름을 입력하세요: suzi
 출근 완료되었습니다.
 >>>
 이름을 입력하세요: jin
 출근이 불가합니다.
>>>
```

12 춘천, 부산, 대구, 수원으로 가는 기차표를 예매하는 프로그램을 작성하려 한다. 각 도시 당 5,000원, 30,000원, 2,000원, 10,000원의 비용이 든다. 도시 이름을 입력하면 금액을 결정하고 출력해주는 함수를 작성해보자.

| 테스트 |

```
>>>
  춘천(운임 : 5000원) / 부산(운임 :30000원) / 대구(운임 20000원) / 수원(운임
10000) 한곳을 입력하세요 : 수원
 수원 까지의 금액은  10000 원 입니다.
>>>
```

13 양의 정수 n을 입력하면 1부터 n까지 곱해주는 factorial 함수를 작성하려 한다. 다음 테스트 화면에 맞게 빈칸을 채워보자.

| 프로그램 |

```
def factorial(x):
 (

          )
 return (          )
```

| 테스트 |

```
>>> factorial(4)
24
>>>
```

11 CHAPTER

함수 활용

11.1 함수 활용

■ 함수를 활용하여 다양한 문제를 해결해 본다.

11 함수 활용

단원개요

1. 함수의 효율성에 대해 학습한다.
2. 여러 기능을 가진 프로그램을 함수들의 합으로 변환한다.
3. 함수의 독립성에 대해 이해한다.
4. 지역변수에 대해 이해한다.

11.1 함수 활용

한 프로그램 내에서 특정한 작업이 여러 번에 걸쳐 나오는 경우가 존재한다. 이 경우, 같은 내용의 코드를 다시 작성해야 하는 번거로움이 생긴다. 이때, 함수를 사용하면 훨씬 효율적인 프로그램을 작성할 수 있다.

반복되는 동일한 문장을 함수로 정의하고 함수 호출을 통해 한 문장으로 처리할 수 있기에 편리하다. 함수는 한 프로그램 내에서 여러 차례 호출이 가능하다.

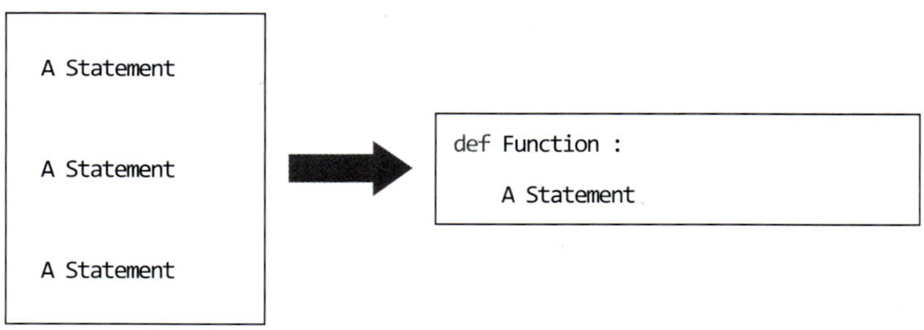

[그림 11-1] 함수의 활용-반복

아래의 코드는 5장에서 다뤘던 학점을 출력하는 실습을 조금 변경한 코드이다.

| 프로그램 |

```
kor_score = int(input('국어 점수를 입력하세요 :'))
math_score = int(input('수학 점수를 입력하세요 :'))
eng_score = int(input('영어 점수를 입력하세요 :'))

#국어 점수 학점 계산
if kor_score >= 90 :
    kor_grade = 'A'

elif kor_score >= 80:
    kor_grade = 'B'

elif kor_score >= 70:
    kor_grade = 'C'

elif kor_score >= 60:
    kor_grade = 'D'

else :
    kor_grade = 'F'

#수학 점수 학점 계산
if math_score >= 90 :
    math_grade = 'A'

elif math_score >= 80:
    math_grade = 'B'

elif math_score >= 70:
    math_grade = 'C'

elif math_score >= 60:
    math_grade = 'D'

else :
    math_grade = 'F'
```

```
#영어 점수 학점 계산
if eng_score >= 90 :
   eng_grade = 'A'

elif eng_score >= 80:
   eng_grade = 'B'

elif eng_score >= 70:
   eng_grade = 'C'

elif eng_score >= 60:
   eng_grade = 'D'

else :
   eng_grade = 'F'

print('국어 학점은' ,kor_grade, '입니다.')
print('수학 학점은' ,math_grade, '입니다.')
print('영어 학점은' ,eng_grade, '입니다.')
```

긴 코드를 자세히 살펴보면 과목마다 학점을 계산하는 동일한 문장이 여러 번 반복됨을 확인할 수 있다. 다음과 같이 반복되는 문장을 하나의 calgrade( ) 함수로 정의한다면, 훨씬 효율적이고 간결한 코드 작성이 가능하다.

| 프로그램 |

```
def calgrade(score) :
   if score >= 90 :
      grade = 'A'
   elif score >= 80:
      grade = 'B'
   elif score >= 70:
      grade = 'C'
   elif score >= 60:
      grade = 'D'
   else :
      grade = 'F'
   return grade
```

| 테스트 |

```
kor_score = int(input('국어 점수를 입력하세요 :'))
math_score = int(input('수학 점수를 입력하세요 :'))
eng_score = int(input('영어 점수를 입력하세요 :'))

kor_grade = calgrade(kor_score)
math_grade = calgrade(math_score)
eng_grade = calgrade(eng_score)

print('국어 학점은' ,kor_grade, '입니다.')
print('수학 학점은' ,math_grade, '입니다.')
print('영어 학점은' ,eng_grade, '입니다.')
```

퀴즈 11-1 아래의 프로그램에서 어느 부분을 따로 함수로 정의하면 효율적일지 생각해보고, 함수를 새로 정의해보자.

```
num1 = 2
num2 = 3
num3 = 4
num4 = 5
num5 = 6

square_num1 = num1 * num1
print(square_num1)

square_num2 = num2 * num2
print(square_num2)

square_num3 = num3 * num3
print(square_num3)

square_num4 = num4 * num4
print(square_num4)

square_num5 = num5 * num5
print(square_num5)

(
```

예제 11-1 여러 가지 기능을 여러 함수로 나누어보기

| 요구사항 |

총 5번의 시험을 보는 과목이 있다. 5개의 시험 점수의 평균이 60점 이상일 경우 Pass, 60점 미만일 경우 Fail이다. 각 시험에서 받은 점수로 이루어진 Score list가 [90,80,70,60,50]일 때, 점수 평균, 가장 높은 시험 점수, Pass/Fail 여부를 출력해주는 프로그램을 작성해보자.

| 문제 해결 알고리즘 |

① 평균 점수 계산
  ①-1 총합 구하기 → for number in score
  ①-2 총합 / 전체 점수 개수 → sum/len(score)

② 최대 점수 계산
  list score의 element 값 비교 → for number in score

③ Pass/Fail 여부 반환
  1에서 구한 평균 점수 통해 값 비교 후 출력 → if average >= 60 / else 문

| 프로그램 |

```
score = [90,80,70,50,60]
sum = 0
average = 0
maximum = 0
for number in score :
    sum += number              ①-1
    if maximum < number :      ②
       maximum = number

average = sum/len(score)       ①-2

if average >= 60 :             ③
   message = 'pass'
else :
   message = 'fail'
print('average =', int(average),', maximum =', maximum)
print('you', message, 'the class')
```

| 테스트 |

```
>>>
average = 70 , maximum = 90
you pass the class
>>>
```

| 문제 해설 |

최대 점수를 저장할 변수 0으로 초기화하고 시작한다.

```
maximum = 0
for number in score :
```

만약 최대점수로 저장되어 있는 최대 점수(maximum 값)가 list 내 점수 number보다 작다면, 최대 점수(maximum)는 number의 값으로 변경하여야 한다.

```
    if maximum < number :
        maximum = number
```

예제의 코드를 크게 세 가지 기능(평균 점수 계산, 최대 점수 계산, Pass/Fail 여부 반환)으로 분류할 수 있다.

| 프로그램 |

```
#평균 점수 계산
for number in score :
    sum += number
average = sum/len(score)
```

| 프로그램 |

```
#최대 점수 계산
for number in score :
    if maximum < number :
        maximum = number
```

| 프로그램 |

```
#Pass/Fail 여부 반환
if average >= 60 :
   message = 'pass'
else :
   message = 'fail'
```

크고 복잡한 프로그램을 기능별로 작고 간단한 서브 프로그램으로 분해할 수 있다. 그리고 이 서브 프로그램들을 각각 독립적인 함수로 정의할 수 있다. 이처럼 함수는 어떤 작업을 수행하기 위한 코드 집합이다.

참고 함수의 활용

하나의 함수는 한 가지 기능만을 포함하는 것을 권장한다. 각각 독립적이면서 특정한 목적을 수행하도록 함수를 구성할 시, 특정한 목적의 코드를 한 곳에서만 관리하면 되므로 코드의 수정이나 변경 등 유지보수가 편리하다.

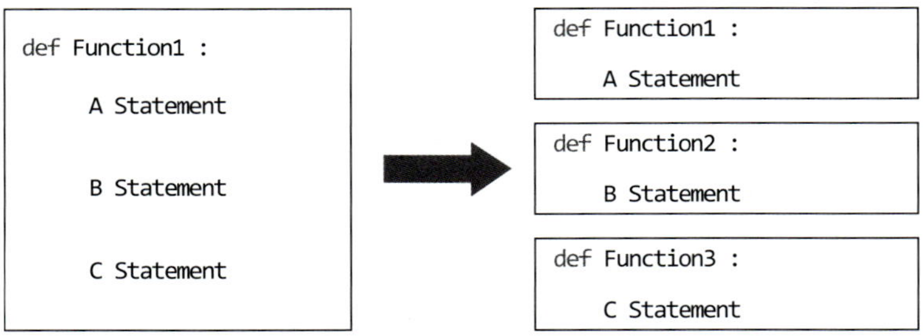

[그림 11-2] 함수의 활용 - 독립성

예제 11-2 평균값을 반환하는 함수 정의하기

| 요구사항 |

int형 숫자로 구성된 list를 인자로 입력받아, list를 구성하는 element의 평균값을 반환하는 함수를 정의해보자.

| 문제 해결 알고리즘 |

① 함수 이름은 list_avg, 인자는 list인 numlist를 받는 함수를 정의한다.

→ def list_avg(numlist)

② list의 평균 값 구하기

②-1 list의 모든 element들을 sum에 더한다.

→ for number in numlist:

    sum += number

②-2 모두 더한 값을 list의 길이로 나눈다. → avg = sum/len(numlist)

③ 실행의 결괏값인 avg를 반환한다. → return avg

| 프로그램 |

```
def list_avg(numlist) :                  ①

    sum = 0     # 특정한 값을 지정하지 않을 변수는 0으로 초기화해주어야 한다.
    avg = 0
    for number in numlist :              ②-1
        sum += number
    avg = sum/len(numlist)               ②-2

    return avg                           ③
```

예를 들어, 값이 [90, 80, 70, 50, 60]인 score를 인자로 넣어 함수를 호출해보자.

| 테스트 |

```
>>> score = [90,80,70,50,60]
>>> list_avg(score)
70.0
```

실습문제 11-1 조건문과 반복문의 혼용

| 요구사항 |

길이가 서로 다른 3개의 단어를 입력받아,
가장 길이가 긴 단어와 가장 길이가 짧은 단어를 찾는 함수를 만들어보자.

| 문제 해결 알고리즘 |

함수를 기능에 따라 독립적으로 정의한다.

- 가장 길이가 긴 단어를 찾는 함수 → longest()
- 가장 길이가 짧은 단어를 찾는 함수 → shortest()

| 프로그램 |

```
def longest(str1,str2,str3) :
   longest = ''
   if ((len(str1) > len(str2)) and (len(str1) > len(str3))) :
      longest = str1
   elif ((len(str2) > len(str1)) and (len(str2) > len(str3))) :
      longest = str2
   elif ((len(str3) > len(str1)) and (len(str3) > len(str2))) :
      longest = str3
   else :
      print('wrong input')
   return longest

def shortest(str1,str2,str3) :
   shortest = ''
   if ((len(str1) < len(str2)) and (len(str1) < len(str3))) :
      shortest = str1
   elif ((len(str2) < len(str1)) and (len(str2) < len(str3))) :
      shortest = str2
   elif ((len(str3) < len(str1)) and (len(str3) < len(str2))) :
      shortest = str3
   else :
      print('wrong input')
   return shortest
```

| 테스트 |

```
>>>
>>> longest('one','second','three')
'second'
>>> shortest('one','second','three')
'one'
>>>
```

실습문제 11-2 단어들의 길이의 합을 나타내는 프로그램

| 요구사항 |

3가지 단어로 구성된 wordlist가 총 3개가 존재한다.

- list_fruit = ['apple', 'banana', 'tomato']
- list_animal = ['bear', 'elephant', 'monkey']
- list_instrument = ['guitar', 'piano', 'harmonica']

각 list에 속하는 단어들의 길이의 합을 나타내는 프로그램을 작성해보자. 예를 들어 ['age', 'sult', 'zoo'] 라는 list가 있다면 단어 길이의 합은 3+4+3=10이다.

| 문제 해결 알고리즘 |

- 단어로 구성된 list wordlist를 인자로 받아 단어들의 길이의 합을 반환해주는 함수를 정의한다. → def len_word(wordlist)
- list에 속하는 단어를 탐색한다. → for word in wordlist:
- 단어들의 길이를 합한다. → len(word)

| 프로그램 |

```
def len_word(wordlist) :
   lensum = 0
   for word in wordlist :
       lensum += len(word)
   return lensum
```

| 테스트 |

```
>>> list_fruit = ['apple', 'banana', 'tomato']
>>> list_animal = ['bear', 'elephant', 'monkey']
>>> list_instrument = ['guitar', 'piano', 'harmonica']
>>> len_word(list_fruit)
17
>>> len_word(list_animal)
18
>>> len_word(list_instrument)
20
>>>
```

참고

함수 안에서 또 다른 함수를 호출해서 사용할 수 있다.
다음 프로그램을 통해 함수 호출의 예를 보도록 한다.

실습문제 11-3 함수 호출하기

| 요구사항 |

5개의 점수로 이루어진 numlist를 인자로 받아 점수의 평균이 60점 이상이면 Pass, 그렇지 않으면 Fail을 출력해주는 프로그램을 작성해보자.

| 문제 해결 알고리즘 |

- numlist를 인자로 받아 평균 점수를 계산하여 반환하는 함수 → def calavg(numlist)
- 평균 점수에 따라 Pass/Fail 여부 결정하는 함수 → def passFail(numlist)

| 프로그램 |

```
def calavg(numlist) :
    sum = 0
    for number in numlist :
        sum += number
```

```
    return sum/len(numlist)

def passFail(numlist) :
    if calavg(numlist) >= 60 :
        message = 'pass'
    else :
        message = 'fail'
    return message
```

passFail( ) 함수가 calavg( ) 함수를 호출함으로써 calavg() 함수의 결괏값으로 연산을 쉽고 효율적인 것을 확인할 수 있다.

| 테스트 |

```
>>> passFail([30,40,50,60,70])
'fail'
```

> **참고**
>
> 지역 변수(Local Variables)란 함수 내에서는 의미를 가지고 값을 저장하지만, 함수 수행이 끝나고 나면 사라지는 변수이다. 즉, 함수가 호출될 때 생성되고 함수 수행이 끝나면 삭제가 되는 것이다. 함수에 사용되는 인자들도 마찬가지로 지역 변수로, 함수 내에서만 의미를 가진다.
>
> 이렇기 때문에 지역 변수는 외부에서는 아무 의미가 없다. 함수 내부에 정의되어 있어도, 외부에 정의되어있지 않으면 호출이 불가하다.

다음의 프로그램을 통해 지역 변수의 예를 보도록 한다.

| 프로그램 |

```
def define() :
    x = 10
    y = 10
print(y)
```

| 테스트 |

```
>>>
Traceback (most recent call last):
  File "C:/Users/User/Desktop/localvalue.py",
  line 5, in <module>
    print(y)
NameError: name 'y' is not defined
>>>
```

퀴즈 11-2 다음과 같은 코드를 적고 결과를 예측해보자.

```
def change(x):
    x = 10

x = 5
change(x)
print(x)

결과 (     )
```

실습문제 11-4 가장 높은 점수 찾기

| 요구사항 |

여러 개의 점수가 list로 주어졌을 때, 가장 높은 점수를 구하는 함수를 만들어보자. 프로그램의 상세 요구사항은 다음과 같다.

1. 사용자의 점수들로 이루어진 list를 입력한다.
2. 점수들 중 가장 높은 점수가 출력된다.

| 문제 해결 알고리즘 |

① 사용자에게서 점수 list인 score_list를 입력받고, 최대 점수인 max_num을 return하는 max_score() 함수를 정의한다.
  - 함수명 : max_score
  - score_list의 첫 번째 인자 값을 max_num 변수에 저장한다.

② 반복문을 이용하여 score_list의 길이만큼 ③, ④와 같은 수행을 반복한다.

③, ④ 만약 score가 max_num 보다 크다면 max_num의 값은 score에 저장, 그렇지 않으면 list의 다음 인자에 대해 수행한다.

⑤ 반복문이 끝나면 최댓값이 저장되어 있는 max_num을 반환한다.

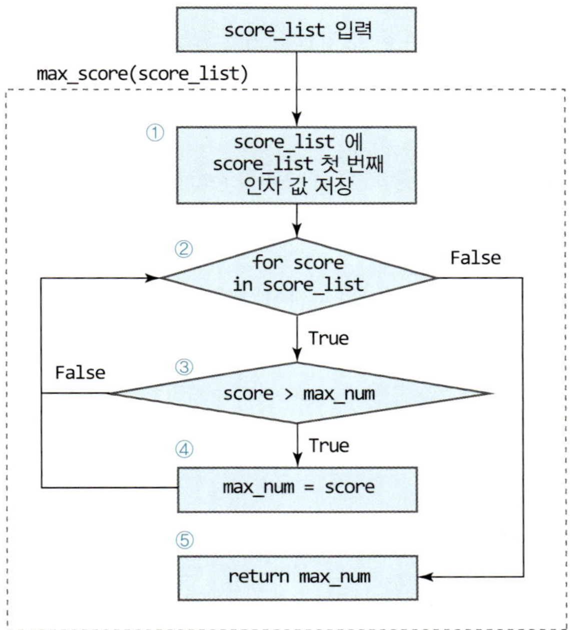

| 프로그램 |

```
def max_score(score_list):
    max_num = 0
    for score in score_list:
        if score > max_num:
            max_num = score
    return max_num
```

| 테스트 |

10개의 수학 시험점수로 이루어진 다음의 list를 입력하여 가장 높은 점수를 구해보자.

- math_score=[45, 66, 70, 83, 50, 77, 87, 92, 73, 89]

```
>>> math_score = [45, 66, 70, 83, 50, 77, 87, 92, 73, 89]
>>> max_score(math_score)
92
```

그런데, 파이썬에는 이미 이와 같은 목적으로 만들어진 함수가 존재한다.
다음과 같은 함수를 적극적으로 활용하면, 쉽게 문제를 해결할 수 있다.

max(list) : 주어진 list의 element 중 가장 큰 숫자를 return한다.

앞에서 작성한 함수 max_score는 파이썬이 제공한 max() 함수를 활용하면 다음과 같이 간단하게 정의 된다.

| 프로그램 |

```
def max_score(score_list):
    return max(score_list)
```

| 테스트 |

10개의 수학 시험점수로 이루어진 다음의 list를 입력하여 가장 높은 점수를 구해보자.

- math_score = [45, 66, 70, 83, 50, 77, 87, 92, 73, 89]

```
>>> math_score = [45, 66, 70, 83, 50, 77, 87, 92, 73, 89]
>>> max_score(math_score)
92
```

참고

max(list)와 같이 min(list)도 존재한다.
min(list): 주어진 list의 element 중 가장 작은 숫자를 return한다.

실습문제 11-5 가장 높은 점수와 가장 낮은 점수 차이 구하기

| 요구사항 |

여러 개의 점수를 list로 받아서, 그중 가장 높은 점수와 가장 낮은 점수의 차를 구하는 함수를 작성해보자.

| 문제 해결 알고리즘 |

① list score_list를 입력한다.

② 가장 높은 점수와 가장 낮은 점수를 찾아 그 둘의 차를 구하여 return하는 함수를 정의한다. → def gap_score(score_list)

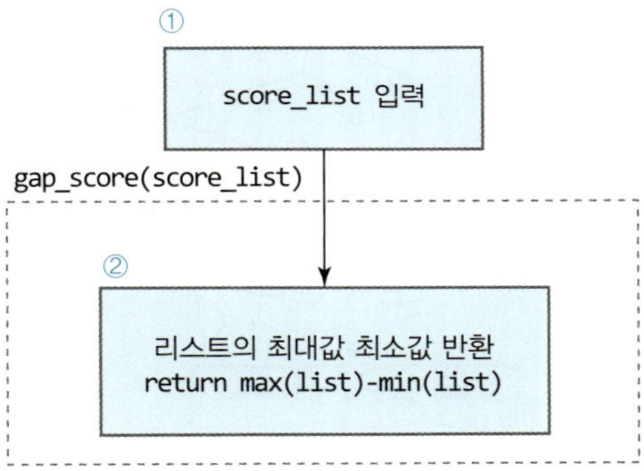

| 프로그램 |

```
def gap_score(score_list):
    return max(score_list) - min(score_list)
```

| 테스트 |

10개의 수학 시험점수로 이루어진 다음의 list를 입력하여 가장 높은 점수와 가장 낮은 점수의 차를 구해보자.

- math_score=[45, 66, 70, 83, 50, 77, 87, 92, 73, 89]

```
>>> math_score = [45,66,70,83,50,77,87,92,73,89]
>>> gap_score(math_score)
47
```

위의 문제에서 만약 max() 함수와 min() 함수가 제공되지 않으면 어떻게 프로그램을 작성했어야 하는지 알아보자.

| 문제 해결 알고리즘 |

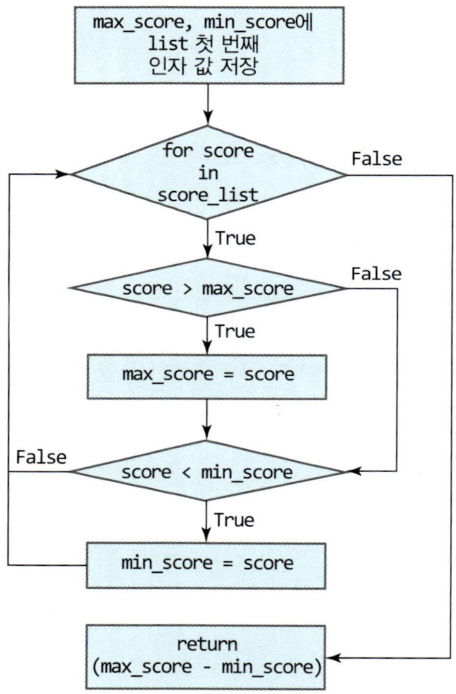

| 프로그램 |

```
def gap_score(score_list):
    max_score = score_list[0]
    min_score = score_list[0]
    for score in score_list:
        if score > max_score:
            max_score = score
        if score < min_score:
            min_score = score
    return max_score - min_score
```

| 테스트 |

10개의 수학 시험점수로 이루어진 다음의 list를 입력하여 가장 높은 점수와 가장 낮은 점수의 차를 구해보자.

- math_score=[45, 66, 70, 83, 50, 77, 87, 92, 73, 89]

```
>>> math_score = [45,66,70,83,50,77,87,92,73,89]
>>> gap_score(math_score)
47
```

실습문제 11-6 섭씨 온도 화씨 온도로 변환하기

| 요구사항 |

섭씨 온도를 입력으로 받아서, 화씨 온도로 변환하는 함수를 작성해보자. 프로그램의 상세 요구사항은 다음과 같다.

1. 사용자가 변환할 섭씨 온도를 입력한다.
2. 다음과 같은 수식을 사용하여 화씨 온도로 변환한다.
   – 화씨 온도 = ((9/5) * 섭씨 온도 + 32)
3. 화씨 온도를 출력한다.

| 문제 해결 알고리즘 |

① 사용자에게서 섭씨 온도 temperature를 입력받는다.

② temperature를 입력받고, 변환 수식에 따라 화씨 온도로 변한 값을 return하는 change_temp() 함수를 정의한다.

③ 화씨 온도를 출력한다.

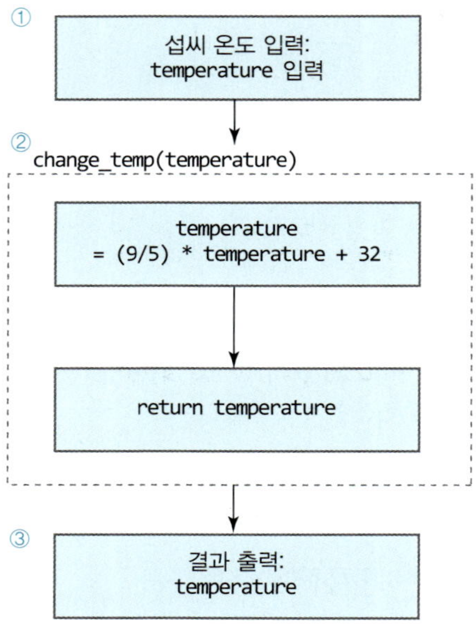

함수의 결괏값을 보여주는 방법에는 여러 가지가 있다. 이 문제에서는 2가지의 방법으로 보여준다. 첫 번째는 위의 알고리즘과 같이 return 값이 있는 함수로 정의하여, 화씨 값을 반환하는 방법이다. 두 번째는 함수의 return 값이 없고 함수 내에서 수행의 결과를 print문을 통해 출력해주는 방법이다. 방법에 따라 프로그램은 다르게 작성되지만 결과는 [테스트]와 같이 동일하다.

| 프로그램 1 |

화씨 온도 값을 return한다.

```
def change_temp(temperature):
   temperature = (9/5) * temperature + 32
   return temperature

temperature=float(input('섭씨 온도 입력: '))
print('화씨 온도 값은 ', change_temp(temperature))
```

| 프로그램 2 |

함수 내에서 화씨 온도 값을 출력한다.

```
def change_temp(temperature):
    temperature = (9/5) * temperature + 32
    print('화씨 온도 값은 ', temperature)

temperature=float(input('섭씨 온도 입력: '))
change_temp(temperature)
```

| 테스트 |

섭씨 온도 32를 입력하여 변환된 화씨 온도를 구해보자.

```
섭씨 온도 입력: 32
89.6
>>>
```

실습문제 11-7 meter를 feet와 yard로 변환하기

| 요구사항 |

meter를 입력받아 yard와 feet로 변환하여 출력하는 함수를 작성해보자. 프로그램의 상세 요구사항은 다음과 같다.

1. 사용자가 변환할 meter를 입력한다.
2. 다음과 같은 수식을 사용하여 feet와 yard로 변환한다.
   - feet = meter / 0.305
   - yard = meter * 1.0936
3. 변환된 feet와 yard를 다음과 같이 출력한다.
   - __ meter는 __ yard, __ feet입니다.

| 문제 해결 알고리즘 |

- 함수의 이름은 change_meter, meter를 인자로 받는 함수를 정의한다.
  → def change_meter(meter)
- meter를 입력받을 때, 숫자(float)로 형 변환을 미리 해주어야 한다.

→ float(input('meter 입력: '))

- 다음과 같은 알고리즘으로 프로그램을 작성한다.
  ① 사용자에게 meter를 입력받는다.
  ② meter를 입력받고, 변환한 yard와 feet를 출력하는 change_meter() 함수를 정의한다. 입력받은 meter을 인자로 넣어 change_meter() 함수를 호출하여 결과를 출력한다.

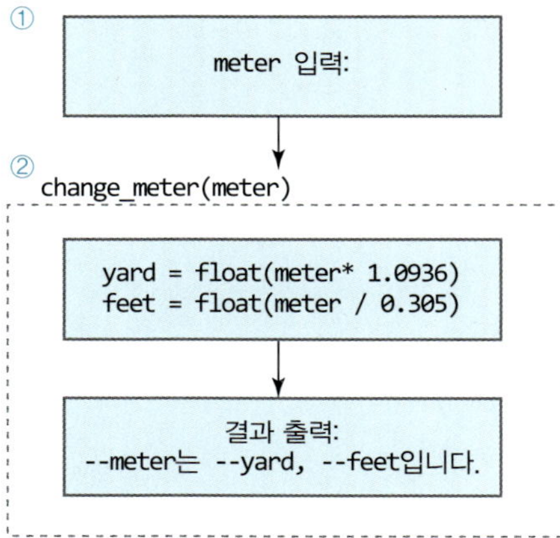

| 프로그램 |

```
def change_meter(meter):
    yard = float(meter * 1.0936)
    feet = float(meter / 0.305)
    print(meter, 'meter는',yard,'yard,',feet,'feet입니다')

meter = float(input('meter 입력: '))
change_meter(meter)
```

| 테스트 |

50 meter를 입력하여 변환된 yard와 feet를 구해보자.

```
meter 입력: 50
50.0 meter는 54.67999999999999 yard, 163.9344262295082 feet입니다
>>>
```

실습문제 11-8 삼각형의 면적 구하기

| 요구사항 |

삼각형의 밑변과 높이를 입력받아, 삼각형의 면적을 출력하는 프로그램을 작성해보자. 프로그램의 상세 요구사항은 다음과 같다.

1. 사용자가 밑변 bottom, 높이 height를 입력한다. 이때, 입력받는 인자는 정수형(integer type)이다.
2. 다음과 같은 수식을 사용하여 면적을 계산한다.
   → area = float(0.5 * bottom * height)
3. 삼각형의 면적을 출력한다.

| 문제 해결 알고리즘 |

① 사용자에게 bottom, height를 입력받는다.

② bottom, height를 입력받고, 삼각형의 면적 area를 return하는 cal_area() 함수를 정의한다.

③ bottom, height를 이용하여, area를 계산하여 출력한다.

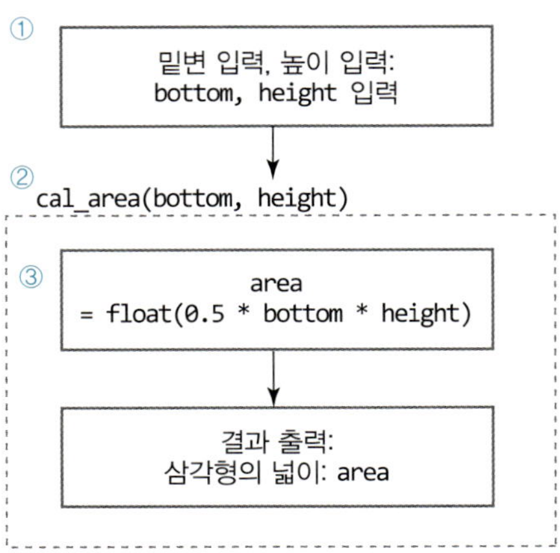

| 프로그램 |

```
def cal_area(bottom, height):
    area = float(0.5 * bottom * height)
    print('삼각형의 넓이:',area)

bottom = int(input('밑변 입력: '))
height = int(input('높이 입력: '))
cal_area(bottom,height)
```

| 테스트 |

밑변 20, 높이 15를 입력하여 삼각형의 넓이를 구해보자.

```
밑변 입력: 20
높이 입력: 15
삼각형의 넓이: 150.0
>>>
```

실습문제 11-9 시/분/초로 계산하기

| 요구사항 |

초를 입력하면 몇 시, 몇 분, 몇 초인지를 출력하는 함수를 작성해보자.

1. 사용자가 입력받은 시간은 하루 내의 시간이어야 한다.
2. 1분은 60초, 1시간은 3,600초이다.

| 문제 해결 알고리즘 |

① time을 입력받는다.

② 함수의 이름은 cal_time, time을 인자로 받는 함수를 정의한다.

→ def cal_time(time)

②-1 입력받은 time이 하루 내의 시간인지 아닌지를 확인하는 조건을 정의한다.

→ if time 〈 24*60*60

②-2 time이 하루 내의 시간인 경우 수행을 계속한다.

②-3 time이 하루 내의 시간을 초과하는 경우 "입력 시간이 하루를 초과합니다."를 출력한다.

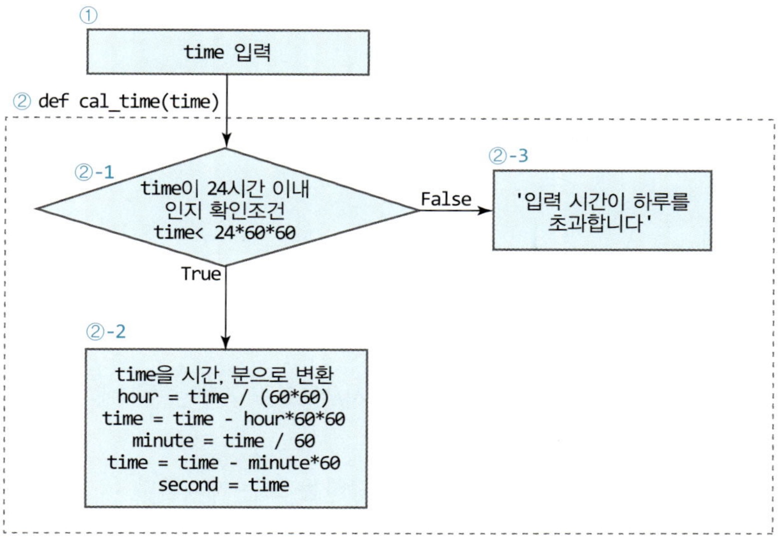

| 프로그램 |

```
def cal_time(time):
    if time < 24*60*60:
        hour = int(time/(60*60))
        time = time - hour*60*60
        minute = int(time/60)
        time = time - minute*60
        second = time
        print(hour,'시',minute,'분',second,'초 입니다')
    else :
        print('입력 시간이 하루를 초과합니다.')

time = int(input('초 입력:'))
cal_time(time)
```

| 테스트 |

57,894초를 입력하여 시/분/초 단위로 변환된 결과를 구해보자.

```
초 입력:57894
16 시 4 분 54 초 입니다
>>>
```

| 문제 해설 |

초 = 시*(60*60) + 분*60 + 초

예) 7시 35분 28초 = 7*60*60 + 35*60 + 28 = 25200 + 2100 + 28 = 27328

위의 원리를 이해하고 전체 초가 주어졌을 때, 시/분/초를 구하는 순서에 대해 알아보자.

1) 시 = (전체 초) / (60*60)

→ 시를 구했으므로, 전체 초에서 시에 해당하는 초는 제외한다.

전체 초 = 전체 초 − (시*60*60)

2) 분 = (전체 초) / 60

→ 분을 구했으므로, 전체 초에서 분에 해당하는 초는 제외한다.

전체 초 = 전체 초 − (분*60)

3) 초 = 전체 초

실습문제 11–10 소비자가로부터 제품 가격과 부가가치세 구하기

| 요구사항 |

우리가 구매하는 제품의 소비자가에는 제품 가격과 제품 가격의 10%에 해당하는 부가가치세가 포함되어 있다. 제품의 소비자가를 입력받아 제품 가격과 부가가치세를 출력하는 프로그램을 작성해보자.

프로그램의 상세 요구사항은 다음과 같다.

1. 사용자가 제품의 소비자가 totalPrice를 입력한다.
   이때, totalPrice는 integer 타입이다.
2. 구해진 제품 가격 productPrice와 부가가치세 tax에 대해 다음과 같이 출력한다.
   "제품 가격은 productPrice원, 부가가치세는 tax원입니다."

| 문제 해결 알고리즘 |

① 사용자에게 totalPrice를 입력받는다.

② totalPrice를 인자로 받고, 제품 가격 productPrice를 return하는 cal_

productPrice() 함수를 정의한다.

③ totalPrice를 인자로 받고, 부가가치세 tax를 return 하는 cal_tax() 함수를 정의한다.

④ 결과인 productPrice와 tax를 출력한다.

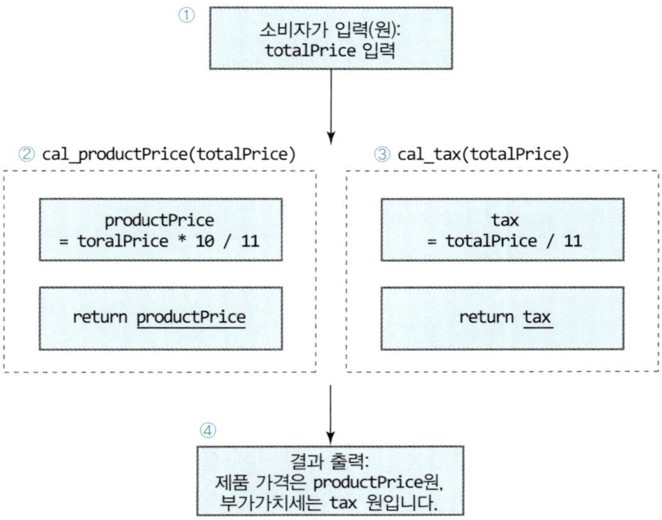

| 프로그램 |

```
def cal_productPrice(totalPrice):
    productPrice = totalPrice * 10 / 11
    return productPrice

def cal_tax(totalPrice):
    tax = totalPrice / 11
    return tax

totalPrice = int(input('소비자가 입력(원): '))
print('제품 가격은',cal_productPrice(totalPrice),'원, 부가가치세는',cal_
tax(totalPrice),' 원입니다.')
```

| 테스트 |

소비자가 11,000원을 입력하여 제품가격과 부가가치세를 구해보자.

```
소비자가 입력(원): 11000
제품 가격은 10000.0 원, 부가가치세는 1000.0 원입니다.
>>>
```

실습문제 11-11 이메일의 비밀번호 안전성 평가하기

| 요구사항 |

이메일에 사용하는 비밀번호는 길이가 길수록 안전성이 뛰어나다. 따라서, 비밀번호 길이에 따라 안전성을 측정하는 프로그램을 작성해보자.

1. 입력받은 비밀번호의 자리 수에 따른 안전성 정도는 아래의 표와 같이 출력한다.

비밀번호 자리 수	출력
9 이상	Your Password: Good
9 미만 5 이상	Your Password: Normal
5 미만	Your Password: Bad

| 문제 해결 알고리즘 |

① 사용자의 비밀번호를 입력받는다.

② 함수의 이름은 checkPW, 인자는 passwd인 함수를 정의한다.

②-1 비밀번호의 길이를 읽어 9자 이상이면 'Good'을 return하고, 9자 미만이면 다음 조건문으로 넘어간다.

②-2 비밀번호의 길이를 읽어 5자 이상이면 'Normal'을 return하고, 5자 미만이면 'Bad'를 return한다.

③ checkPW() 함수를 수행 후 결과를 받아 "Your Password: " 뒤에 붙여 출력한다.

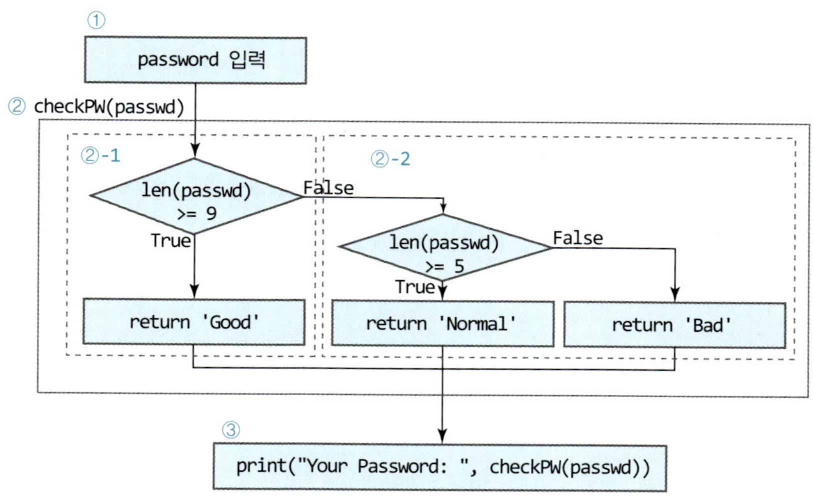

| 프로그램 |

```
def checkPW(passwd):
   if len(passwd) >= 9:
      ans = 'Good'
   elif len(passwd) >= 5:
      ans = 'Normal'
   else:
      ans = 'Bad'
   return (ans)

your_passwd = input('비밀번호 입력: ')
print('Your Password:', checkPW(your_passwd))
```

| 테스트 |

비밀번호 'myPassword'을 입력하여 안전성 정도를 구해보자.

```
비밀번호 입력: 'myPassword'
Your Password: Good
>>>
```

실습문제 11-12 통신사 최종 요금 계산하기

| 요구사항 |

통신사에서는 사용 개월 수와 신용카드 종류에 따라 할인율을 정하고 있다. 아래의 할인 제도에 따라 사용 개월 수, 신용카드 코드, 계약 금액을 입력받아 최종 요금을 출력하는 프로그램을 작성해보자.

프로그램의 상세 요구사항은 다음과 같다.

1. 사용자가 계약 금액 contractPrice, 사용 개월 수 period, 카드 코드 cardCode를 입력한다.
2. 입력한 값을 다음 수식에 따라 최종요금으로 계산한다.
   - 사용 개월 수에 따른 할인 금액 = (계약 금액) * (사용 개월 수 할인율)

사용 개월 수	할인율
6개월 이하	0%
6개월 초과 12개월 이하	10%
12개월 초과	20%

- 신용카드 종류에 따른 할인 금액 = (계약 금액) * (신용카드 할인율)

카드 코드	할인율
11	5%
12	8%
13	12%

3. 최종요금 finalPrice를 다음과 같이 출력한다.
   "최종 요금은 finalPrice원입니다."

| 문제 해결 알고리즘 |

① 사용자에게 계약 금액 contractPrice, 사용 개월 수 period, 카드 코드 cardcode를 입력받는다.

② contractPrice와 period를 인자로 받아, 사용 개월 수에 따른 할인금액을 return하는 periodDiscount() 함수를 정의한다. 위의 상세 요구사항에 따라 입력된 사용 개월 수 기준으로 할인율이 결정된다.

③ contractPrice와 cardCode를 인자로 받아, 신용카드 종류에 따른 할인금액을 return하는 creditCardDiscount() 함수를 정의한다. 위의 상세 요구사항에 따라 입력된 카드 코드 기준으로 할인율이 결정된다.

④ 최종 요금 finalPrice는 계약 금액에서 각각의 함수 결과인 '사용 개월 수에 따른 할인금액'과 '신용카드 종류에 따른 할인금액'을 뺀 금액이다.

⑤ 계산이 완료된 결괏값 finalPrice를 출력한다.

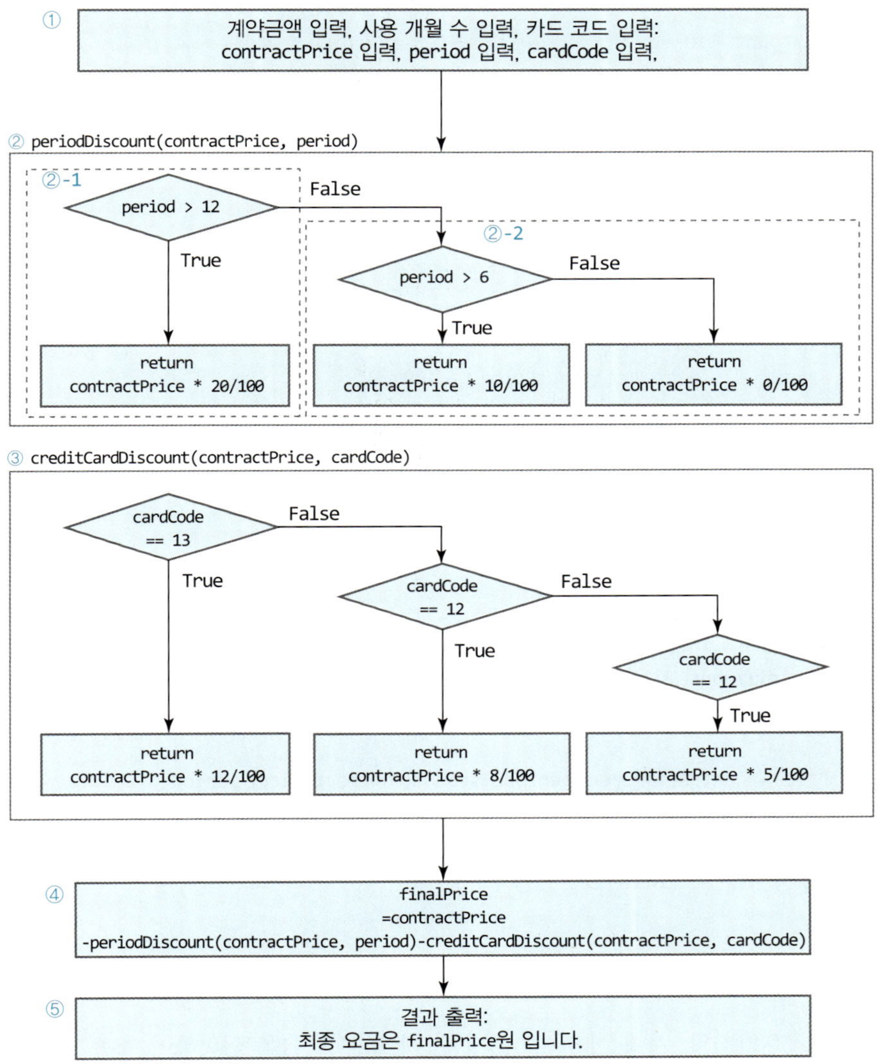

| 프로그램 |

```
def periodDiscount(contractPrice, period):
    if period > 12:
        discount = 20
        discounted_price = contractPrice * discount/100

    elif period > 6 :
```

```
        discount = 10
        discounted_price = contractPrice * discount/100
    else:
        discount = 0
        discounted_price = contractPrice * discount/100

    return int(discounted_price)

def creditCardDiscount(contractPrice, cardCode):
    if cardCode == 11:
        credit_discount = contractPrice * 5/100
    elif cardCode == 12:
        credit_discount = contractPrice * 8/100
    elif cardCode == 13:
        credit_discount = contractPrice * 12/100

    return int(credit_discount)

contractPrice = int(input('계약 금액 입력: '))
period = int(input('사용 개월 수 입력: '))
cardCode = int(input('카드 코드 입력: '))

finalPrice = contractPrice - periodDiscount(contractPrice, period) -
creditCardDiscount(contractPrice, cardCode)

print('최종 요금은', finalPrice,'원입니다.')
```

| 테스트 |

계약 금액 50,000원, 사용 개월 수 10개월, 카드 코드 11을 입력하여 최종 금액을 구해보자.

```
계약 금액 입력: 50000
사용 개월 수 입력: 10
카드 코드 입력: 11
최종 요금은 42500.0 원입니다.
```

실습문제 11-13 엘리베이터 시스템

| 요구사항 |

6층짜리 건물이 있다. 사용자가 가고 싶은 층을 선택하면, 사용자가 서 있는 층보다 높은지 낮은지 계산하여 높을 경우 올라가고 낮을 경우 내려가며 현재 층을 출력하는 프로그램을 작성해보자. 프로그램의 상세 요구사항은 다음과 같다.

1. 사용자가 가고자 하는 층 inputLocation을 입력한다.
   사용자가 현재 있는 층 nowLocation을 입력한다.
2. 엘리베이터 시스템의 설계는 다음과 같다.
   1) 사용자가 1~6 이외의 숫자는 누를 수 없다.
   2) 사용자가 현재 엘리베이터가 서 있는 층을 선택하면 다른 층을 선택하라는 메시지를 출력한다.
3. 각 경우에 해당하는 출력 메시지는 다음과 같다.
   - 사용자가 가고자 하는 층을 현재 층으로 입력하거나 범위 외의 층을 입력한 경우
     → "다른 층(1~6)을 입력해주세요."
   - 엘리베이터의 층 이동이 있는 경우
     → "현재 층은 floor 입니다."
   - 가고자 하는 층에 도착한 경우
     → "inputLocation층에 도착하였습니다. 안녕히 가세요."

| 문제 해결 알고리즘 |

① 사용자에게 가고자 하는 층 inputLocation, 현재 위치 nowLocation을 입력받는다.

② 엘리베이터 시스템의 출력메시지를 출력하는 프로그램을 정의한다.

②-1 가고자 하는 층이 현재 층과 같거나 범위를 벗어나는 경우에는 예외처리를 해준다.
"다른 층(1~6)을 눌러주세요." 후, 재입력한다.

②-2 엘리베이터가 내려가야 하는 경우,
엘리베이터의 층을 줄여 return하는 goDownfloor() 함수를 정의한다.

②-3 엘리베이터가 올라가야 하는 경우,
엘리베이터의 층을 늘려 return하는 goUpfloor() 함수를 정의한다.

②-4 엘리베이터의 층이 가고자 하는 층에 도달할 때까지 엘리베이터의 위치를 출력하고도착한 경우, 결과 메시지를 출력한다.

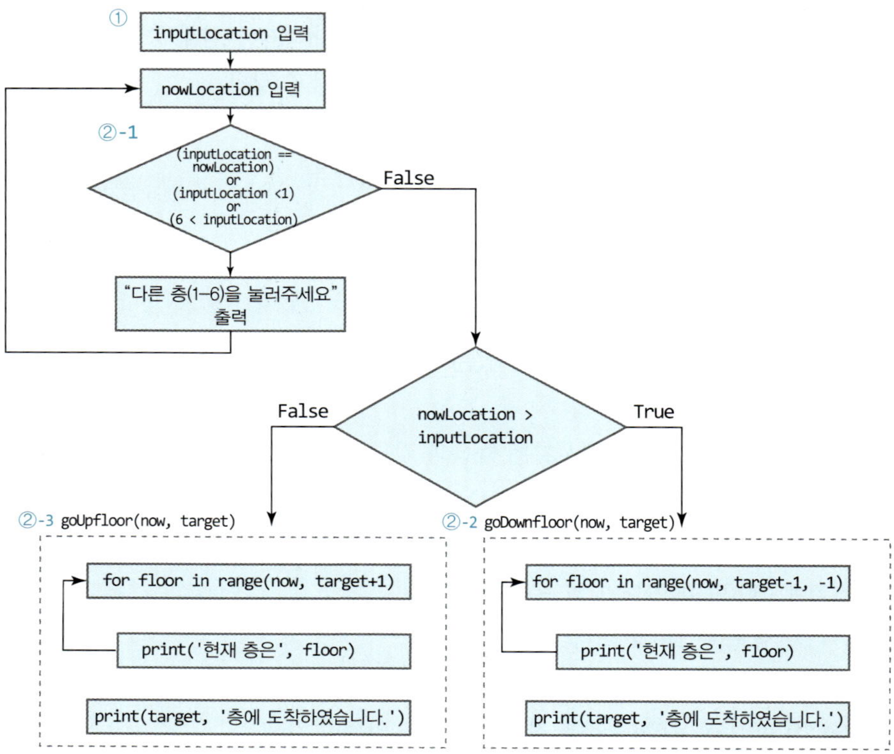

| 프로그램 |

```
def goDownfloor(now, target):
   for floor in range(now, target-1, -1):
      print('현재 층은', floor,'입니다.')
   print(target, '층에 도착하였습니다. 안녕히 가세요.')

def goUpfloor(now, target):
   for floor in range(now, target+1):
      print('현재 층은', floor,'입니다.')
   print(target, '층에 도착하였습니다. 안녕히 가세요.')

inputLocation = int(input('가고자 하는 층 입력: '))
nowLocation = int(input('현재 위치 입력: '))

if ((inputLocation == nowLocation) or (inputLocation < 1) or (6 < inputLocation)):
   print("다른 층(1~6)을 눌러주세요.")
else:
   if(nowLocation > inputLocation):
      goDownfloor(nowLocation,inputLocation)
   else:
      goUpfloor(nowLocation,inputLocation)
```

| 테스트 |

9층을 눌러 예외 처리가 됨을 확인하고, 5층을 눌러 목적 층에 도착하는 것을 확인해보자.

```
>>>
가고자 하는 층 입력: 9
현재 위치 입력: 1
다른 층(1~6)을 눌러주세요.
>>>
가고자 하는 층 입력: 5
현재 위치 입력: 1
현재 층은 1 입니다.
현재 층은 2 입니다.
현재 층은 3 입니다.
현재 층은 4 입니다.
현재 층은 5 입니다.
5 층에 도착하였습니다. 안녕히 가세요.
```

실습문제 11-14 계산기 프로그램

| 요구사항 |

앞서 9장에서 연습한 덧셈 함수를 응용해서 덧셈, 뺄셈, 곱셈, 나눗셈을 하는 계산기 프로그램을 만들려고 한다. 프로그램의 상세 요구사항은 다음과 같다.

1. 모든 함수는 결과를 반환한다.
2. 뺄셈 함수의 경우 어떤 식으로 입력이 들어오든 큰 수에서 작은 수를 뺀다.
3. 두 정수의 입력 값은 float형으로 받는다.
4. 연산 결과를 출력할 수 있도록 한다.
5. 무한히 돌 수 있도록 하며, 종료가 가능하도록 한다.

| 문제 해결 알고리즘 |

- 두 정수를 인자로 받아 연산을 하는 함수
  → add(num1, num2), sub(num1, num2), mul(num1, num2), div(num1, num2)
- 무한루프 → while(True):

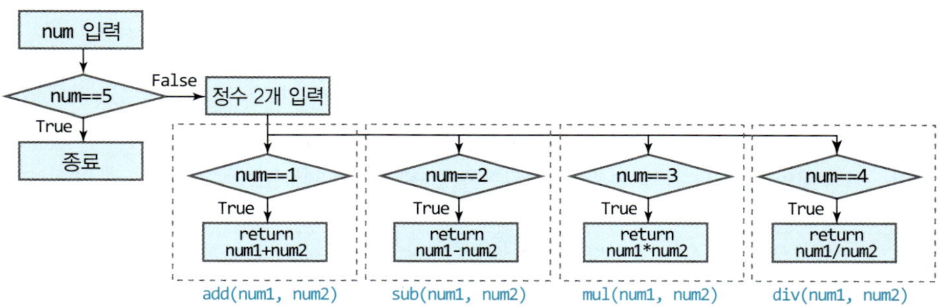

| 프로그램 |

```
def add(num1, num2):
    result = num1 + num2
    return result
def sub(num1, num2):
    if num1 > num2:
        result = num1 - num2
    else:
```

```
        result = num2 - num1
    return result
def mul(num1, num2):
    result = num1 * num2
    return result
def div(num1, num2):
    result = num1 / num2
    return result

print("*** 계산기 ***")
num_result = 0
while(True):
    num = int(input("1.덧셈  2.뺄셈  3.곱셈  4.나눗셈  5.종료 :"))
    if num==5:
        break
    else:
        print("정수 2개 입력: ")
        num1 = float(input())
        num2 = float(input())
        if num==1:
            num_result = add(num1, num2)
        elif num == 2:
            num_result = sub(num1, num2)
        elif num == 3:
            num_result = mul(num1, num2)
        else:
            num_result = div(num1, num2)
    print("결과: ", num_result)
```

| 테스트 |

5와 6을 입력하여 곱셈을 진행해보시오. 곱셈을 진행한 후에는 6과 3을 이용한 뺄셈을 하고, 프로그램을 종료시켜보자.

```
*** 계산기 ***
1.덧셈  2.뺄셈  3.곱셈  4.나눗셈  5.종료 :3
정수 2개 입력:
5
6
```

```
결과:  30.0
1.덧셈  2.뺄셈  3.곱셈  4.나눗셈  5.종료 :2
정수 2개 입력:
3
6
결과:  3.0
1.덧셈  2.뺄셈  3.곱셈  4.나눗셈  5.종료 :5
```

실습문제 11-15 사각형의 둘레, 넓이

| 요구사항 |

앞서 10장에서 연습한 둘레 구하는 함수를 이용해서 이번 11장에서는 사각형의 둘레와 넓이를 구하는 프로그램을 작성해보려 한다.

1. 사용자가 종료를 입력하기 전엔 무한히 돌아야 한다.
2. 결과를 출력해야한다.

위의 요구사항을 만족하는 프로그램을 만들어보자.

| 문제 해결 알고리즘 |

- 두 변을 인자로 받아 둘레와 넓이를 구하는 함수 → circum(side1, side2), area(side1, side2)

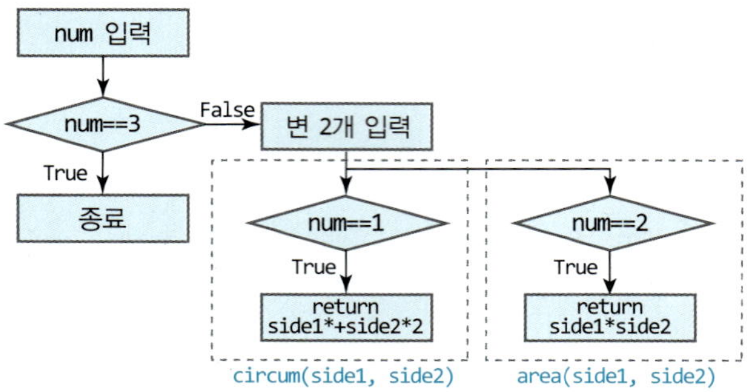

| 프로그램 |

```
def circum(side1, side2):
   result = side1*2+side2*2
   return result
def area(side1, side2):
   result = side1 * side2
   return result

squ_result = 0
while(True):
   num = int(input("1.둘레  2.넓이  3.종료 : "))
   if num==3:
      break
   else:
      print("두 변 길이 입력: ")
      side1 = int(input())
      side2 = int(input())
      if num==1:
         squ_result = circum(side1, side2)
         print("둘레는 ", squ_result)
      else:
         squ_result = area(side1, side2)
         print("넓이는 ", squ_result)
```

| 테스트 |

변의 길이가 각각 2, 3인 사각형의 넓이, 변의 길이가 1인 정사각형의 둘레를 출력하고 종료해보자.

```
1.둘레  2.넓이  3.종료 : 2
두 변 길이 입력:
2
3
넓이는  6
1.둘레  2.넓이  3.종료 : 1
두 변 길이 입력:
1
1
둘레는  4
1.둘레  2.넓이  3.종료 : 3
```

실습문제 11-16 점수의 평균, 최고, 최저점 구하기

| 요구사항 |

앞서 9장에서 연습한 최고점을 구하는 함수를 이용해 시험 점수의 평균, 최고, 최저점을 구하는 프로그램을 작성하려 한다. 상세 요구사항은 다음과 같다.

1. 각 함수는 점수 리스트를 인자로 받는다.
2. 각 함수의 결과를 출력한다.

| 문제 해결 알고리즘 |

- 리스트를 인자로 받아 연산하는 함수
  → avg_score(numlist), high_score(numlist), low_score(numlist)

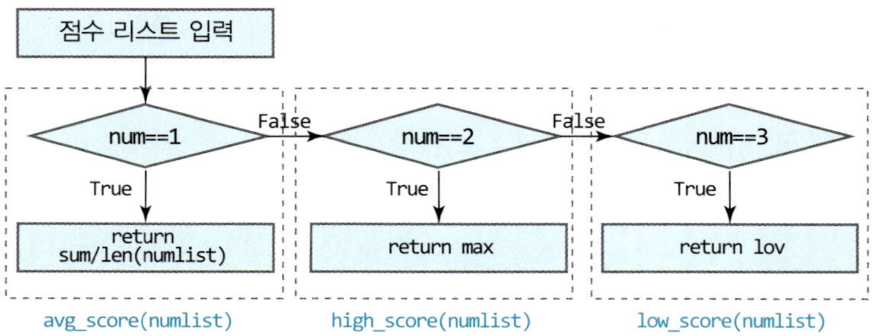

| 프로그램 |

```
def avg_score(numlist):
   avg = 0
   sum = 0
   for number in numlist:
      sum += number
   avg = sum/len(numlist)
   return avg
def high_score(numlist) :
   maximum = 0
   for number in numlist :
      if maximum <= number:
         maximum = number
```

```
    return maximum
def low_score(numlist):
    low = 0
    for number in numlist:
        if low >= number:
            low = number
    return low

score = [95, 90, 45, 10, 80, 100]
print("학생들의 점수는 95, 90, 45, 10, 80, 100점 입니다.")
num = int(input("1.평균  2.최고점  3.최저점 : "))
if num == 1:
    score_result = avg_score(score)
    print("평균 점수: ", score_result)
elif num==2:
    score_result = high_score(score)
    print("최고 점수: ", score_result)
else:
    score_result = low_score(score)
    print("최저 점수: ", score_result)
```

| 테스트 |

각 학생들의 점수가 입력된 리스트를 이용해 평균 점수를 구해보자.

```
학생들의 점수는 95, 90, 45, 10, 80, 100점 입니다.
1.평균  2.최고점  3.최저점 : 1
평균 점수:  70.0
```

실습문제 11-17 노래 음량, 에코, 템포 조절

| 요구사항 |

앞서 10장에서 연습한 노래방 기계의 템포 조절 프로그램을 조금 더 응용해서 이번 장에서는 음량, 에코, 템포를 조정하는 함수를 작성해보려 한다. 프로그램의 상세 요구사항은 다음과 같다.

1. 볼륨은 0~100, 에코는 -3~3, 템포는 -5~5까지 조정 가능하다.
2. 볼륨과 에코, 템포는 증가, 감소가 가능하다.

| 문제 해결 알고리즘 |

- 현재 상태와 조절하고자하는 양을 인자로 받아 연산하는 함수
  → volume(now_vol, num), eco(now_eco, num), tempo(now_tem, num)

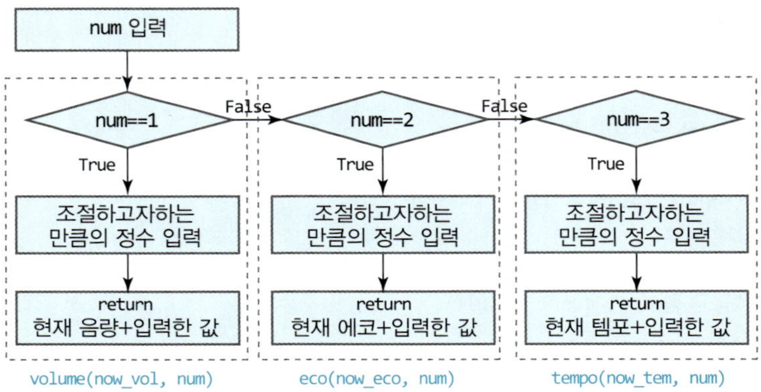

| 프로그램 |

```
def volume(now_vol, num):
    result = now_vol + num
    return result
def eco(now_eco, num):
    result = now_eco + num
    return result
def tempo(now_tem, num):
    result = now_tem + num
    return result

print("**노래 조절 프로그램**")
what = int(input("1.음량  2.에코  3.템포 : "))
if what==1:
    print("음량 조절은 0부터 100까지 가능합니다. 현재 음량은 60입니다.")
    vol = int(input("조절하고자하는 만큼 입력: "))
    result = volume(60, vol)
    print("조절 후 음량은 ", result, "입니다.")
elif what==2:
    print("에코 조절은 -3부터 3까지 가능합니다. 현재 0입니다.")
    eco_in = int(input("조절하고자하는 만큼 입력: "))
    result = volume(0, eco_in)
```

```
    print("조절 후 에코는 ", result, "입니다.")
else:
    print("템포 조절은 -5부터 5까지 가능합니다. 현재 0입니다.")
    tempo_in = int(input("조절하고자하는 만큼 입력: "))
    result = volume(0, tempo_in)
    print("조절 후 템포는 ", result, "입니다.")
```

| 테스트 |

현재 음량에서 13만큼 줄여보자.

```
**노래 조절 프로그램**
1.음량  2.에코  3.템포 : 1
음량 조절은 0부터 100까지 가능합니다. 현재 음량은 60입니다.
조절하고자하는 만큼 입력: -13
조절 후 음량은  47 입니다.
```

실습문제 11-18 TV 채널, 음량 조절 프로그램

| 요구사항 |

앞서 9장에서 연습한 TV 채널 조정 함수를 이용해 이번엔 채널 조정 함수와 음량 조절 함수를 작성해보려 한다. 프로그램의 상세 요구사항은 다음과 같다.

1. 현재 채널은 5이고, 음량은 4이다.
2. 현재 채널과 음량을 입력받지 않고, 이전의 연산 결과로 계속 연산이 이어져야 한다.
3. 종료하기 전까지 계속 바꿀 수 있어야 한다.

| 문제 해결 알고리즘 |

- 현재 상태와 조절하고자하는 양을 인자로 받아 연산하는 함수
  → channel(now_cha, num), volume(now_vol, num)

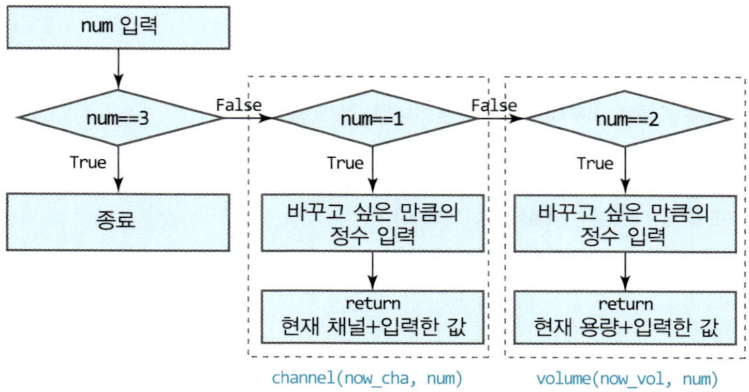

| 프로그램 |

```
def channel(now_cha, num):
    now_cha = now_cha + num
    return now_cha
def volume(now_vol, num):
    now_vol = now_vol + num
    return now_vol

now_cha = 5
now_vol = 4
while(True):
    what = int(input("1.채널  2.음량  3.종료 : "))
    if what == 3:
        break
    else:
        if what == 1:
            num = int(input("바꾸고싶은 만큼 입력: "))
            now_cha = channel(now_cha, num)
            print("현재 채널은 ", now_cha)
        elif what == 2:
            num = int(input("바꾸고싶은 만큼 입력: "))
            now_vol = volume(now_vol, num)
            print("현재 음량은 ", now_vol)
        else:
            print("잘못 입력 하였습니다. 다시입력해주세요.")
```

| 테스트 |

현재 채널은 5번이다. 여기서 2만큼 증가시켜 7번으로 옮겨보고, 다시 2만큼 줄여, 5번으로 옮긴 후 종료해보자.

```
1.채널  2.음량  3.종료 : 1
바꾸고싶은 만큼 입력: 2
현재 채널은  7
1.채널  2.음량  3.종료 : 1
바꾸고싶은 만큼 입력: -2
현재 채널은  5
1.채널  2.음량  3.종료 :
```

실습문제 11-19 기차표 예매

| 요구사항 |

기차표 예매 프로그램을 작성하려 한다. 프로그램의 상세 요구사항은 다음과 같다.

1. 목적지를 선택하고, 열차의 종류를 선택한 후, 좌석인지 입석인지 선택하는 3개의 함수가 필요하다.
2. 각 선택에 대해서 금액은 모두 다르다.
3. 모두 고르고 나면 총 금액을 출력하는 함수가 필요하다.

| 문제 해결 알고리즘 |

- 목적지 선택 함수 → objection(o)
- 열차 종류 선택 함수 → train(t)
- 입석/좌석 여부 선택 함수 → ud(s)
- 최종 금액 출력 함수 → cal_payment(a, b, c)

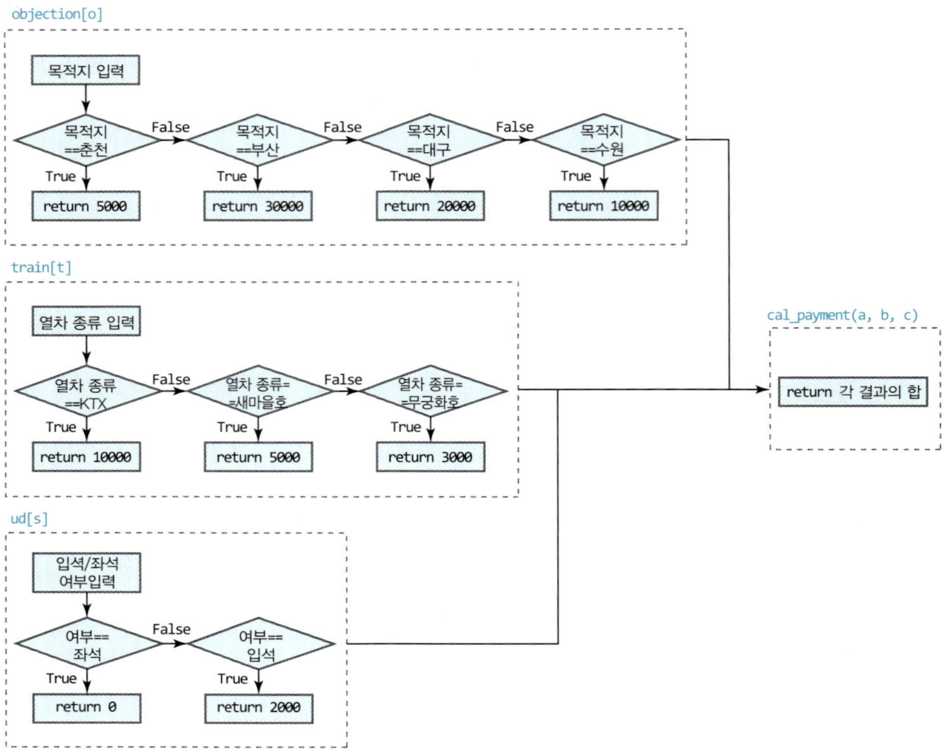

| 프로그램 |

```
def objection(o):
    if (o == '춘천') :
        a=5000
    elif (o=='부산'):
        a=30000
    elif (o=='대구'):
        a=20000
    elif (o=='수원'):
        a=10000
    return a
def train(t) :
    if (t == 'KTX') :
        b = 10000
    elif (t == '새마을호') :
```

```
        b = 5000
    elif (t == '무궁화호') :
        b = 3000
    return b
def ud(s) :
    if (s == '좌석') :
        c = 0
    elif (s == '입석') :
        c = -2000
    return c
def cal_payment (a,b,c) :
    pay=a+b+c
    print(pay,'원')

o = str(input('춘천(운임 : 5000원)  부산(운임 :30000원) 대구(운임 20000원) 수원(운임
10000) 중 목적지를 한곳 입력하세요 : '))
a = objection(o)
t = str(input('KTX(10000원 추가) / 새마을호(5000원 추가) / 무궁화호(3000원 추가) 중 하나
를 입력하세요 : '))
b = train(t)
u = str(input('좌석 / 입석(2000원 할인)중 하나를 입력하세요 : '))
c = ud(u)
cal_payment(a,b,c)
```

| 테스트 |

수원까지 무궁화호를 타고 좌석을 발급 받아 가려 한다. 총 금액을 구해보자.

```
춘천(운임 : 5000원)  부산(운임 :30000원) 대구(운임 20000원) 수원(운임 10000) 중 목적지를
한곳 입력하세요 : 수원
KTX(10000원 추가) / 새마을호(5000원 추가) / 무궁화호(3000원 추가) 중 하나를 입력하세요 :
무궁화호
좌석 / 입석(2000원 할인)중 하나를 입력하세요 : 좌석
13000 원
```

실습문제 11-20 커피 구매하기

| 요구사항 |

카페에 가서 음료를 구매하려고 한다. 프로그램의 상세 요구사항은 다음과 같다.

1. 커피 종류는 Americano, Cafe mocha, Cafe Latte, Green Tea Latte가 있다.
2. 사이즈는 grande, regular, short 사이즈가 있다.
3. 각 비용을 다 더해서 출력해야 한다.

| 문제 해결 알고리즘 |

- 커피의 금액과 컵의 사이즈, 그리고 총 금액을 구하는 함수
  → Coffee(c), size(s), price(a, b)

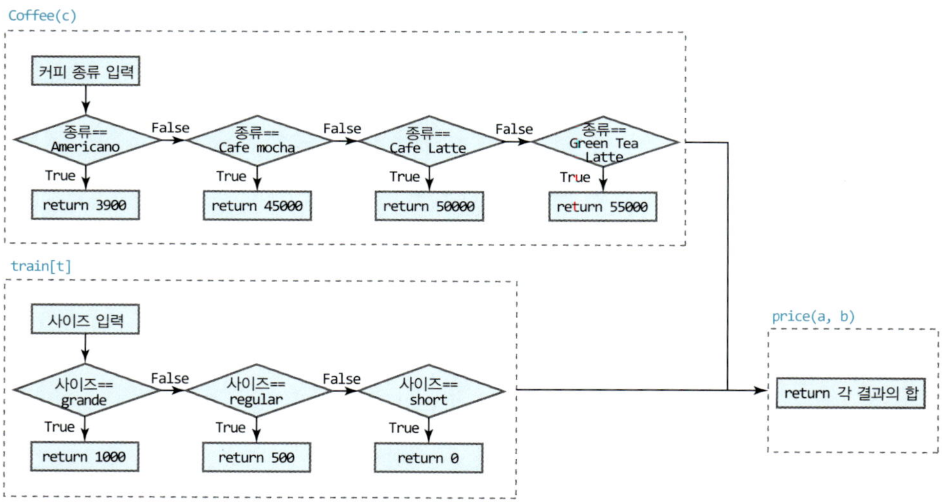

| 프로그램 |

```
def Coffee(c):
    if (c == 'Americano') :
        a=3900
    elif (c == 'Cafe mocha'):
        a=4500
    elif (c == 'Cafe Latte'):
        a=5000
```

```
    elif (c == 'Green Tea Latte'):
        a=5500
    return a
def size(s):
    if s == 'G':
        b = 1000
    elif s == 'R':
        b = 500
    elif s == 'S':
        b = 0
    return b
def price(a, b):
    pay = a+b
    return pay

print('Welcome to Harry Cafe')
c = str(input('Choose 1 : Americano / Cafe mocha / Cafe Latte / Green Tea Latte : '))
s = str(input('Choose size: G(grande) / R(regular) / S(short) : '))
a= Coffee(c)
b= size(s)
print("총 금액은 ", price(a, b), "원 입니다.")
```

| 테스트 |

Americano를 grande 사이즈로 먹으려 한다. 총 금액을 구해보자.

```
Welcome to Harry Cafe
Choose 1 : Americano / Cafe mocha / Cafe Latte / Green Tea Latte : Americano
Choose size: G(grande) / R(regular) / S(short) : G
총 금액은 4900 원 입니다.
```

12

CHAPTER

그래픽 도구 활용 (turtle 클래스)

12.1 객체와 클래스

12.2 유용한 클래스

12.3 turtle 클래스로 그림 그리기

파이썬은 객체와 클래스를 기반으로 구성되어 있다. 클래스에 대해 이해하고 활용하면 문제를 더 쉽게 해결할 수 있다. 활용 범위도 넓어진다. 그래픽을 위한 turtle 클래스도 그중 하나이다.

12 그래픽 도구 활용(turtle 클래스)

단원개요

1. 객체와 클래스에 대해 이해하고, 둘의 차이점에 대해 공부한다.
2. 파이썬이 제공하는 주요 클래스들을 살펴보고 익힌다.

객체(Object)는 컴퓨터과학 분야에서 이미 오래전에 인정받은 구조이다. 객체와 클래스에 대해 이해하고 활용하면, 문제를 더 쉽게 해결할 수 있다. 활용 범위 또한 넓어진다. 그래픽을 위한 turtle 클래스도 그중 하나이다.

이 책에서는 객체가 무엇이고, 어떤 구조를 가지고 있는지를 설명하고자 한다. 파이썬은 모든 프로그램 구성 요소들이 객체로 구성되어 있기 때문에, 객체의 구조를 알고 나면 파이썬 언어를 이해하는 데에도 도움이 될 것이다.

여러분이 학습하기 바라는 내용은 다음 4가지 용어의 정의와 구조이다.

객체, 클래스(Class), 메소드(Method), 속성(Attribute).

12.1 객체와 클래스

클래스는 타입(Type)이고, 객체는 변수이다. 객체는 클래스로부터 생성된다. 모든 객체는 그 객체를 정의하는 클래스의 구조를 갖는다.

클래스는 실체가 없는 개념이고, 객체는 클래스의 구조를 갖는 실체이다. 모든 객체는 다른 객체와 구분할 수 있는 ID(Identification)가 있다. 사람 클래스의 객체는 이름과

주민 등록 번호가 있고, 자동차 클래스의 객체에는 차량 번호가 있다.

- 사람은 클래스고, 홍길동과 임꺽정은 객체이다.
- 의자는 클래스고, 내가 앉아있는 의자는 객체이다.
- TV는 클래스고, 우리 집 TV는 객체다.

클래스는 객체들이 공통적으로 갖고 있는 특징을 갖는다.

TV라는 클래스의 객체들은 기본적으로 화면을 가지고 있고, 채널과 볼륨을 가지고 있다. 자동차 클래스의 객체들은 바퀴와 핸들을 가지고 있다.

클래스의 수준이 높을수록 범위가 넓고 다양한 속성값을 포함한다. 예를 들면, 사람이라는 클래스는 매우 높은 수준의 클래스이며 그 속성이 많고 다양하다. 자동차라는 클래스도 모든 차의 속성을 나타내야 하기 때문에 매우 복잡할 수 있다.

클래스의 범위를 조금 줄여서 생각해 볼 수도 있다. 사람의 범위를 조금 줄여보면, 교수 또는 학생이라는 클래스를 생각할 수 있다. 자동차의 경우도 승합차, RV차 등으로 범위를 좁힐 수 있다.

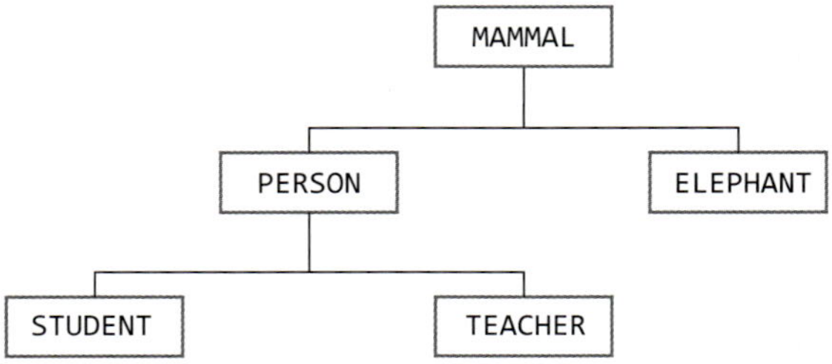

[그림 12-1] 클래스의 수준-사람의 범위

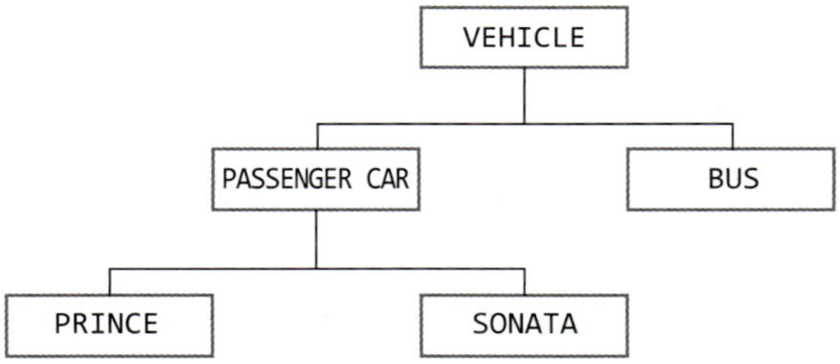

[그림 12-2] 클래스의 수준-차의 범위

도형의 예를 생각해보자. 도형이라는 클래스는 삼각형, 사각형, 원을 전부 포함하기 때문에 넓은 범위의 클래스이다. 삼각형, 사각형, 원은 그보다는 낮은 범위의 클래스다. 삼각형 클래스는 세 변의 길이, 세 각의 크기 등의 삼각형을 나타내는 특징을 갖고 원은 특징으로 반지름을 가질 것이다.

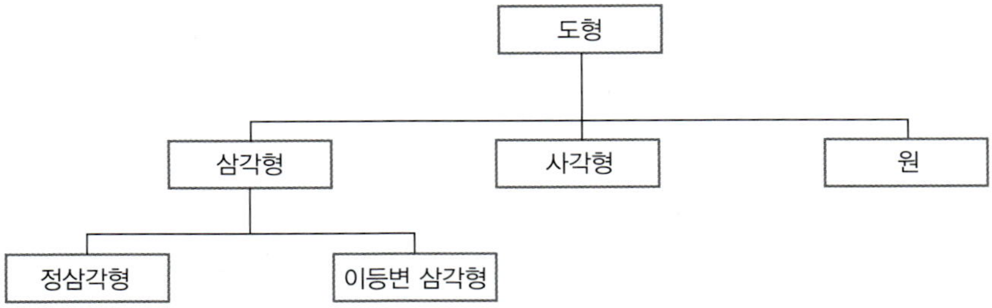

[그림 12-3] 클래스의 수준-도형의 범위

퀴즈 12-1 클래스와 객체를 구분해 보자.

(1) 영화 배우 (클래스 or 객체)
(2) 아이폰 6s (클래스 or 객체)
(3) 올림픽 공원 (클래스 or 객체)
(4) 동물 (클래스 or 객체)

12.1.1 클래스 구조

클래스를 내부적으로 살펴보면, 두 개의 구성 요소를 갖는다.

속성(자료 구조)+메소드(함수)

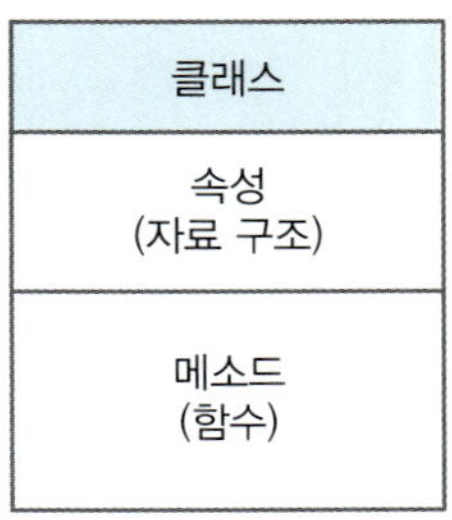

[그림 12-4] 속성과 메소드를 가지는 클래스의 구조

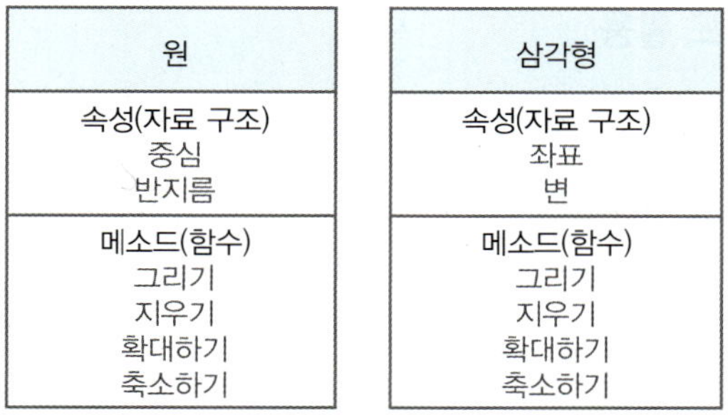

[그림 12-5] 클래스 구조의 예

우리가 클래스를 만들어서 사용하는 경우에는 자료 구조까지 숙지하여야 한다. 하지만, 이 책에서는 파이썬이 만들어 놓은 클래스들만을 사용할 것이기 때문에 그 클래스가 제공하는 함수들의 정확한 용도를 파악하고 사용하는 것이 중요하다.

우리가 일상적으로 사용하고 있는 제품들에 대해서도 내부 구조까지 알지 않아도, 사용하는 데에 전혀 불편이 없다. TV의 내부에 대해 파악하지 않아도, 리모콘이 제공하는 기능들만으로 TV를 즐길 수 있는 것과 같은 이치라고 보면 된다.

특정 클래스에 정의되어 있는 함수들을 메소드라고 부른다. 우리는 특정 클래스가 제공하고 있는 메소드만을 살펴보고 사용할 것이다.

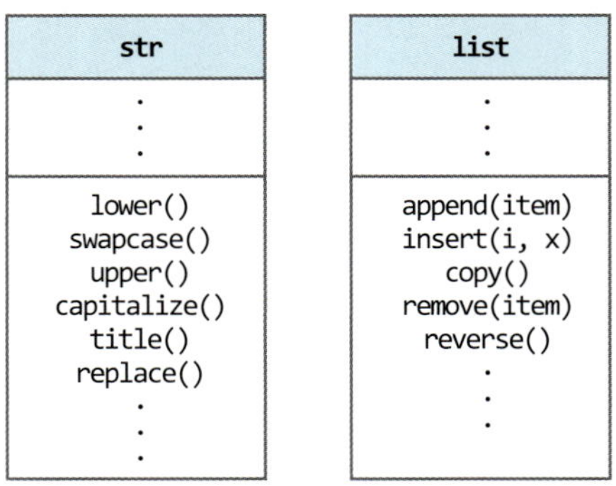

[그림 12-6] 클래스가 제공하는 메소드

12.1.2 객체의 메소드 활용

객체의 메소드를 사용하기 위해서는 객체 이름 다음에 '.'을 적고, 메소드 이름을 적으면 된다.

■ 객체.method()

```
str.lower()
str.swapcase()
str.upper()
str.capitalize()
str.title()
str.replace()
```

```
list.append(item)
list.insert(i, x)
list.copy()
list.remove(item)
list.reverse()
```

[그림 12-7] 객체와 메소드의 활용

> **참고** 함수와 메소드 차이
>
> 우리는 앞서 len() 함수와 같은 함수를 사용했다. 이 함수를 사용할 때, 아무런 사전 작업도 없이 len() 함수를 사용해도 파이썬은 잘 이해하고 실행하였다. 우리는 이런 함수를 '내장 함수'라 부른다.
>
> 내장 함수는 파이썬에 미리 포함되어 있어서 우리가 아무런 사전 조치 없어도 사용할 수 있는 함수를 의미한다. 다른 내장 함수로는 int() 함수, print() 함수, min() 함수, max() 함수 등 약 70개가 있다. 사실 이 내장 함수도 어느 클래스의 메소드이다.
>
> 이 내장 함수 외에도 파이썬이 제공하는 많은 클래스가 있다. 예를 들면, 앞으로 알아볼 수학 계산을 하는 math 클래스나 임의의 수를 생성하는 random과 같은 클래스가 있는데, 이 클래스는 내장 함수처럼 len() 함수와 같이 바로 사용할 수 없다. 반드시 다음과 같은 방법으로 사용해야 한다.
>
> 클래스.메소드()
>
> 예를 들어, random 클래스에서 1~7 사이의 정수형의 난수를 생성하는 메소드를 사용하려면 다음과 같이 작성한다.
>
> random.randint(1, 7)
>
> 파이썬에서 제공하는 클래스의 메소드를 사용하는 방법은 예제를 통해 자세히 살펴볼 것이다.

■ str 클래스의 객체

우리가 앞에서 사용해온 문자열도 str 클래스의 객체이다.

```
>>> greeting = "How are you?"
```

이 문장에서 greeting은 str 클래스의 객체가 된다. str 객체가 되었기 때문에, str 클래스가 제공하는 메소드들을 사용할 수 있다. 파이썬이 제공하는 str 메소드의 일부를 살펴보면, 메소드 str.lower()는 대문자를 소문자로 바꾸는 함수를 제공한다. 우리는 이 메소드를 그냥 사용하면 된다.

〈표 12-1〉 str.lower()

str.lower()	문자열의 모든 문자를 소문자로 변환

```
>>> greeting.lower()
"how are you?"
```

또 다른 메소드 str.upper()는 소문자를 대문자로 바꾸어 준다.

〈표 12-2〉 str.upper()

str.upper()	문자열의 모든 문자를 대문자로 변환

```
>>> greeting.upper()
'HOW ARE YOU?'
```

그리고 메소드 str.swapcase()은 대문자는 소문자로, 소문자는 대문자로 변환해준다.

〈표 12-3〉 str.swapcase()

str.swapcase()	문자열의 대문자는 소문자로, 소문자는 대문자로 변환

```
>>> greeting.swapcase()
'hOW ARE YOU?'
```

문장의 시작 혹은 큰 단락의 제목으로 쓰이는 문자열의 경우 문자열의 첫 문자를 대문자로 쓰는 것이 일반적이다. 나아가 문자열에서 모든 단어의 첫 문자를 대문자로 입력해야 하는 경우도 존재한다. 따라서 파이썬은 문자열의 첫 글자를 대문자로 변환해주는 함수를 제공한다.

메소드 str.capitalize()는 문자열의 첫 글자를 대문자로 변환해준다.

〈표 12-4〉 str.capitalize()

str.capitalize()	문자열의 첫 글자만 대문자로 변환

```
>>> hello = 'hello, python'
>>> hello.capitalize()
'Hello, python'
```

메소드 str.title()은 문자열의 단어마다 첫 글자를 대문자로 변환해준다.

〈표 12-5〉 str.title()

str.title()	문자열에서 단어의 첫 문자들을 대문자로 변환

```
>>> greeting.title()
'How Are You?'
```

메소드 str.replace()는 문자열에서 일부 문자열을 지정한 문자열로 변환해준다.

〈표 12-6〉 str.replace()

str.replace(old, new)	문자열의 부분 문자열인 old를 new로 변환

```
>>> greeting.replace('How','Where')
'Where are you?'
```

여기서 주의할 점은 문자열에 해당하는 메소드를 적용하였을 때, str 자체가 변환되는 것이 아니라 변환한 복사본을 반환한다는 것이다.

```
>>> greeting = " How are you?"
>>> greeting.upper()
'HOW ARE YOU?'
>>> greeting
'How are you?'
```

파이썬이 제공하는 메소드들의 기능을 잘 이해하고 사용하면 문제 해결에 매우 편리하다.

〈표 12-7〉 str 클래스의 메소드

메소드	설명
str.lower()	문자열의 대문자를 소문자로 변환한다.
str.swapcase()	문자열 중 대문자는 소문자로, 소문자는 대문자로 변환한다. s라는 문자열에 swapcase()를 두 번 적용하면 s 그대로 남아 있게 된다.
str.upper()	문자열의 소문자를 대문자로 변환한다.
str.capitalize()	문자열의 첫 글자만 대문자로 변환한다.
str.title()	문자열에서 각 단어의 첫 문자들을 대문자로 변환한다.
str.replace(old, new)	문자열의 부분 문자열인 old를 new로 바꾼 복사본을 반환한다.

퀴즈 12-2 다음 프로그램을 완성해보자.

```
>>> favorite_song = 'Hotel California'

(1) 문자열 favorite_song을 대문자로 바꿔서 출력하시오.
>>> song_title = (                    )
>>> song_title
'HOTEL CALIFORNIA'

(2) 문자열 favorite_song의 대문자는 소문자로, 소문자는 대문자로 바꿔서 출력하시오
>>> song_title = (                    )
>>> song_title
'hOTEL cALIFORNIA'
```

예제 12-1 문자열 변환하기

| 요구사항 |

str = 'an introduction to python programming'

1) 위 문자열의 첫 글자만 대문자로 변환해보자.

2) 위 문자열의 단어의 첫 문자들을 대문자로 변환해보자.

| 문제 해결 알고리즘 |

- 첫 글자만 대문자로 변환하는 메소드 → capitalize()
- 각 단어의 첫 문자들 모두 대문자로 변환하는 메소드 → title()

| 프로그램 |

```
>>> str = 'an introduction to python programming'
>>> str.capitalize()
'An introduction to python programming'

>>> str.title()
'An Introduction To Python Programming'
```

■ list 클래스의 객체

7장에서 설명 했던 list도 list 클래스의 객체이다.

```
>>> list_number = [1,2,3,4,5]
```

이 문장에서 list_number는 list 클래스의 객체가 되었다.
그러면, list 클래스가 제공하는 메소드들을 사용할 수 있다.
list의 원소를 새롭게 삽입하는 경우 메소드 list.insert()를 이용해서 할 수 있다.

〈표 12-8〉 list.insert()

list.insert(i, x)	list의 i번째 index에 x 추가

```
>>> list_number.insert(2, 7)
>>> list_number
[1, 2, 7, 3, 4, 5]
```

my_favorite = ['April', 'May', 'Sep', 'Oct', 'Nov']이 이렇게 주어졌을 때, 'May'와 'Sep' 사이에 'Jul'을 추가하고 싶으면 my_favorite.insert(2, 'Jul')이라고 하면 된다.

예제 12-2 list의 원소 삽입

| 요구사항 |

number=[2, 4, 8, 10]일 때, list number의 알맞은 위치에 새로운 원소 6을 삽입해 보자.

| 테스트 |

```
>>> number = [2, 4, 8, 10]
>>> number.insert(2, 6)
>>> number
[2, 4, 6, 8, 10]

>>> number = [2, 4, 8, 10]
>>> number[2:2] = [6]
>>> number
[2, 4, 6, 8, 10]
```

참고

slice 방식으로 원소를 삽입할 수도 있다.

list_name[index : index] = [원소]

list의 마지막에 원소를 삽입하고 싶을 때는 insert()를 사용할 수도 있지만, list의 길이를 모르는 경우 메소드 list.append()라는 명령어를 통해 쉽게 추가할 수 있다.

〈표 12-9〉 list.append()

list.append(item)	list의 마지막에 item 추가

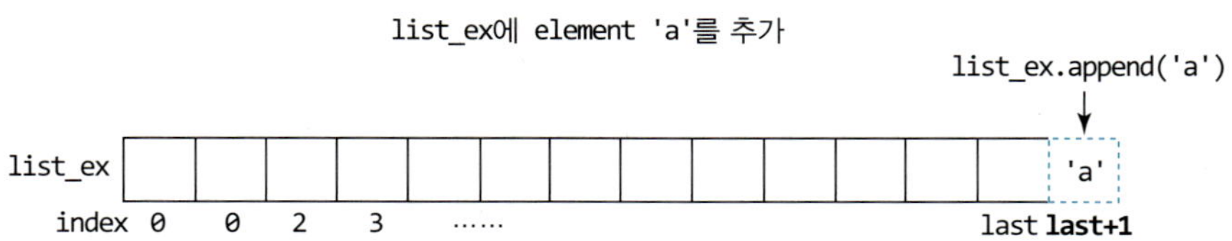

[그림 12-8] list에서의 메소드 append()

```
>>> list_number.append(6)
>>> list_number
[1, 2, 3, 4, 5, 6]
```

예제 12-3 list의 원소 추가 : append()

| 요구사항 |

- number=[2, 4, 6, 8]일 때, list number의 알맞은 위치에 새로운 원소 10을 추가해보자.
- 알파벳 순으로 정렬된 list sorted=["apple", "blind", "coin"] 일 때, 알맞은 위치에 새로운 원소 "zoo"를 추가해보자.

| 테스트 |

```
>>> number = [2, 4, 6, 8]
>>> number.append(10)
>>> number
[2, 4, 6, 8, 10]

>>> sorted = ['apple', 'blind', 'coin']
>>> sorted.append('zoo')
>>> sorted
['apple', 'blind', 'coin', 'zoo']
```

list에서 원소가 쓸모가 없어졌을 경우 del을 통해 삭제를 할 수 있다. 삭제를 하게 되면 자동으로 삭제한 만큼 list의 길이가 감소한다.

〈표 12-9〉 del 명령어를 이용한 원소 제거

del list[index]	list의 해당 index의 원소(element) 제거
del list[index1:index2]	list의 해당 [index1:index2]범위에 원소(element) 제거

예제 12-4 list의 원소 제거 : del

| 요구사항 |

number = [2, 4, 5, 6, 8, 10]일 때 number list를 짝수로만 이루어진 list로 만들어 보자.

위의 결과물에서 가장 작은 수와 가장 큰 수로만 이루어진 list를 만들어 보자.

| 테스트 |

```
>>> number=[2, 4, 5, 6, 8, 10]
>>> del number[2]
>>> number
[2, 4, 6, 8, 10]
>>> del number[1:4]
>>> number
[2, 10]
>>>
```

slice 방식으로 원소를 삽입할 수 있듯 empty list를 삽입하면 원소의 삭제도 가능하다. empty list는 [ ]로써 말 그대로 비어있는 list를 삽입함으로써 내가 원하는 index 길이만큼을 빈 공간으로 만드는 것이다.

〈표 12-10〉 slice 연산을 이용한 원소 제거

list[index1:index2] = []	list에서 [index1:index2] 범위에 해당하는 원소(element)들을 제거

예제 12-5 list의 원소 제거: empty list

| 요구사항 |

spell = ['i', 'n', 'c', 'i', 'd', 'e', 'n', 't']일 때, 3번과 4번 index의 원소를 empty list를 할당하여 제거를 해보자.

| 테스트 |

```
>>> spell=['i', 'n', 'c', 'i', 'd', 'e', 'n', 't']
>>> spell[2:4]=[]
>>> spell
['i', 'n', 'd', 'e', 'n', 't']
>>>
```

퀴즈 12-3 아래의 요구사항을 만족하도록 빈칸에 알맞은 실행문을 채워 넣어 보자.

| 요구사항 |

아래와 같이 구성된 list에서 숫자를 제외하여 str으로만 구성된 list가 되도록 만든다.

```
list_mix = [1,2,3,'a','b',4,5,'c']

>>> (              )
>>> list_mix
['a', 'b', 4, 5, 'c']
>>> (              )
>>> list_mix
['a', 'b', 'c']
```

파이썬이 제공하는 list 메소드의 일부를 살펴보면, 메소드 list.append(item)는 list의 마지막에 item을 덧붙이는 함수를 제공한다. 우리는 이 메소드를 그냥 사용하면 된다.

메소드 list.copy()는 list의 복사본을 생성하는 메소드이다.

〈표 12-11〉 list.copy()

list.copy()	list의 복사본 생성

```
>>> list_copy = list_number.copy()
>>> list_copy
[1, 2, 3, 4, 5]
```

다음의 메소드 list.remove()는 list에서 제거하고자 하는 item을 입력하여 지우는 메소드이다.

〈표 12-12〉 list.remove()

list.remove(item)	list에서 처음으로 나오는 item과 값이 동일한 원소(element) 제거

```
>>> list_number.remove(3)
>>> list_number
[1, 2, 4, 5]
```

만약 list에 하나 이상의 item이 존재한다면 그 중 가장 처음으로 나오는 원소만 제거한다.

```
>>> list_a = ['a','a','a']
>>> list_a.remove('a')
>>> list_a
['a', 'a']
```

마지막으로 list.reverse()는 list를 역으로 바꿔주는 메소드이다.

〈표 12-13〉 list.reverse()

list.reverse(item)	list의 원소(element)를 역순으로 정렬

```
>>> list_number.reverse()
>>> list_number
[5, 4, 3, 2, 1]
```

〈표 12-14〉 list 클래스의 메소드

method	설명
list.append(item)	list의 마지막에 item을 덧붙인다.
list.insert(i, x)	list의 i번째 index에 x를 추가한다.
list.copy()	list의 복사본을 만든다.
list.remove(item)	list에서 처음으로 나오는 item과 동일한 원소를 제거한다.
list.reverse()	list의 원소 순서를 역으로 바꾼다.

예제 12-6 list 클래스의 원소 제거 메소드

| 요구사항 |

number=[1, 2, 3, 5, 6]

number list에서 원소를 제거하여 6의 약수로만 이루어진 list로 만들어 보자.

| 문제 해결 알고리즘 |

- list의 원소 제거하는 메소드 → list.remove()

| 프로그램 |

```
>>> number = [1, 2, 3, 5, 6]
>>> number.remove(5)
>>> number
[1, 2, 3, 6]
```

예제 12-7 list 클래스의 원소 추가 메소드

| 요구사항 |

numlist = [4, 8, 16, 24]

① 위 list를 1~30까지의 정수 중 4의 배수로만 이루어진 list로 변경하는 프로그램을 작성해보자.

② ①에서 새롭게 작성한 list를 1~10까지의 정수 중 2의 배수로만 이루어진 list로 변경하는 프로그램을 작성해보자.

| 프로그램 |

```
>>> numlist = [4, 8, 16, 24]            ①
>>> numlist.insert(2,12)
>>> numlist.insert(4,20)
>>> numlist.append(28)
>>> numlist
[4, 8, 12, 16, 20, 24, 28]

>>> del numlist[2:]                     ②
>>> numlist
[4, 8]
>>> numlist.insert(0,2)
>>> numlist.insert(2,6)
>>> numlist.append(10)
>>> numlist
[2, 4, 6, 8, 10]
>>>
```

퀴즈 12-4 다음 프로그램을 완성해보자.

```
>>> favorite_list = ['Hotel California', 7, 'Tiger', True]

(1) 문자열 favorite_list의 순서를 거꾸로 바꿔서 출력하시오.
>>> (                    )
>>> favorite_list
[True, 'Tiger', 7, 'Hotel California']

(2) favorite_list와 구성은 동일하지만, 이름만 다른 list를 메소드를 이용하여 만들어보시오.
>>> another_name = (              )
>>> another_name
[True, 'Tiger', 7, 'Hotel California']
```

12.2 유용한 클래스

파이썬에서는 사용자의 편의를 위해 많은 클래스들을 제공하고 있다. 우리는 주어진 문제를 해결할 때, 파이썬이 제공한 클래스들을 활용하여 보다 빠르고 편리하게 작업할 수 있다. 파이썬이 제공하는 클래스는 다양하지만 여기서는 임의의 수를 생성하기 위한 random 클래스에 대해 배우고 사용해보자. random 클래스는 특히 컴퓨터와의 게임에서 자주 사용한다.

12.2.1 import문

파이썬이 제공하는 클래스는 크게 '내장 클래스'와 '외부 클래스'로 나눌 수 있다. 내장 클래스는 11장에서 다뤘던 string 클래스, list 클래스처럼 아무런 설정 없이도 사용이 가능한 클래스들이다. 그러나 파이썬이 제공하는 외부 클래스들을 사용하기 위해서는 import문을 통해 불러들여야만 한다.

〈표 12-15〉 import문을 통한 호출

import 클래스명	'import 클래스명' 을 통해 파이썬이 제공하는 클래스의 멤버와 메소드들을 사용할 수 있도록 한다.

import문의 사용법은 다음과 같다.

```
>>> import math              # 수학관련 클래스
>>> import random            # 무작위로 숫자를 생성하는 기능 관련 클래스
>>> import statistics        # 통계 관련 클래스
```

12.2.2 random 클래스

문제 해결 중에는 임의 값, 즉 무작위로 숫자를 고르는 작업이 포함되는 경우가 있다. 점심 값 내기 제비뽑기를 하는 경우, 컴퓨터와 가위바위보 게임을 하는 경우, 로또 번호를 만드는 경우에는 공평성과 무작위성을 보장하기 위해 임의의 값을 생성하는 작업이 필요하다.

파이썬에서는 다양한 방식의 임의 값 생성 메소드를 포함하고 있는 random 클래스를 제공하고 있다.

〈표 12-16〉 random 클래스의 메소드

random.random()	0~1 사이의 실수형 임의값 생성
random.randint(a,b)	a 이상 b 이하의 범위의 정수형 임의값 생성
random.choice(seq)	list나 tuple형의 원소들 중 무작위(랜덤)로 추출

임의값 생성을 위해서는 클래스 random 클래스를 해야 한다.

```
>>> import random
```

■ 0에서 1 사이의 실수형 임의 값 생성

〈표 12-17〉 random.random()

random.random()	0~1 사이의 실수형 임의 값 생성

random 클래스의 메소드 중 가장 기본이 되는 메소드는 random.random() 메소드이다. 이는 0부터 1사이의 실수형 임의값을 생성한다.

```
>>> import random

>>> random.random()
0.8911847030609125
```

```
>>> random.random()
0.1745102303030438
>>> random.random()
0.8056931376625919
>>> random.random()
0.8063173451487526
>>>
```

위의 예에서 보듯이 매번 다른 숫자를 생성한다. 생성된 임의 값에 10을 곱한 후 강제형 변환을 통해 int형으로 만든다면 간단히 0.0에서 10.0까지의 int형 임의값을 생성할 수 있다.

예제 12-8 숫자 맞추기 게임 프로그램

| 요구사항 |

컴퓨터가 0에서 9까지의 숫자를 하나 생성하고, 사용자는 그 숫자를 맞추는 게임을 만들어 보자.

| 문제 해결 알고리즘 |

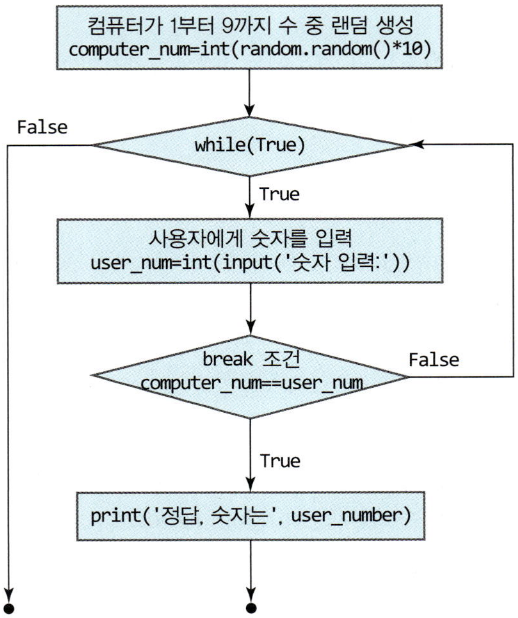

| 프로그램 |

```
import random
computer_num = int(random.random()*10)
while(True) :
    user_num = int(input('숫자 입력:'))
    if computer_num == user_num :
        print('정답. 숫자는 ', user_num)
        break
```

| 테스트 |

```
>>>
숫자 입력:1
숫자 입력:2
숫자 입력:3
숫자 입력:4
숫자 입력:5
정답. 숫자는  5
>>>
```

위의 random.random() 메소드의 경우에는 1에서 9까지의 임의 값을 만들기 위해 10을 곱해야 하는 불편함이 있었다. 이런 문제를 단순화 시킨 메소드도 있다.

■ a에서 b사이의 정수형 임의 값 생성

〈표 12-18〉 random.randint(a, b)

random.randint(a, b)	a 이상 b 이하의 범위의 정수형 임의값 생성

주사위는 1과 6사이의 값으로 구성되어있고 주사위를 굴렸을 때의 값은 임의로 발생한다. 이러한 일정 범위 안에서의 임의 값을 발생시키는 작업을 random.random() 메소드에 연산을 활용해서도 할 수 있지만 random.randint(a, b) 메소드를 사용하면, 더욱 편리하게 구현할 수 있다.

예제 12-9 주사위 굴리기 게임

| 요구사항 |

컴퓨터와 사용자가 서로 주사위를 굴려서, 큰 수가 나오는 측이 이기는 게임을 만들어 보자.

| 문제 해결 알고리즘 |

- 컴퓨터의 주사위 값 생성한다.
  → computer_dice = random.randint(1,6)
- 사용자의 주사위 값 생성한다.
  → user_dice = random.randint(1,6)
- 컴퓨터와 사용자의 주사위 값 비교하여 승부를 판정한다.
  → 조건문 사용

| 프로그램 |

```
import random
computer_dice = random.randint(1,6)
user_dice = random.randint(1,6)
if computer_dice > user_dice :
    print('컴퓨터 :', computer_dice ,'사용자 :', user_dice,' 컴퓨터 승리')
elif computer_dice< user_dice :
    print('컴퓨터 :', computer_dice, '사용자 :', user_dice, '사용자 승리')
else :
    print('컴퓨터 :', computer_dice, '사용자 :', user_dice, '비김')
```

| 테스트 |

```
>>>
컴퓨터 : 1 사용자 : 1 비김
컴퓨터 : 2 사용자 : 4 사용자 승리
>>>
```

■ 주어진 list 안에서 임의로 값을 추출

〈표 12-19〉 random.choice(list or tuple)

random.choice(list or tuple)	list형이나 tuple형에서 랜덤 원소(element)를 뽑아온다.

예를 들어, 가위, 바위, 보 게임을 한다고 생각하면 game_select = ['가위', '바위', '보'] 라는 list를 만들어서 이 중 하나를 고르게 할 수 있다.

```
>>> import random
>>> game_select = ['가위', '바위', '보']
>>> random.choice(game_select)
'보'
>>> random.choice(game_select)
'가위'
>>> random.choice(game_select)
'보'
>>> random.choice(game_select)
'바위'
>>> random.choice(game_select)
'보'
```

퀴즈 12-5 다음 빈칸을 채워 보자.

- random.random() 함수를 사용하여 1부터 29까지의 수 중 하나의 수를 생성하시오.
  ->(　　)(random.random() * (　))
- random.randint() 함수를 사용하여 2부터 10까지의 수 중 하나의 짝수를 생성하시오.
  ->random.randint(　　) * (　)
- random.choice() 함수를 사용하여 1등부터 5등까지 추첨하시오.
  ->random.choice(　　　　)

12.3 turtle 클래스로 그림 그리기

turtle이란 앞서 배웠던 파이썬이 제공하는 클래스 중 하나이다. turtle 클래스는 객체를 생성하고 선을 그려 디자인을 만들어 내는 것이 가능한 도구이다. 이 클래스 또한 많은 메소드를 제공한다. tultle을 사용하여 화면에 그림을 그리며 객체와 메소드의 차이를 이해해보자.

다음 〈표 12-20〉과 같이 'import turtle' 명령문을 적음으로써 turtle이 제공하는 메소드를 사용할 수 있다.

〈표 12-20〉 turtle 클래스 import 및 객체 생성

>>> import turtle	# turtle 모듈을 import함으로써 turtle이 제공하는 메소드를 사용할 수 있다.
>>> turtlee = turtle.Turtle()	# 새로 만들어지는 turtle 객체의 이름은 'turtlee'로 지정한다.

앞과 같이 작성하면 [그림 12-9]와 같은 화면이 생성된다. 화면 속에는 turtle 객체를 의미하는 화살표가 생긴다. 이 화살표를 이동시키면서 선을 그려내어 도형을 만들 수 있다.

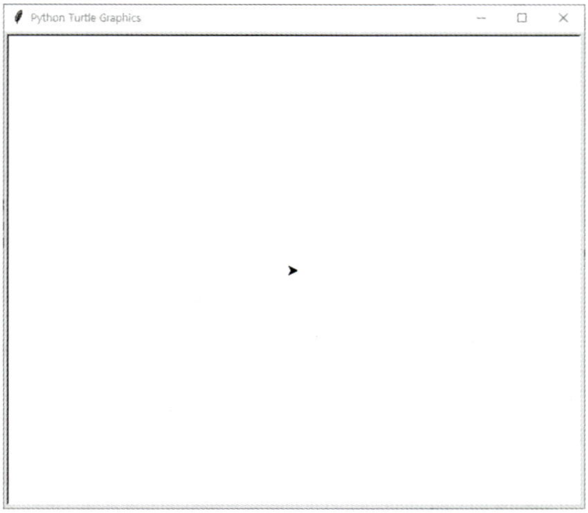

[그림 12-9] turtle 클래스 import 및 객체 생성

12.3.1 turtle 클래스가 제공하는 메소드

turtle이 제공하는 메소드를 써보기 위해 다음과 같이 'turtle' 라는 객체를 선언해보자.

```
>>> turtle = turtle.Turtle()
```

turtle에서는 turtle의 모양 및 크기, 색을 지정하고, turtle의 움직이는 방향이나 거리를 정하여 선을 그리게 하는 등의 여러 가지의 메소드를 제공한다.

■ turtle 객체의 모양 지정하기

turtle 객체의 모양은 여러 가지로 지정할 수 있다. 예를 들어,

```
turtle.shape('turtle')
```

을 작성하면 다음과 같이 거북이 모양의 객체로 바뀐다.

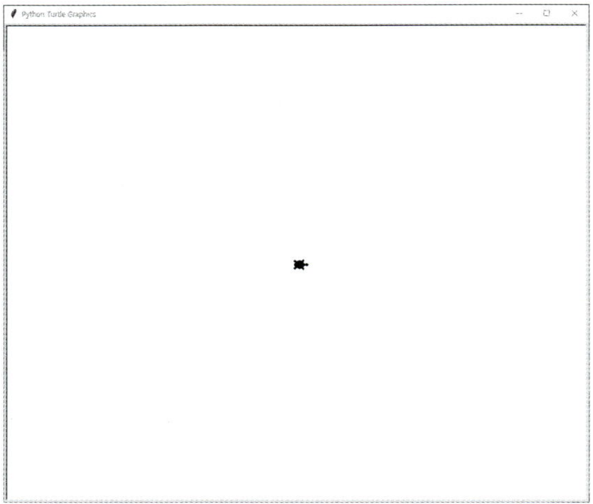

[그림 12-10] Shape() 메소드 실행 결과

〈표 12-21〉 shape() 메소드

turtle의 객체.shape('shape이름')	turtle의 모양을 지정한 모양으로 변경 종류) arrow, turtle, circle, square, triangle, classic

또한 색이나 크기도 다음과 같은 메소드를 통해 지정하는 대로 바꿀 수 있다.

〈표 12-22〉 shapesize() 메소드

turtle의 객체. shapesize(w, h, b)	turtle의 크기를 원하는 세로 w, 가로 h, 윤곽선 b배로 변경

예) turtle의 크기를 세로 3배, 가로 3배, 윤곽선 4배로 늘린다.

```
>>>turtle.shapesize(3,3,4)
```

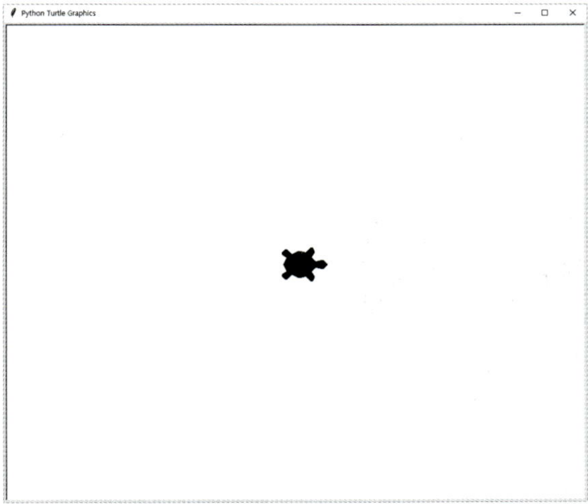

[그림 12-11] Shapesize() 메소드 실행 결과

〈표 12-23〉 fillcolor() 메소드

turtle의 객체. fillcolor('색이름')	turtle의 색을 지정한 색으로 변경 종류) while, red, green, blue 등

예) turtle의 색을 초록색으로 바꾼다.

```
>>> turtle.fillcolor('green')
```

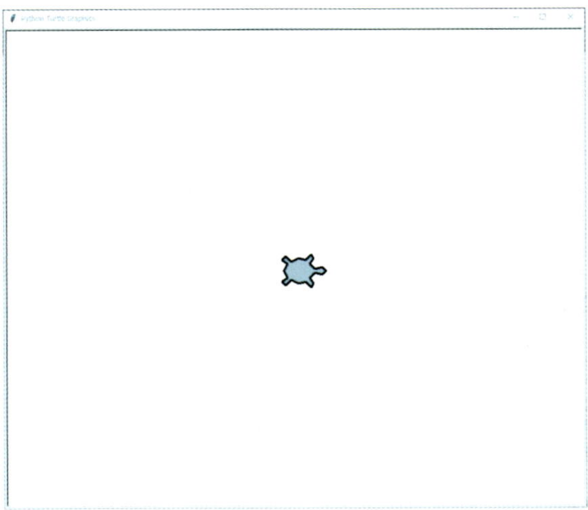

[그림 12-12] fillcolor() 메소드 실행 결과

예제 12-10 turtle 모양 바꾸기

| 요구사항 |

다음의 요구사항에 맞추어 'turtle'의 모양을 바꾸어보도록 하자.

- 'turtle'의 모양은 'turtle'로 지정한다.
- 'turtle'의 크기를 가로 길이 2배, 세로 길이 2배, 두께 3배 확대한다.

| 문제 해결 알고리즘 |

- 거북이의 모양 지정 → shape()
- 거북이의 크기 변형 → shapesize()

| 프로그램 |

```
>>> turtle.shape('turtle')
>>> turtle.shapesize(2,2,3)
```

| 테스트 |

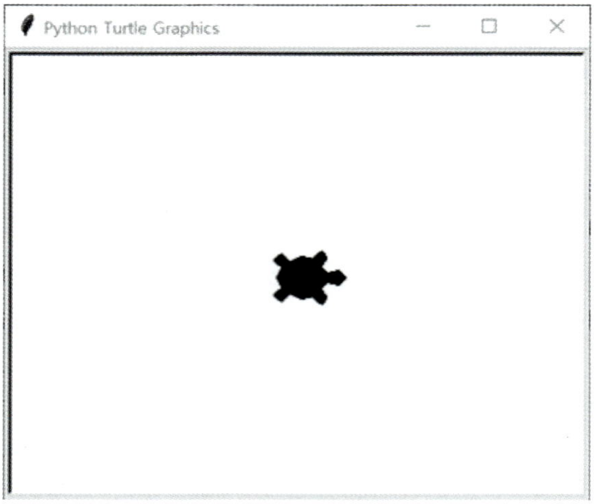

[그림 12-13] Shape() 메소드 실행 결과

■ 앞뒤로 움직이기

turtle의 객체는 다음과 같은 명령에 따라 지정된 길이만큼 움직인다. 이때, 길이는 int

형이나 float형으로 입력한다. 그리고 입력되는 길이는 pixel(px) 단위이다. 앞으로의 이해를 돕기 위해 다음과 같이 선언한 객체 'turtle'를 사용하도록 하자.

```
>>> import turtle
>>> turtle = turtle.Turtle()
>>> turtle.shape('turtle')
>>> turtle.shapesize(2,2,3)
```

〈표 12-24〉 forward() 메소드

turtle의 객체.forward(길이)	지정한 길이만큼 turtle 객체가 앞으로 이동

예) # turtle이 앞으로 50px만큼 이동한다.

```
>>> turtle.forward(50)
```

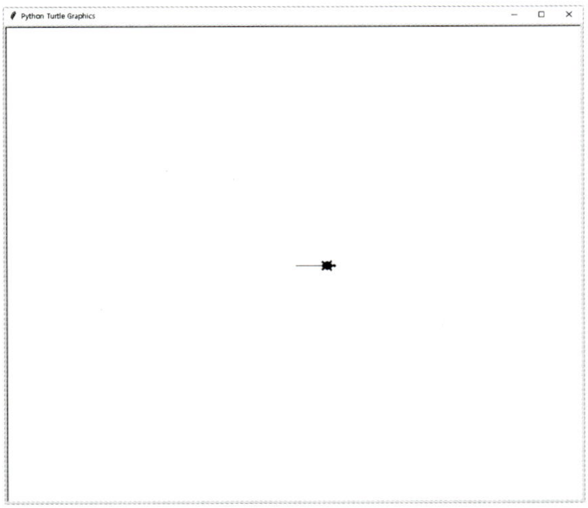

[그림 12-14] Forward() 메소드 실행 결과

〈표 12-25〉 backward() 메소드

turtle의 객체.backward(길이)	지정한 길이만큼 turtle 객체가 뒤로 이동

예)

turtle이 뒤로 100px만큼 이동한다.

```
>>> turtle.backward(100)
```

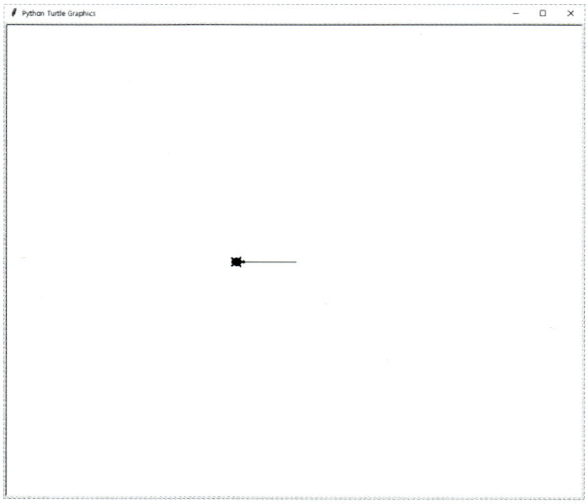

[그림 12-15] backward() 메소드 실행 결과

예제 12-11 turtle 이동하기

| 요구사항 |

다음의 요구사항에 맞추어 'turtle'을 이동시켜 보자.

- turtle을 앞으로 100px 이동시킨다.
- 그 후, turtle을 뒤로 30px 이동시킨다.

| 문제 해결 알고리즘 |

- 앞으로 이동 → forward()
- 뒤로 이동 → backward()

| 프로그램 |

```
>>> turtle.forward(100)
>>> turtle.backward(30)
```

| 테스트 |

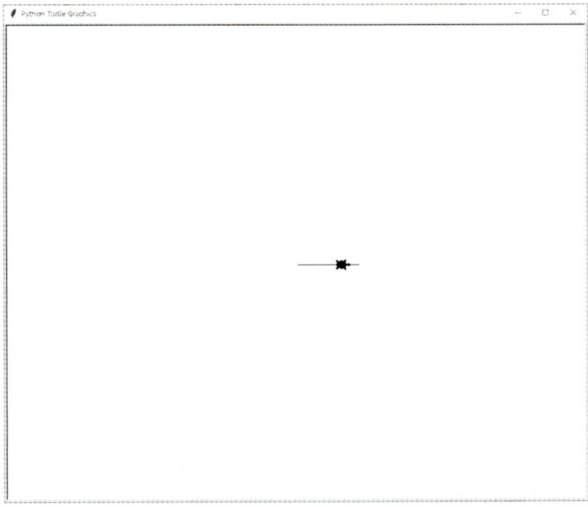

[그림 12-16] turtle의 앞뒤로 움직이기 실행 결과

■ 각도 지정해서 움직이기

turtle의 각도를 지정해주어 모든 방향으로 자유자재로 움직이도록 할 수 있다. 각도를 지정하는 방식에는 여러 가지가 있는데, 이 중 대표적인 방법 2가지를 살펴보자.

첫 번째 방법은 각도만을 입력해 주어 방향을 지정해주는 것이다. 만약 turtle.setheading(360)이라는 명령을 주면 방향 그대로를 향하는 것이 된다.

〈표 12-26〉 setheading() 메소드

turtle의 객체.setheading(각도)	원점을 기준으로 지정한 각도만큼 방향을 바꿈

예)

turtle이 원점을 기준을 45°만큼 방향을 바꾼다.

```
>>> turtle.setheading(45)
```

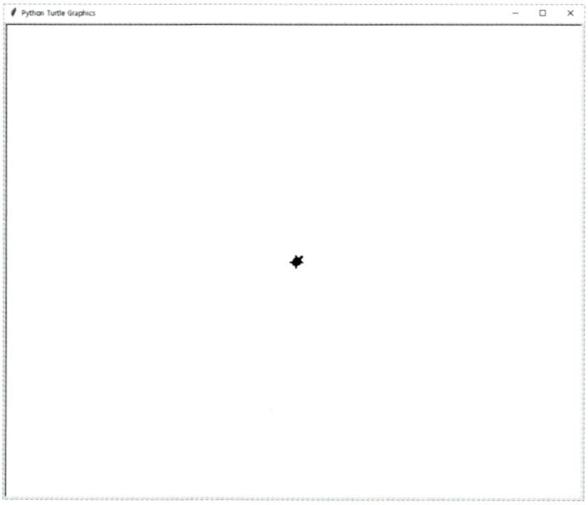

[그림 12-17] setheading() 메소드 실행 결과

두 번째는 원점을 기준으로 왼쪽 또는 오른쪽으로 각도를 지정하는 방법이다.

〈표 12-27〉 left/right() 메소드

turtle의 객체.left(각도) turtle의 객체.right(각도)	왼쪽 또는 오른쪽으로 지정한 각도만큼 방향을 바꿈

예)

Turtle이 원점을 기준으로 65°만큼 방향을 바꾼다.

```
>>> turtle.right(65)
```

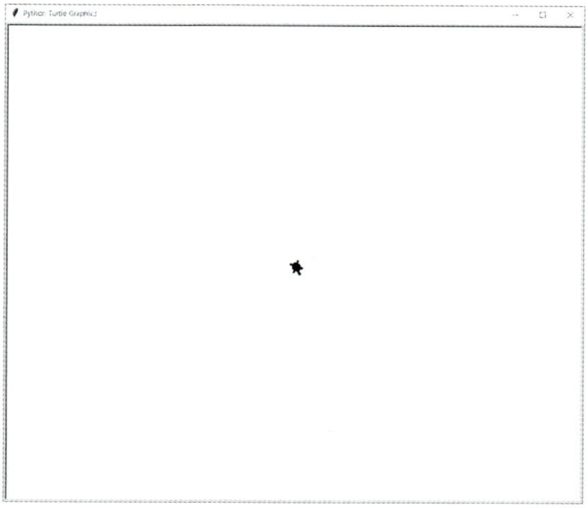

[그림 12-18] right() 메소드 실행 결과

이 때, 주의할 점은 객체의 방향을 정할 때 기준과 방향을 정확하게 알아야 한다는 것이다. setheading() 메소드를 사용하여 방향을 지정할 때는 turtle의 머리를 기준으로 왼쪽 방향으로 재어야 한다. left() 혹은 right() 메소드를 사용할 때는 turtle의 머리 기준으로 왼쪽인지 오른쪽인지 정하고 각도를 지정하면 된다.

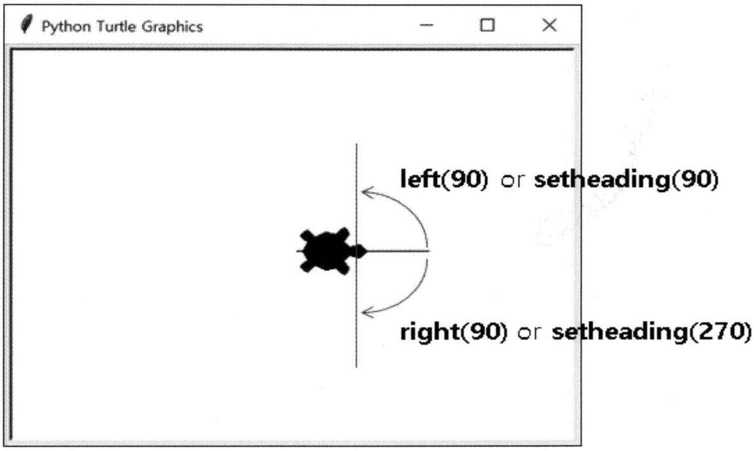

[그림 12-19] turtle의 각도 지정 기준

예제 12-12 turtle 이동하기

| 요구사항 |

다음의 요구사항에 맞추어 turtle을 이동시켜 보자.

- turtle을 왼쪽 90도 방향으로 50px 이동시킨다.
- turtle을 오른쪽 135도 방향으로 100px 이동시킨다.
- turtle을 왼쪽 45도 방향으로 100px 이동시킨다.

| 문제 해결 알고리즘 |

- 오른쪽 혹은 왼쪽으로 방향을 지정 → right(각도) / left(각도)

| 프로그램 |

```
>>> turtle.left(90)
>>> turtle.forward(100)
>>> turtle.right(135)
>>> turtle.forward(100)
>>> turtle.left(45)
>>> turtle.forward(100)
```

| 테스트 |

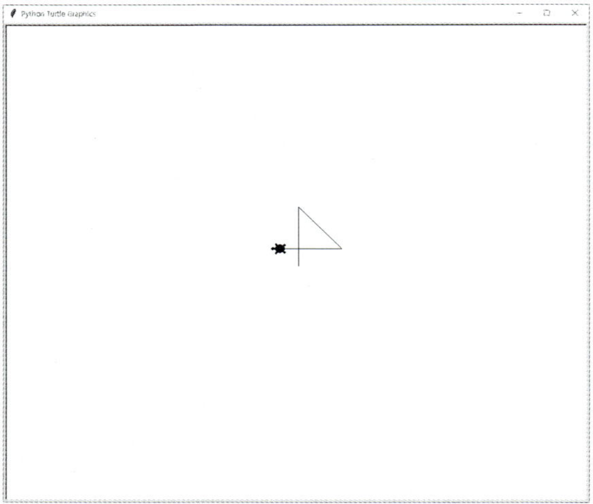

[그림 12-20] turtle의 각도 지정해서 움직이기 실행 결과

■ 원 그리기

turtle 클래스는 원을 그리는 메소드도 제공한다. 원의 반지름을 지정하여 메소드를 호출하면 그에 해당하는 원을 그릴 수 있다. circle() 메소드는 turtle을 이용하여 더 심화되고 복잡한 그래픽적인 이미지를 만들어 낼 때 많이 쓰이는 메소드이다.

〈표 12-28〉 Circle() 메소드

turtle의 객체. circle(반지름 길이)	원점을 기준으로 지정한 반지름 길이에 해당하는 원을 그림

참고 작업 도중 reset하기

turtle 객체를 이용하다 보면 객체의 위치를 원위치인 중간으로 가져오거나 화면을 다시 깨끗하게 원상태로 만들어야 할 때가 생긴다. 또는 그림을 완성한 후 그림 본연의 모습을 보기 위해 객체를 숨기고자 하는 경우도 생기게 된다.

그럴 때 다음과 같은 메소드를 사용하여 진행한다.

〈표 12-29〉 hideturtle() 메소드

turtle의 객체. hideturtle()	turtle을 숨김

〈표 12-30〉 home() 메소드

turtle의 객체.home()	turtle을 초기 위치로 되돌림

〈표 12-31〉 clear() 메소드

turtle의 객체.clear()	화면을 초기 상태로 되돌림

▪ 좌표로 움직이기

앞서 배운 turtle 객체를 이동하기 위해서는 방향을 정하고 앞, 뒤로 정해진 거리만큼 옮기는 방법이 있었다.

그 외에도 좌표 기준으로 지정하는 방법이 있다. 원래 turtle 클래스의 객체는 지정된 x, y 좌표 위에 나타나기 때문에 좌표를 활용하여 움직이면 된다. [그림 12-21]과 같이, 초기에 turtle의 객체가 등장하는 위치가 원점이다.

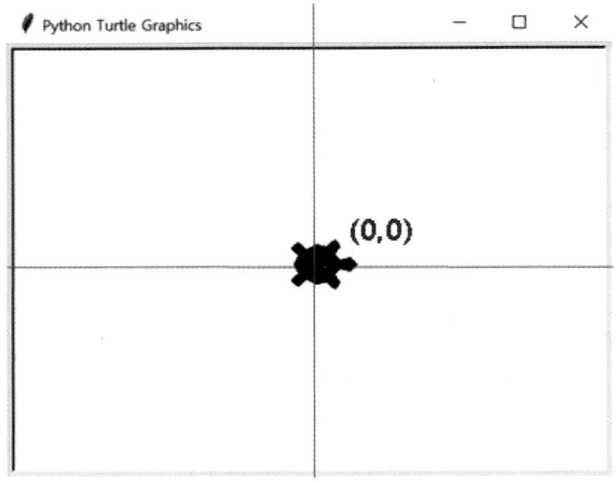

[그림 12-21] turtle의 좌표

다음과 같이 좌표 값을 지정하고 메소드를 사용하여 turtle 객체를 이동시킨다.

〈표 12-32〉 setposition() 메소드

turtle의 객체. setposition(x좌표, y좌표)	turtle의 위치를 지정한 좌표(x, y)로 바꿔줌

예)

turtle이 좌표 (100, 100)으로 이동한다.

```
>>> turtle.setposition(100,100)
```

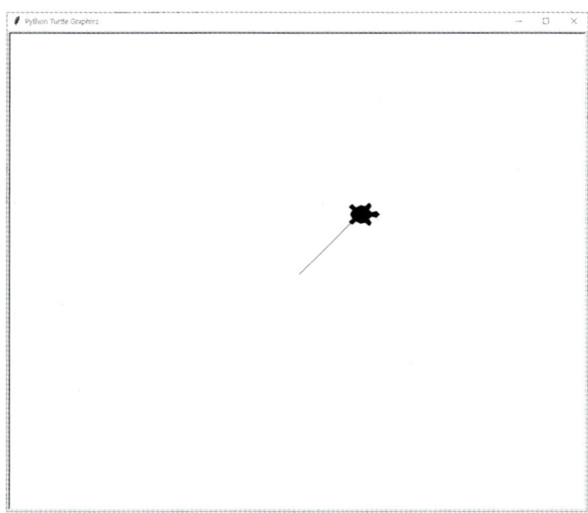

[그림 12-22] Setposition() 메소드 실행 결과

turtle 객체의 현 위치가 어느 좌표인지를 알고 싶다면 다음과 같은 메소드를 사용한다.

〈표 12-33〉 position() 메소드

turtle의 객체.position()	turtle의 현재 위치를 나타냄

예) turtle 객체의 현 위치 좌표를 확인하기

```
>>> turtle.position()
(0,0)
```

예제 12-13 연산자 연습

| 요구사항 |

setposition() 메소드를 사용하여 한 변의 길이가 100인 정사각형을 만들어보자.

| 문제 해결 알고리즘 |

- 정사각형 꼭짓점을 생각하여 setposition() 메소드를 사용

| 프로그램 |

```
>>> turtle.setposition(100,0)
>>> turtle.setposition(100,100)
>>> turtle.setposition(0,100)
>>> turtle.setposition(0,0)
```

| 테스트 |

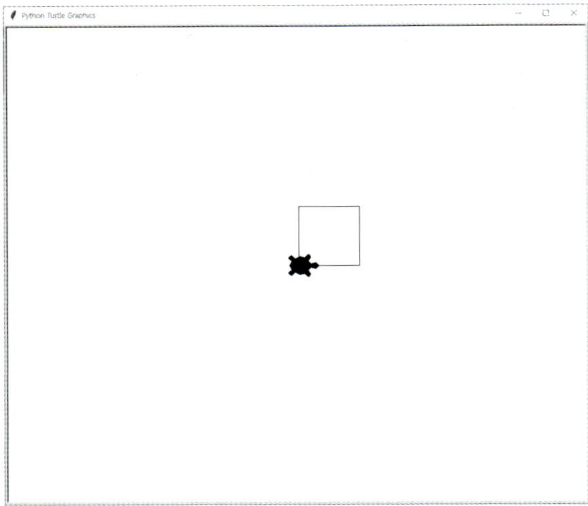

[그림 12-23] turtle의 좌표로 움직이기 실행 결과

■ 펜 들고 내리기

turtle의 객체가 이동할 때 항상 선을 그리는 것은 아니다. turtle이 이동할 때 선을 그리는 것에 대한 여부를 결정하고 싶을 때는 다음과 같은 메소드를 사용하면 된다.

〈표 12-34〉 penup() 메소드

turtle의 객체.penup()	turtle의 pen이 들여짐 이동할 때 선을 그리지 않음

예)

선을 그리는 상태로 50, 그리지 않는 상태로 100만큼 이동하기

```
# 선을 그리는 상태로 50만큼 이동한다.
>>> turtle.forward(50)
# 선을 그리지 않는 상태로 100만큼 이동한다.
>>> turtle.penup()
>>> turtle.forward(100)
```

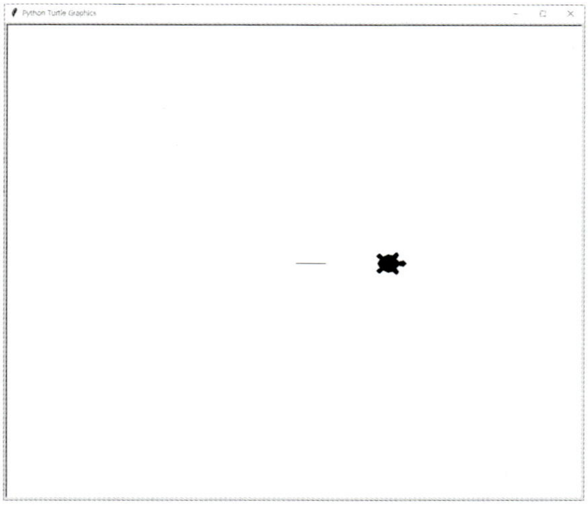

[그림 12-24] penup() 메소드 실행 결과

〈표 12-35〉 pendown() 메소드

turtle의 객체.pendown()	turtle의 pen이 놓여 짐 이동할 때 선을 그리지 않음

예)

선을 그리는 상태로 100만큼 이동하기

```
# 선을 그리는 상태로 100만큼 이동한다.
>>> turtle.pendown()
>>> turtle.forward(100)
```

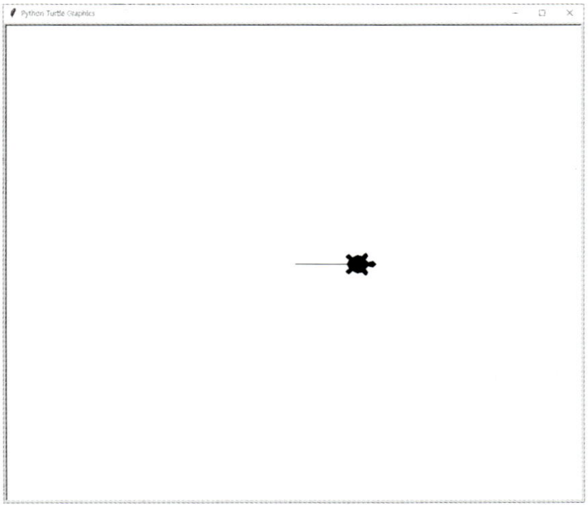

[그림 12-25] pendown() 메소드 실행 결과

turtle 객체를 이동시키기 전, 펜의 상태를 알고 싶다면 다음과 같은 메소드를 사용하여 확인할 수 있다.

〈표 12-36〉 isdown() 메소드

turtle의 객체.isdown()	turtle의 펜의 상태를 알려줌 펜이 놓여져 있으면 True, 펜이 놓여져 있지 않으면 False 반환

예)

```
# 펜의 상태를 확인하기
>>> turtle.isdown()
True
```

실습문제 12-1 penup & pendown 응용하여 심화된 그림그리기

| 요구사항 |

다음의 요구사항에 맞추어 'turtle'을 이동시켜 그림을 구성해보자.

- 한 변의 길이가 100인 '+' 모양을 그린다.

| 문제 해결 알고리즘 |

- 가로의 변에서 세로의 변으로 넘어가는 경우 → penup()

| 프로그램 |

```
>>> turtle.forward(100)
>>> turtle.penup()
>>> turtle.setposition(50,50)
>>> turtle.pendown()
>>> turtle.right(90)
>>> turtle.forward(100)
```

| 테스트 |

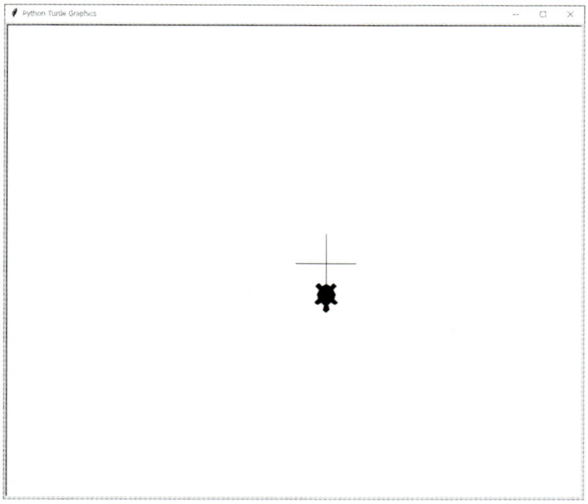

[그림 12-26] turtle의 펜 들고 내리기 실행 결과

실습문제 12-2 눈사람 그리기

| 요구사항 |

다음의 요구사항에 맞추어 'turtle'를 이동시켜 그림을 구성해보자.

- 새로운 객체 'snow_turtle'을 사용하여, 눈사람을 만들어 보자.
  → 아래의 원은 반지름이 50px이다.
  → 위의 원은 반지름이 30px이다.

| 문제 해결 알고리즘 |

- 새로운 객체 생성 → snow_turtle = turtle.Turtle()
- 아래의 원 그림 → circle(30)
- 위의 원을 그리기 위해 이동 → 펜 들고 작은 원의 중심으로 이동 → penup() & setposition(0,100)
- 위의 원 그림 → pendown() & circle(30)
- 눈사람을 그리기 위한 원의 좌표는 다음과 같다.

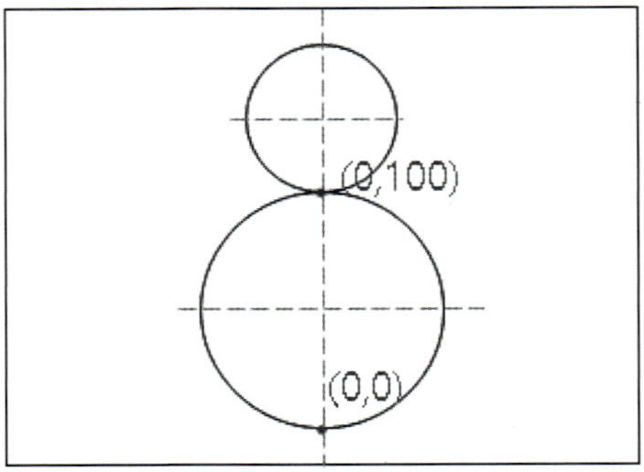

[그림 12-27] 문제 해결 알고리즘

| 프로그램 |

```
>>> import turtle
>>> snow_turtle = turtle.Turtle()
>>> snow_turtle.circle(50)
>>> snow_turtle.penup()
>>> snow_turtle.setposition(0,100)
>>> snow_turtle.pendown()
>>> snow_turtle.circle(30)
```

| 테스트 |

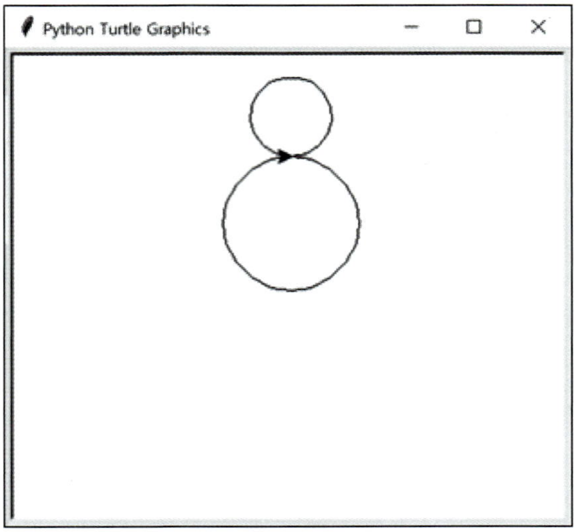

[그림 12-28] turtle의 눈사람 그리기 실행 결과

12.3.2 조건문과 반복문 사용하여 동작 조절하기

앞서 배운 메소드들을 사용하여 다음과 같은 요구사항을 만족하는 그림을 그려보도록 하자.

| 요구사항 |

- 새로운 객체 'star_turtle'을 사용하여, 별 모양을 그려보도록 하자.
  → 한 변의 길이는 100px
  → 변과 변 사이의 각도는 36°

| 프로그램 |

```
>>> import turtle
>>> star_turtle = turtle.Turtle()
>>> star_turtle.forward(100)
>>> star_turtle.left(144)
>>> star_turtle.forward(100)
>>> star_turtle.left(144)
>>> star_turtle.forward(100)
>>> star_turtle.left(144)
>>> star_turtle.forward(100)
>>> star_turtle.left(144)
>>> star_turtle.forward(100)
```

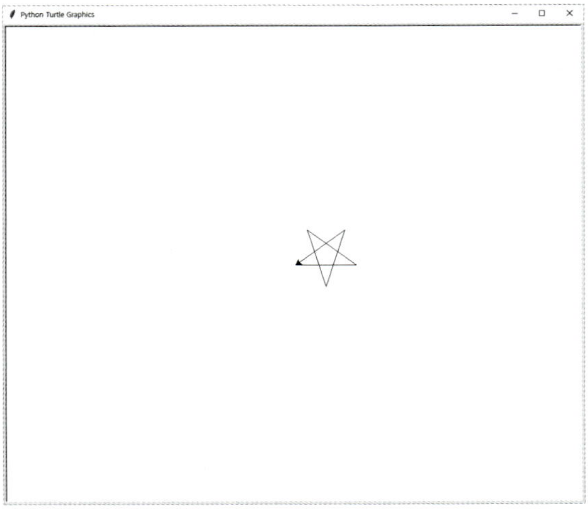

[그림 12-29] turtle을 이용하여 별 모양 그리기 실행 결과

[그림 12-29]와 같은 결과물을 만들어 내기 위해 다음과 같은 작업을 5번이나 수행해야 했다.

```
>>> star_turtle.forward(100)
>>> star_turtle.left(144)
```

이런 방식은 아주 비효율적이라고 볼 수 있다. 조건문 혹은 반복문을 상황에 맞게 잘 사용하면 효율적인 프로그램을 작성할 수 있다. 위와 같은 요구사항을 반복문을 활용하여 작성한다면 다음과 같다.

| 프로그램 |

```
>>> import turtle
>>> star_turtle = turtle.Turtle()
>>> for count in range(5):
        star_turtle.forward(100)
        star_turtle.left(144)
```

위에서 말한 것과 같이 5번이나 반복한

```
>>> star_turtle.forward(100)
>>> star_turtle.left(144)
```

을 반복문에 포함시켜 프로그램을 작성하면 효율적으로 작성했다.

예제 12-14 정오각형 그리기

| 요구사항 |

새로운 객체 'penta_turtle'을 사용하여, 한 변의 길이가 100인 정오각형을 그려보도록 하자.

| 문제 해결 알고리즘 |

- 새로운 객체 생성 → penta_turtle = turtle.Turtle()
- 도형을 그릴 때는 다음 [그림 12-30]과 같이 내각이 아닌 외각 72도 만큼 회전한다.

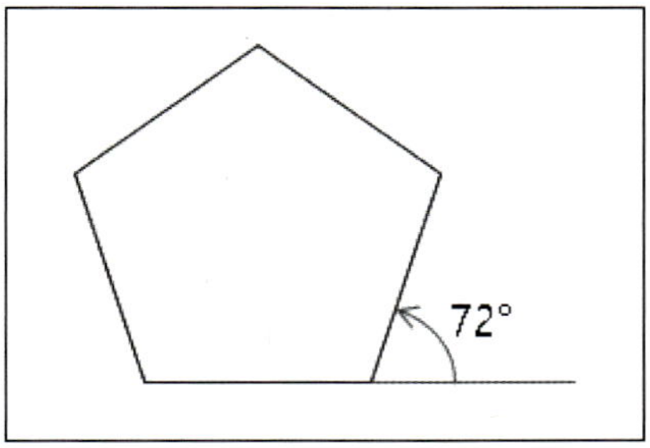

[그림 12-30] 오각형의 외각

따라서, 오각형을 그리기 위해 같은 동작을 반복한다.

'100px 그리기'와 '72°만큼 회전'

→ (forward(100) & left(72)) 5번 반복

→ for count in range(5)

| 프로그램 |

```
>>> import turtle
>>> penta_turtle = turtle.Turtle()
>>> for count in range(5):
        penta_turtle.forward(100)
        penta_turtle.left(72)
```

| 테스트 |

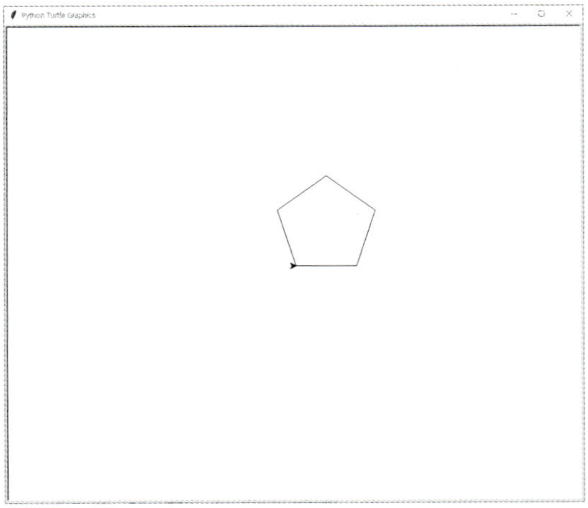

[그림 12-31] turtle로 오각형 그리기 실행 결과

12.3.3 다른 클래스와 함께 turtle 사용하기

turtle 클래스와 다른 클래스들을 함께 사용하는 것도 가능하다. 예를 들어, random 클래스를 포함하면 turtle 객체의 이동 거리를 임의로 정하는 것이 가능하다.

실습문제 12-3 무작위로 움직이는 turtle

| 요구사항 |

하나의 turtle 객체를 생성하여 10번 임의로 움직이도록 프로그램을 작성해보자.

- 움직이는 turtle의 모양은 turtle로 한다.
- 객체가 한번 움직일 때 무작위로 이동할 거리의 범위: 1~100px
- 객체가 한번 움직일 때 무작위로 바꿀 방향의 각도: 0~360°

| 문제 해결 알고리즘 |

- 임의로 움직이는 메소드 사용 → import random
- 새로운 객체 생성 → rand_turtle = turtle.Turtle()
- 객체의 모양은 'turtle' → rand_turtle.shape('turtle')
- 객체가 한번 움직일 때 무작위로 이동할 거리의 범위: random.randint(1,100)
- 객체가 한번 움직일 때 무작위로 바꿀 방향의 각도: random.randint(0,360)
- 10번 임의로 움직임 → for count in range(10)

| 프로그램 |

```
import turtle
import random

rand_turtle = turtle.Turtle()
rand_turtle.shape('turtle')
for count in range(10):
    rand_turtle.forward(random.randint(1,100))
    rand_turtle.setheading(random.randint(0,360))
```

| 테스트 |

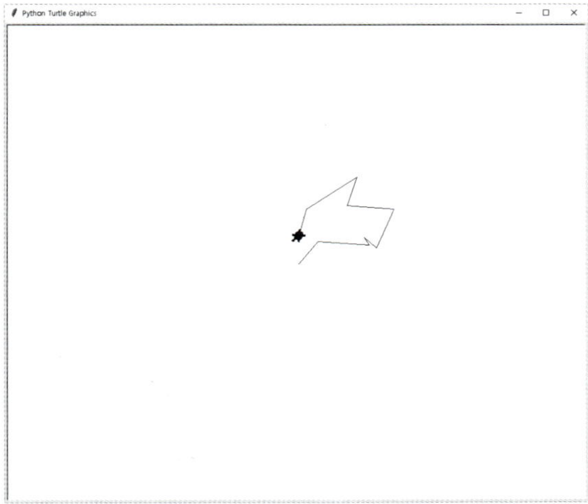

[그림 12-32] 무작위로 움직이는 turtle 실행 결과

실습문제 12-4 무작위로 움직이는 여러 마리의 turtle

| 요구사항 |

5개의 turtle 객체를 생성하여 각각 10번 임의로 움직이도록 하는 프로그램을 작성해 보자.

- 움직이는 turtle의 모양은 turtle로 한다.
- turtle이 움직이는 경로는 표시하지 않도록 한다.
- 객체가 한번 움직일 때 무작위로 이동할 거리의 범위: 1~100px
- 객체가 한번 움직일 때 무작위로 바꿀 방향의 각도: 0~360°

| 문제 해결 알고리즘 |

- 임의로 움직이는 메소드 사용 → import random
- 새로운 객체 생성 → new_turtle = turtle.Turtle()
- 5개의 새로운 객체 new_turtle 생성 → new_turtle = turtle.Turtle()
- 5개의 turtle 객체 생성하며 turtles list에 넣기
  → for index in range(5) & turtles.append()
- 객체의 모양은 'turtle' → rand_turtle.shape('turtle')
- 객체가 한번 움직일 때 무작위로 이동할 거리의 범위: random.randint(1,100)
- 객체가 한번 움직일 때 무작위로 바꿀 방향의 각도: random.randint(0,360)

- 10번 임의로 움직임 → for count in range(10)
- turtle이 움직이는 경로는 표시하지 않도록 함 → penup()

| 프로그램 |

```
import turtle
import random

turtles = []
for index in range(5):
    new_turtle = turtle.Turtle()
    turtles.append(new_turtle)
    new_turtle.shape('turtle')
    new_turtle.penup()

for count in range(10):
    for index in range(5):
        turtles[index].setheading(random.randint(0,360))
        turtles[index].forward(random.randint(1,100))
```

| 테스트 |

[그림 12-33] 무작위로 움직이는 여러마리의 turtle 실행 결과

참고 list형을 이용하여 turtle 관리하기

turtle의 객체를 여러 개 생성하는 경우, 한꺼번에 관리하기 위해 list형을 사용하는 것이 효율적이다. 위의 [실습 12-4] 가 그 예이다. 예를 들어, 4개의 turtle 객체를 생성하여 list인 turtles에 넣는다고 가정했을 때 프로그램은 다음과 같다.

```
turtles = []
for k in range(4):
    new_turtle = turtle.Turtle()
    turtles.append(new_turtle)
```

실습문제 12-5 two turtles's race

| 요구사항 |

거북이 2마리가 경기하는 프로그램이다. 프로그램의 적용 규칙은 다음과 같다.

1. 거북이의 이름은 Tom과 Sam이다.
2. 게임을 시작할 때, 결승선을 그려주는 line_turtle이 있어야 한다.
   그리고 선은 100px의 길이이다.
3. 총 race의 길이는 300px이다.
4. 경기가 끝나면 승자 거북이는 파란색, 패자 거북이는 빨간색이 된다.

| 문제 해결 알고리즘 |

- 거북이의 이름은 Tom과 Sam
  → Tom = turtle.Turtle()
  Sam = turtle.Turtle()
- 결승선을 그려주는 line_turtle
  → line_turtle = turtle.Turtle()
  line_turtle은 선을 그리지 않아야 하고,
  → line_turtle.penup()
  line_turtle은 선을 그린 후 화면에서 사라져야 한다.
  → line_turtle.hideturtle()
- race의 길이는 300px
  → 두 거북이의 시작 위치의 x좌표와 line_turtle의 x좌표의 차가 300이 되어야 함.

- 승자 - 파랑, 패자 - 빨강
  → 조건문과의 혼용이 필요함.
  → 'if - else문' 사용

| 프로그램 |

```
import turtle
import random

line_turtle = turtle.Turtle()
line_turtle.penup()
line_turtle.setposition(200, 50)
line_turtle.pendown()
line_turtle.setposition(200,-50)
line_turtle.hideturtle()

Tom = turtle.Turtle()
Tom.shape('turtle')
Tom.penup()
Tom.setposition(-100,20)

Sam = turtle.Turtle()
Sam.shape('turtle')
Sam.penup()
Sam.setposition(-100,-20)

Tom_sum = 0
Sam_sum = 0

while((Tom_sum < 300) and (Sam_sum < 300)):
    Tom_distance = random.randint(1,10)
    Tom.forward(Tom_distance)
    Tom_sum += Tom_distance

    Sam_distance = random.randint(1,10)
    Sam.forward(Sam_distance)
    Sam_sum += Sam_distance

if(Tom_sum > Sam_sum):
    Tom.color('blue')
    Sam.color('red')
else:
    Tom.color('red')
    Sam.color('blue')
```

| 테스트 |

[그림 12-34] two-turtles's race 실행 결과

요약

- turtle 클래스는 파이썬이 제공하는 클래스 중 하나이다. 따라서 turtle 클래스를 import 하여 turtle의 메소드를 사용할 수 있다.
- turtle 객체를 생성한 후, 선을 그려 도형이나 시각적인 표현이 가능하다.

연습문제

1 클래스는 (　　　)과 (　　　)로 이루어져 있다.

2 list나 str은 (　　)이고, title(), upper(), copy()와 같은 (　　　)는 그에 포함된 속성 중 하나이다.

3 (　　　　　)는 list 클래스에서 제공하는 메소드이고, list의 마지막에 item을 덧붙이는 기능을 한다.

4 다음 실행문의 잘못 된 부분을 찾으시오.

```
>>> str1 = 'Hello'
>>> str.upper()
```

5 다음과 같은 요구사항을 만족하도록 파이썬이 제공하는 클래스의 메소드를 활용하여 프로그램의 빈칸을 작성해보자.

| 요구사항 |

- 'PyThOn GuiDe'라 저장된 str1을 알맞은 영문 표기법인 'Python Guide'로 변환한다.

| 프로그램 |

```
>>> str1 = 'PyThOn GuiDe'
>>> str1.(        )
'python guide'
>>> str1.(        )
'Python Guide'
```

6 파이썬이 제공하는 외부 클래스들을 사용하기 위해서는 (　　　　　)문을 통해 불러들여야만 사용이 가능하다.

7 다음 요구사항에 맞추어 프로그램을 작성해보자.

| 요구사항 |

- 새로운 객체 'turtle1'을 생성한다.
- turtle1의 모양은 'turtle'로 한다.
- turtle1의 크기는 가로 3배, 세로 3배, 윤곽선 2배로 늘린다.
- turtle1의 색상은 빨간색으로 한다.
- turtle1이 이동할 때는 선이 그려지지 않도록 한다.

| 테스트 |

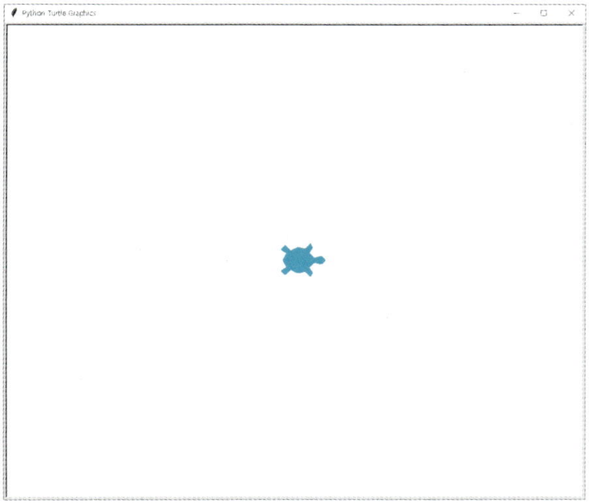

[그림 12-35]

8 다음 프로그램의 잘못된 부분을 찾고, 고쳐 보자.

| 요구사항 |

- 새로운 객체 'turtle2'을 생성하여, 다음과 같은 그림을 그린다.

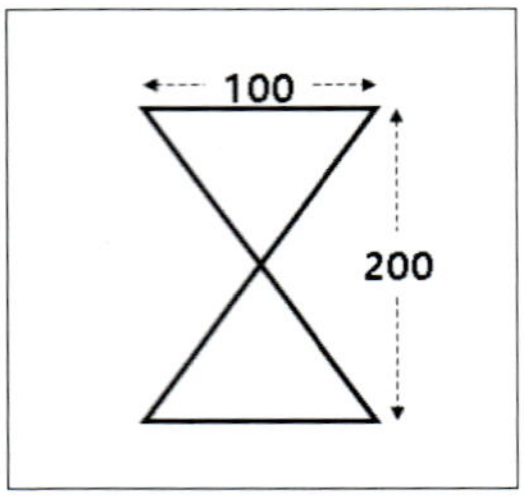

[그림 12-36]

| 프로그램 |

```
>>> import turtle
>>> turtle2 = turtle.Turtle()
>>> turtle2.setposition(100, 200)
>>> turtle2.setposition(100,0)
>>> turtle2.setposition(0, 200)
>>> turtle2.setposition(0,0)
```

9 다음 요구사항에 맞추어 프로그램을 작성해보자.

| 요구사항 |

- 새로운 객체 'e_turtle'을 생성하여, 다음과 같은 그림을 그린다.
- 이 도형의 한 변의 길이는 100px이다.

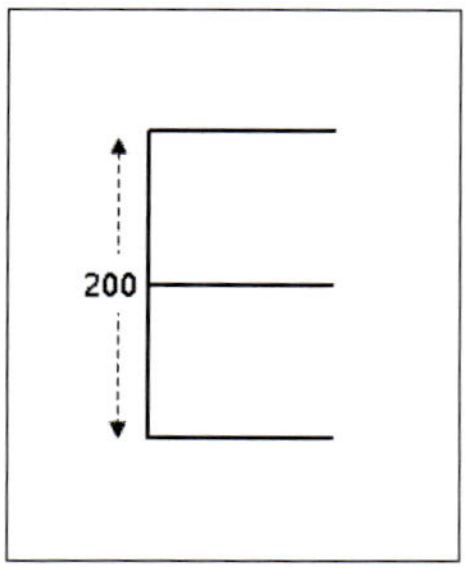

[그림 12-37]

부록

- 파이썬에서 제공하는 내장 함수와 클래스
- 퀴즈 답안

APPENDIX

파이썬에서 제공하는 내장 함수와 클래스

내장 함수

bool([x])

booleanᄀᆹ, 즉 참 또는 거짓 중 하나를 반환한다. 인자(Parameter)가 거짓이거나 생략될 경우 False 값을 반환하고, 그렇지 않으면 True를 반환한다.

```
# x값과 비교
>>> x = 10
>>> bool(x==20)
False
```

```
# 인자가 없는 경우와 있는 경우
>>> bool()
False
>>> bool(3)
True
```

float([x])

다른 형의 숫자나 숫자로 이루어진 문자열을 float형(실수형) 변수로 반환한다. '+' 와 '–' 부호를 사용한 값도 가능하며, 공백이 있으면 공백을 제거한다.

```
# 문자열과 음수
>>> float('12345')
12345.0
>>> float(-4)
-4.0
```

```
# 공백 제거
>>> float(        1)
1.0
>>> float('56    ')
56.0
```

id(object)

개체의 정체성(ID)을 반환한다. 정체성(ID) 이란 개체가 갖는 유일하고 일정하게 보장되는 정수이며, 메모리에서 개체의 주소이다.

```
# 정수형과 실수형
>>> int_A = 10
>>> float_B = 10.0
>>> id(int_A)
1451210704
>>> id(float_B)
17472128
```

```
# 문자열과 list
>>> string_C = '10'
>>> list_D = [10]
>>> id(string_C)
59490800
>>> id(list_D)
52468168
```

input([prompt])

입력받는 값을 읽어 문자열로 반환한다. 인자(Parameter)가 존재하는 경우 해당하는 값을 출력 후 바로 이어지는 입력 받는 값을 읽고 문자열로 반환한다.

```
# 인자가 존재하지 않는다.
>>> input()
Hello
'Hello'
```

```
# 인자가 존재한다.
>>> input('Enter the Message :')
Enter the Message : Hello
'Hello'
```

int(x)

다른 형의 숫자나 정수로 이루어진 문자열을 ing형(정수형) 변수로 반환한다. float형(실수형) 값의 경우 소숫점 아래 값들은 전부 버려진다. 0b/0B(2진수), 0o/0O(8진수), 0x/0X(16진수)를 접두사로 한 값을 입력 시 10진수로 변환해 반환한다.

```
# 실수
>>> int(4.5)
4
```

```
# 2진법/16진법
>>> int(0b11)
3
>>> int(0x1A)
26
```

len(s)

객체의 길이를 반환한다. 주로 string형, tuple형, list형, dictionary형, set형, range() 함수 등을 인자로 사용한다.

```
# 문자열
>>> len('abcdefg')
7
```

```
# list
>>> len([1,2,3])
3
```

list([iterable])

자료형을 list형으로 반환한다. 주로 string형, tuple형, range() 함수 등이 인자(Parameter)에 위치하며 list형을 인자로 할 시에 원소(element)는 같고 정체성(ID)은 다른 list형을 반환한다.

```
# tuple
>>> list ((1,2,3))
[1,2,3]
```

```
# string
>>> list ('STAR')
['S', 'T', 'A', 'R']
```

max(a1,a2,..) / max(iterable)

가장 큰 값을 반환한다. 하나의 숫자만은 입력 불가하며, 인자에 하나의 값을 입력하려는 경우 list형, tuple형, string형 등을 사용한다.

```
# 인자가 하나
>>> list_test = [1,2,3]
>>> max(list_test)
3
```

```
# 하나 이상의 인자
>>> max (1,2,3)
3
```

min(a1,a2,..) / min(iterable)

가장 작은 값을 반환한다. 하나의 숫자만은 입력 불가하며, 인자에 하나의 값을 입력하려는 경우 list형, tuple형, string형 등을 사용한다.

```
# 인자가 하나
>>> list_test = [1,2,3]
>>> min(list_test)
1
```

```
# 하나 이상의 인자
>>> min (1,2,3)
1
```

print(s)

문자열을 출력한다.

```
>>> print('Hello')
Hello
```

range([start,] stop [,step])

인자는 start, stop, step으로 구성되고 start부터 step만큼씩 증가/감소하여 stop 전까지 범위를 지정한다. start와 step은 생략 가능하다.

```
# 생략된 인자가 없다.
>>> list(range(0,10,3))
[0, 3, 6, 9]
>>> list(range(-10,-100,-30))
[-10, -40, -70]
```

```
# 하나 이상의 인자 생략
>>> list(range(5,10))
[5, 6, 7, 8, 9]
>>> list(range(3))
[0, 1, 2]
```

set([iterable])

값을 set형으로 반환한다. 주로 list형, tuple형, string형 등을 인자로 갖는다.

```
# list
>>> set([1,2,3])
{1, 2, 3}
```

```
# string
>>> set('string')
{'s', 'r', 't', 'i', 'g', 'n'}
```

str(object)

인자의 값을 문자열로 반환한다.

```
# 정수
>>> str(123)
'123'
```

```
# list
>>> str([1,2,3])
'[1, 2, 3]'
```

sum(iterable)

총 합을 반환한다. 인자에는 주로 list형, tuple형, set형 등이 위치한다.

```
# list
>>> sum([1,3,5,7,9])
25
```

```
# tuple
>>> sum((2,4,6,8,10))
30
```

tuple([iterable])

자료형을 tuple형으로 반환한다. 주로 tuple형, string형, range() 함수 등이 인자에 위치한다.

```
# tuple(list형)
>>> tuple(['l','i','s','t'])
('l', 'i', 's', 't')
```

```
# tuple(string형)
>>> tuple('string')
('s', 't', 'r', 'i', 'n', 'g')
```

type(object)

개체의 자료형(Type)을 반환한다.

```
# 정수 & 실수
>>> type(1)
<class 'int'>
>>> type(1.0)
<class 'float'>
```

```
# list & 셋
>>> type([1,2])
<class 'list'>
>>> type({1,2})
<class 'set'>
```

파이썬 웹사이트에서 내장 함수 및 클래스 설명 보기

1. 브라우저에서 'www.pyhon.org' 사이트로 접속한다.
2. 아래 화면에 보이는 빨간 박스 2개 중 임의로 한 가지를 클릭해 문서들이 위치한 링크(Docs)로 이동한다.

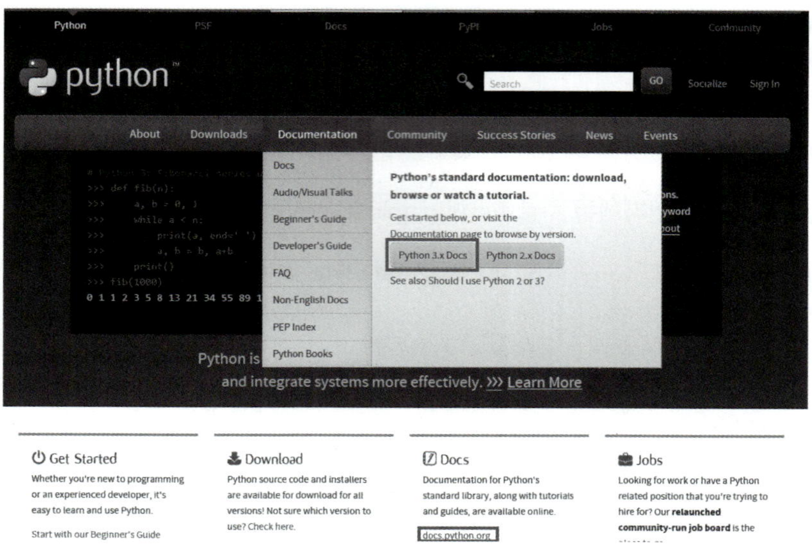

[그림 1] 홈페이지 접속

3. Docs 첫 화면에서 [Library Reference]를 클릭 한다.

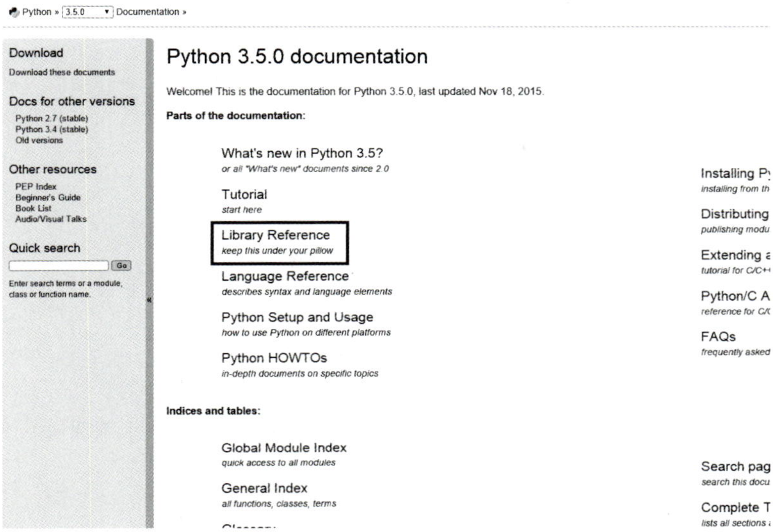

[그림 2] Library Reference

4. [2. Builit-in Functions]를 클릭해 들어가면 아래와 같은 내장 함수 list를 열람할 수 있다.

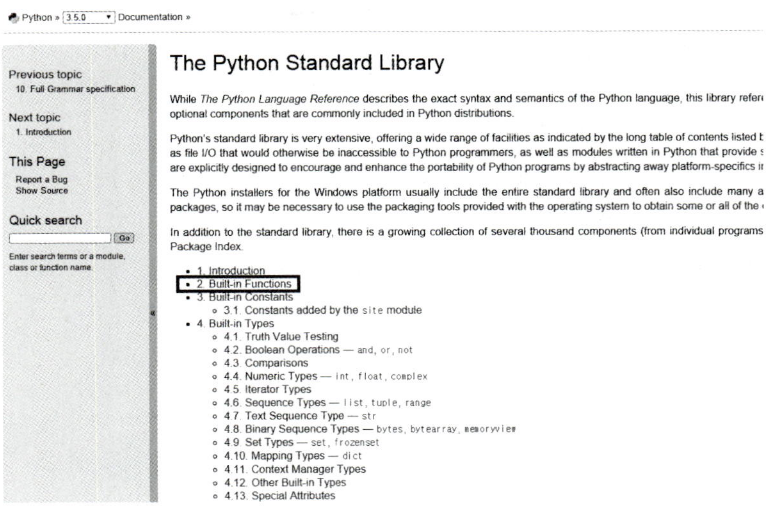

[그림 3] 내장 함수 1

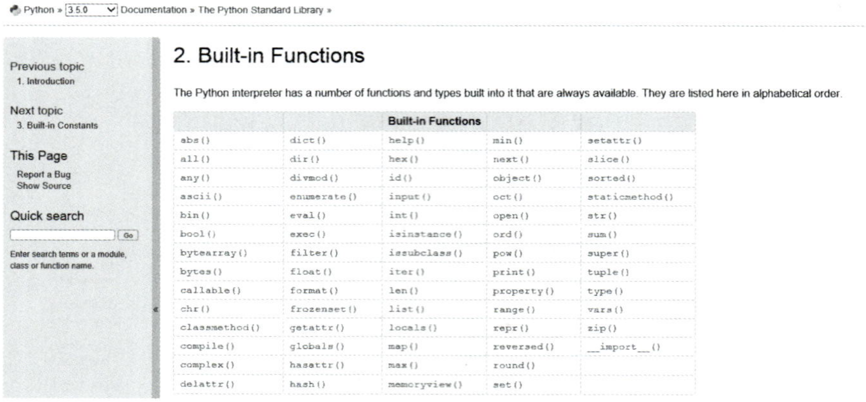

Python » 3.5.0 Documentation » The Python Standard Library »

Previous topic
1. Introduction

Next topic
3. Built-in Constants

This Page
Report a Bug
Show Source

Quick search
Go
Enter search terms or a module, class or function name.

2. Built-in Functions

The Python interpreter has a number of functions and types built into it that are always available. They are listed here in alphabetical order.

		Built-in Functions		
abs()	dict()	help()	min()	setattr()
all()	dir()	hex()	next()	slice()
any()	divmod()	id()	object()	sorted()
ascii()	enumerate()	input()	oct()	staticmethod()
bin()	eval()	int()	open()	str()
bool()	exec()	isinstance()	ord()	sum()
bytearray()	filter()	issubclass()	pow()	super()
bytes()	float()	iter()	print()	tuple()
callable()	format()	len()	property()	type()
chr()	frozenset()	list()	range()	vars()
classmethod()	getattr()	locals()	repr()	zip()
compile()	globals()	map()	reversed()	__import__()
complex()	hasattr()	max()	round()	
delattr()	hash()	memoryview()	set()	

[그림 4] 내장 함수 2

5. [6. Text Processing Services]부터 함수에 대한 자세한 내용이 기재되어 있다.

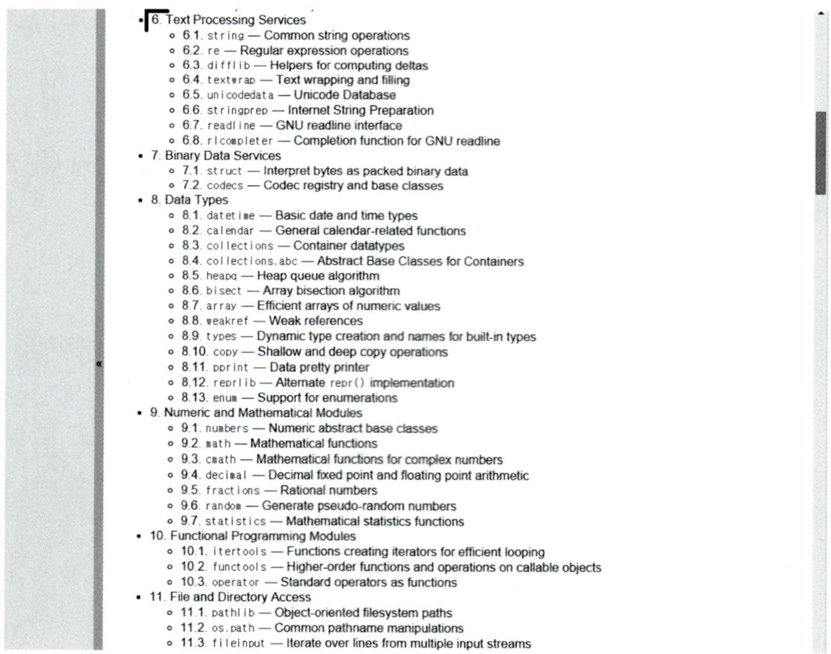

- 6. Text Processing Services
  - 6.1. string — Common string operations
  - 6.2. re — Regular expression operations
  - 6.3. difflib — Helpers for computing deltas
  - 6.4. textwrap — Text wrapping and filling
  - 6.5. unicodedata — Unicode Database
  - 6.6. stringprep — Internet String Preparation
  - 6.7. readline — GNU readline interface
  - 6.8. rlcompleter — Completion function for GNU readline
- 7. Binary Data Services
  - 7.1. struct — Interpret bytes as packed binary data
  - 7.2. codecs — Codec registry and base classes
- 8. Data Types
  - 8.1. datetime — Basic date and time types
  - 8.2. calendar — General calendar-related functions
  - 8.3. collections — Container datatypes
  - 8.4. collections.abc — Abstract Base Classes for Containers
  - 8.5. heapq — Heap queue algorithm
  - 8.6. bisect — Array bisection algorithm
  - 8.7. array — Efficient arrays of numeric values
  - 8.8. weakref — Weak references
  - 8.9. types — Dynamic type creation and names for built-in types
  - 8.10. copy — Shallow and deep copy operations
  - 8.11. pprint — Data pretty printer
  - 8.12. reprlib — Alternate repr() implementation
  - 8.13. enum — Support for enumerations
- 9. Numeric and Mathematical Modules
  - 9.1. numbers — Numeric abstract base classes
  - 9.2. math — Mathematical functions
  - 9.3. cmath — Mathematical functions for complex numbers
  - 9.4. decimal — Decimal fixed point and floating point arithmetic
  - 9.5. fractions — Rational numbers
  - 9.6. random — Generate pseudo-random numbers
  - 9.7. statistics — Mathematical statistics functions
- 10. Functional Programming Modules
  - 10.1. itertools — Functions creating iterators for efficient looping
  - 10.2. functools — Higher-order functions and operations on callable objects
  - 10.3. operator — Standard operators as functions
- 11. File and Directory Access
  - 11.1. pathlib — Object-oriented filesystem paths
  - 11.2. os.path — Common pathname manipulations
  - 11.3. fileinput — Iterate over lines from multiple input streams

[그림 5] 외장 함수

퀴즈 답안

퀴즈 3-1 다음 문장의 실행 결과를 예측해보자.

```
▷ 20 % 6
  정답 : 2
▷ 21 / 5
  정답 : 4.2
▷ 21 // 5
  정답 : 4
```

퀴즈 3-2 다음 문장의 실행 결과를 예측해보자.

```
▷ 5 + 12 // 7 * 3
  정답 : 8
▷ 15 / 2 + 21 % 4 - 2 ** 3
  정답 : 0.5
```

퀴즈 3-3 아래의 '변수명'이 올바른지 O/X로 표현해보자.

```
▷ True                         ( × )
▷ 3apples                      ( × )
▷ elif                         ( × )
▷ new_score                    ( ○ )
▷ Brother                      ( ○ )
```

퀴즈 3-4 다음 코드의 괄호 안 결과를 예측해보자.

```
>>> number1 = 5
>>> number2 = number1
>>> number1 = number1 + 2
>>> number1
( 7        )
>>> number2
( 5        )
```

퀴즈 4-1 다음 코드의 괄호 안 결과를 예측해보자.

```
>>> name = 'Gildong'
>>> age = 25
>>> location = 'Seoul'
>>> print('Hello, My name is '+ name +'. And I live in ' + location + '.')
( Hello, My name is Gildong. And I live in Seoul. )
```

퀴즈 4-2 다음 코드의 괄호 안 결과를 예측해보자.

```
>>> string1 = 'Hello,'
>>> string2 = ' Python'
>>> star = '*******'
>>> star = '***'
>>> print(star * 3 + string1 + string2 + star*3)
( *********Hello, Python********* )
```

퀴즈 4-3 다음 코드의 괄호 안 결과를 예측해보자.

```
>>> string1 = 'python'
>>> string2 = 'programming'
>>> len(string1)
( 6 )
>>> string3 = (string1 + ' ' + string2)
>>> len(string3)
( 18 )
```

퀴즈 4-4 다음 코드의 괄호 안 결과를 예측해보자.

```
>>> string1 = 'Beautiful Weather'
>>> firstindex = string1[0]
>>> secondindex = string1[1]
>>> thirdindex = string1[11]
>>> print(firstindex + secondindex + thirdindex)
(  Bee  )
```

퀴즈 4-5 다음 코드의 결과가 나오도록 index를 지정해보자.

```
>>> name = 'Hong Gildong'
>>> family_name = ( name[0:4] or name[:4]  )
>>> family_name
'Hong'
```

퀴즈 4-6 다음 코드의 괄호 안 결과를 예측해보자.

```
>>> favorite_color = input('What is your favorite color? ')
What is your favorite color? Blue
>>> favorite_color
( 'Blue' )
```

퀴즈 4-7 다음 코드의 괄호 안 결과를 예측해보자.

```
>>> name = 'Gildong'
>>> print('Hello, my name is', name)
(  Hello, my name is Gildong      )
```

퀴즈 5-1 다음 요구사항에 따라 프로그램을 작성하고, 결과를 예측해보자.

| 요구사항 |

A의 영어점수 A_English_score는 80점, 수학점수 A_math_score는 65점이다.
B의 영어점수 B_English_score는 76점, 수학점수 B_Math_score는 58점이다.
A의 평균 점수는 B의 평균 점수보다 높다.

| 프로그램 |

```
A_english_score = 80
A_math_score = 65
B_english_score = 76
B_math_score = 58
(A_English_score + A_Math_score)/2 > (B_English_score + B_Math_score)/2
```

| 테스트 |

```
True
```

퀴즈 5-2 다음 프로그램의 결과를 예상해보자.

```
>>> a = True
>>> b = False
>>> c = (a and b)
>>> d = (a or b)
>>> a and b
( False  )
>>> a or (c and d)
( True  )
>>> b and (a or c) and d
( False  )
```

퀴즈 5-3 다음 요구사항에 따라 프로그램을 작성해보자.

| 요구사항 |

사용자로부터 나이를 입력받아, 20살 이상인 경우, 'You are an adult'라는 문장을 출력

| 문제 해결 알고리즘 |

- 사용자의 나이 입력 = user_age
- if 사용자의 나이 = user_age > 20 → 'You are an adult' 출력

| 프로그램 |

```
user_age = int(input('사용자의 나이를 입력하세요.'))
if user_age > 20:
   print('You are an adult.')
```

| 테스트 |

```
25 입력
>>>
사용자의 나이를 입력하세요. 25
You are an adult.
```

퀴즈 6-1 아래의 요구사항에 맞도록 if문 안의 빈칸에 알맞은 프로그램을 작성해보자.

| 요구사항 |

조건1이 False이면 False_statements를 실행시킨 후 if문을 종료하고 Next_statements로 이동하지만, 조건1이 True인 경우에는 새로운 if문의 조건2를 평가하게 된다. 조건2도 True이면 Statement1을 실행시킨다. 만약 조건2가 False이면 Statement2를 실행한 후 Next_statements를 실행하게 된다.

| 프로그램 |

```
if 조건1:
   (if 조건2:
      Statement1
    else:
      Statement2)
else:
   False_statements

Next_statements
```

퀴즈 6-2 다음의 주어진 요구사항에 따라 작성한 프로그램이 있다. 다음 프로그램의 잘못된 부분을 골라 고쳐보자.

| 요구사항 |

나이를 입력받아 다음의 분류에 따라 출력 내용을 다르게 한다.

- 나이가 10살 미만인 경우: kid
- 나이가 10살 이상 20살 미만인 경우: student
- 나이가 20살 이상인 경우: adult

| 프로그램 |

```
age = int(input('당신의 나이를 입력하세요. '))

if age >= 10:
   if age < 20:
      print('student')
   else:
      print('adult')
else:
   print('kid')
```

퀴즈 6-3 위의 6-2 퀴즈와 동일한 요구사항에 대해 if-elif-else 문으로 프로그램을 작성하였다. 빈 칸에 알맞은 값을 채워 보자.

| 요구사항 |

나이를 입력받아 다음의 분류에 따라 출력내용을 다르게 한다.

- 나이가 10살 미만인 경우: kid
- 나이가 10살 이상 20살 미만인 경우: student
- 나이가 20살 이상인 경우: adult

| 프로그램 |

```
age = int(input('당신의 나이를 입력하세요. '))

( if age >= 20:                    )
        print('adult')
( elif age >=10 :    )
        print('student')
(else:                             )
        print('kid')
```

퀴즈 7-1 다음 프로그램의 결과를 예상해보자.

```
>>> list1 = ['a', 'b', ['c','d'], 1, [2,3], 'e']
>>> len(list1)
(   6   )
>>> ['b'] in list1
( False )
>>> ['c','d'] in list1
( True )
>>> 'a' in list1
( True )
```

퀴즈 7-2 다음과 같이 작성된 프로그램의 빈칸을 채워 넣어보자.

```
>>> list_odd = [1,3,5,7,9]
>>> list_even = [2,4,6,8,10]
>>> list_odd[-3]
(  5 )
>>> list_even[1+3]
( 10 )
>>> ( list_odd + list_even )
[1, 3, 5, 7, 9, 2, 4, 6, 8, 10]
>>> ( list_odd*2 )
[1, 3, 5, 7, 9, 1, 3, 5, 7, 9]
```

퀴즈 7-3 아래의 실행문에 대한 결과가 올바른지 O/X로 표시해보자.

```
>>> list1 = [1,2,3,4,5,6,7,8,9]
>>> list1[:3]
[1, 2, 3]               ( O )
>>> list1[0:3]
[2, 3]              ( X )
>>> list1[3:5]
[4, 5]              ( O )
>>> list1[3:]
[4, 5, 6, 7, 8, 9]          ( O )
>>> list1[3:999]
[4, 5, 6, 7, 8, 9, 10, ..]              ( X )
```

퀴즈 7-4 다음 결과에 알맞도록 빈칸에 알맞은 값을 채워 넣어보자.

```
>>> string = ['a', 'b', 'c', 'd', 'e', 'f']
>>>( string[:3] )
['a', 'b', 'c']
>>>( string[2:5] )
['c', 'd', 'e']
>>>( string[1:3] )
['b', 'c']
```

퀴즈 8-1 다음 요구사항에 따라 프로그램을 작성해보자.

| 요구사항 |

아래의 string형과 list형으로부터 tuple을 생성하여라.

```
str_red = 'Red'
list_color = ['Red', 'Yellow', 'Orange']

>>>str_red = 'Red'
>>>tuple_red = str_red
>>> tuple_red
('R', 'e', 'd')
>>>list_color = ['Red', 'Yellow', 'Orange']
>>>tuple_color = list_color
>>> tuple_color
('Red', 'Yellow', 'Orange')
```

퀴즈 8-2 다음 요구사항에 따라 프로그램을 작성해보자.

| 요구사항 |

어느 문구점에서는 여러 문구를 판다. 연필은 200원, 펜은 800원, 지우개는 500원, 자는 300원이다. 이 목록을 dictionary를 이용하여 작성해보고 가격만 list로 출력해보자.

| 프로그램 |

```
stationery = {"pencil":200, "pen":800, "eraser":500, "ruler":300}
stationery = list(stationery, values())
print(stationery)
```

| 테스트 |

dictionary는 순서가 없기 때문에, 결과가 다르게 나올 수 있다.

```
{500, 300, 800, 200}
```

퀴즈 9-1 다음 프로프로그램의 실행결과를 예측해보자.

| 프로그램 |

```
n = int(input('enter the number : '))
step = 0
sum = 0

while (step <= n) :
   sum += step
   step += 1
print(sum)
```

(a) 12

(b) 1
4
9
16
25
36
49
64
81

(c) ha!
ha!
ha!
ha!
ha!

퀴즈 9-2 다음 프로프로그램의 실행결과를 예측해보자.

| 프로그램 |

```
n = 5
step = 0
sum = 2
while (step <= n) :
    sum += step
    step += 1
print(sum)
```

| 테스트 |

```
17
```

퀴즈 9-3 다음 요구사항을 만족할 수 있도록 프로그램의 내용을 수정해보자.

| 요구사항 |

다음 프로그램에서 무한루프가 0이 나오면 바로 중단하도록 한다.

| 프로그램 |

```
while(True) :
    n = int(input('Enter the number : '))
    if n == 0 :
        break
    print(n)
```

퀴즈 9-4 괄호 안에 들어갈 내용을 넣어보자.

1. list(range(1, 20, 3)) = [1, 4, 7, 10, 13, 16, 19]
2. list(range(30, 1, -7)) = [30, 23, 16, 9, 2]
3. 0부터 90까지 8씩 증가하는 수열
   -> list(range(0,90,8))
4. 0부터 10까지 1씩 증가하는 수열
   -> list(range(0,10,1))

퀴즈 9-5 테스트 결과가 나오도록 프로그램을 채워보자.

| 프로그램 |

```
for number in range(3):
    print(number)
```

| 테스트 |

```
0
1
2
```

퀴즈 9-6 다음 프로그램의 실행결과를 예측해보자.

| 프로그램 |

```
for spelling in 'PYTHON_SPELLING':
    print(spelling + '*')
```

| 테스트 |

```
P*
Y*
T*
H*
O*
N*
_*
S*
P*
E*
L*
L*
I*
N*
G*
>>>
```

퀴즈 9-7 다음 프로그램의 실행결과를 예측해보자.

| 프로그램 |

```
for num in range(10, 20):
    if (num%2 == 0) and (num%3 == 0):
        print('6 x', num/6, '=', num )
```

| 테스트 |

```
6 x 2.0 = 12
6 x 3.0 = 18
```

퀴즈 10-1 다음 요구사항을 만족하는 함수를 정의해보자.

| 요구사항 |

- 두 개의 숫자를 입력받아 두 수의 차를 구하는 함수를 작성한다.
- 함수 이름은 sub_number 이다.
- 인자로 number1, number2를 입력받는다.
- 결괏값으로 result를 반환한다.

| 프로그램 |

```
def sub_number(number1, number2):
    result = number1 - number2
    return result
```

퀴즈 10-2 다음 요구사항을 만족하는 함수를 정의해보자.

| 요구사항 |

다음과 같이 실행하는 프로그램을 따로 함수를 파일로 생성하여 다음의 [테스트]와 같이 실행하도록 작성한다.

```
>>> def maxlist(numlist):
    maximum = 0
    for number in numlist:
        if maximum < number:
            maximum = number
    return maximum

>>> math_score = [80, 50, 90, 75, 35]
>>> maxlist(math_score)
80
```

| 파일 |

```
def maxlist(numlist):
    maximum = 0
    for number in numlist:
        if maximum < number:
            maximum = number
    return maximum
```

| 테스트 |

```
>>> math_score = [80, 50, 90, 75, 35]
>>> maxlist(math_score)
80
```

퀴즈 10-3 다음 요구사항을 만족하는 함수를 정의해보자.

| 프로그램 |

```
def concate_str(str1, str2):
    print(str+str2)
```

| 테스트 |

```
>>> concate_str('str1', 'str2')
str1str2
```

퀴즈 12-1 클래스와 객체를 구분해보자.

(1) 영화 배우 (클래스)
(2) 아이폰 6s (객체)
(3) 올림픽 공원 (객체)
(4) 동물 (클래스)

퀴즈 12-2 다음 프로그램을 완성해보자.

```
>>> favorite_song = 'Hotel California'
```

(1) 문자열 favorite_song을 대문자로 바꿔서 출력하시오.

```
>>> song_title = ( favorite_song.upper() )
>>> song_title
'HOTEL CALIFORNIA'
```

(2) 문자열 favorite_song의 대문자는 소문자로, 소문자는 대문자로 바꿔서 출력하시오

```
>>> song_reverse = ( favorite_song.swapcase() )
>>> song_reverse
'hOTEL cALIFORNIA'
```

퀴즈 12-3 아래의 요구사항을 만족하도록 빈칸에 알맞은 실행문을 채워 넣어보자.

| 요구사항 |

아래와 같이 구성된 list에서 숫자를 제외하여 str으로만 구성된 list가 되도록 만든다.

```
list_mix = [1,2,3,'a','b',4,5,'c']

>>> (            )
>>> list_mix
['a', 'b', 4, 5, 'c']
>>> (            )
>>> list_mix
['a', 'b', 'c']
```

파이썬이 제공하는 list 메소드의 일부를 살펴보면, 메소드 list.append(item)는 list의 마지막에 item을 덧붙이는 함수를 제공한다. 우리는 이 메소드를 그냥 사용하면 된다.

퀴즈 12-4 다음 프로그램을 완성해보자.

```
>>> favorite_list = ['Hotel California', 7, 'Tiger', True]
```

(1) 문자열 favorite_list의 순서를 거꾸로 바꿔서 출력하시오.

```
>>> ( favorite_list.reverse() )
>>> favorite_list
[True, 'Tiger', 7, 'Hotel California']
```

(2) favorite_list와 구성은 동일하지만, 이름만 다른 list를 메소드를 이용하여 만들어보시오.

```
>>> another_name = ( favorite_list.copy() )
>>> another_name
[True, 'Tiger', 7, 'Hotel California']
```

퀴즈 12-5 다음 빈칸을 채워보자.

```
- random.random() 함수를 사용하여 1부터 29까지의 수 중 하나의 수를 생성하시오.
-> int(random.random() * 30)
- random.randint() 함수를 사용하여 2부터 10까지의 수 중 하나의 짝수를 생성하시오.
-> random.randint(1:5) * 2
- random.choice() 함수를 사용하여 1등부터 5등까지 추첨하시오.
-> random.choice([1, 2, 3, 4, 5])
```

찾아보기

ㄱ

값 63
강제 형 변환 103
객체(Object) 352
거짓 115
결괏값 281
고급 언어(High-level Language) 35
교집합 218
기계어(Machine Language) 35

ㄴ

나머지(modulo) 55, 56
내장 클래스 367
내장 함수 356
논리 연산자(Logical Operator) 121

ㄷ

도구 12
들여쓰기 128

ㄹ

루프(Loop) 238
리스트(list) 182

ㅁ

메소드(Method) 352
명령 47
몫 55, 56
무한 루프 238
문법 에러 67
문자 84
문자열 86
문제 해결 13
문제 해결 방법 27
문제 해결 프로세스 24

ㅂ

바이트(Byte) 21
반복 구조(Iteration) 28
반복문 232
반환 279
번역기(인터프린터) 36
변수 63
변수명 규칙 66
변수의 형(type) 82
변숫값 233
복합 대입 연산자 72
비교 연산자 117
빈 list([ ]) 184

ㅅ

사실적 지식(Declarative Knowledge) 26
서브 프로그램 308
소프트웨어(Software) 14
속성(Attribute) 352
속성값 353
수행부 127
순서도 27
순차 구조(Sequence) 28
순환문 234
시스템 소프트웨어(System Software) 17
시작값 242
시퀀스(sequence)형 200
실수 81
실행문 257

ㅇ

알고리즘(Algorithm) 27

에러 65
여러 변수 할당 68
연산자 54
연산자 결합 법칙(Operator Associativity) 59
예약어 67
외부 클래스 367
우선순위 법칙 59
원소(element) 182
응용 소프트웨어(Application Software) 17
인자(parameters) 280
인터프리터(Interpreter) 37
임베디드 소프트웨어(Embeded Software) 18
입력값 281
입력과 출력 96
입력 함수 98

ㅈ

자료 구조 354
자료형 80
절차적 지식(Imperative Knowledge) 26
정수 81
정의 279
정의문 281
제곱 55, 58
조건 114
조건 구조(Conditional) 28
조건문(Conditional Statement) 127
조건부 127
조건식 117
종료값 242
주석 287
중첩 조건문 148
지수 연산자 61
진리표(Truth Table) 123

ㅊ

차집합 218
참 115
초깃값 233
출력 함수 101

ㅋ

컴파일러(Compiler) 37
컴퓨터 13
컴퓨터과학 19
컴퓨팅 사고(Computational Thinking) 19
콜론(:) 221
클래스(Class) 352

ㅌ

통합 개발 환경(Integrated Development Environment) 46

ㅍ

파이썬(Python) 34
파일 105
프로그래밍(Programming) 34
프로그래밍 언어(Programming Language) 34
프로그램(Program) 34
프롬프트(Prompt) 47

ㅎ

하드웨어(Hardware) 15
할당 63
할당문 실행과정 71
할당문 연산자(Assignment Statement) 63
함수 97, 276
함수명 289
합집합 218
호출 279
확장자 104

A

and 122

B

backward() 377

bool 116
boolean 값 115
boolean 식(Boolean Expression) 122
boolean형(bloolean type) 115, 148
boolean형 변수 115
break문 239

C

Circle() 382

D

dictionary형 221

E

else문 131
empty list 363

F

False 115
fillcolor() 375
float(variable_name) 103
float형 82
forward() 377
for문 242

H

header 159

I

ID(Identification) 352
IDLE 46
if-elif-else 조건문 158
if-else 조건문 131
if문 128
import문 367
in 188
index 91
index 연산자 187
input() 98
int(variable_name) 103
int형 82
isdown() 388

K

key 221

L

left/right() 380
len() 90
list.append(item) 361
list.copy() 364
list.insert(i 360
list.remove() 364
list.reverse() 365
list형(list type) 182

M

max() 함수 316
min(list) 316

N

Non-Value Returning Functions 288
not 122
not in 188

O

or 122

P

pendown() 387
penup() 386
pixel(px) 377
position() 385
print() 101
Python 42

Q

Quote 86

R

random.choice(list or tuple) 372
random.random() 368
random 클래스 368
range() 함수 243
return문 279

S

setheading() 379
setposition() 384
set형 216
shape() 374
shapesize() 374
str.capitalize() 357
string 길이 계산 90
string 내 문자 순번 부여(indexing) 91
string 반복(Iteration) 88
string 병합(Concatenation) 87
string 연산자 87
string의 일부분 추출(slice) 93
str.replace() 358
'str'(string) 85
str.swapcase() 357
str.title() 358
str.upper() 357
str 클래스 356
SyntaxError 67

T

True 115
tuple형 208
turtle 372
turtle 클래스 372
type() 82

V

value 221

W

while문 234

기타

- 55
-= 72
!= 117
>>> 47
""" 287
* 55
** 55, 58
*= 72
/ 55
// 55, 57
//= 72
/= 72
287
% 55, 57
%= 72
+ 55
+= 72
< 117
<= 117
= 63
== 117
> 117
>= 117
.lower() 357
***.py 104
[Run Module] 106
[Run] 메뉴 106
// 연산자 57